Heike
Drechsler
Absprung

Autobiographie

**Unter Mitarbeit
von Esther Zschieschow**

Sportverlag Berlin

Bildnachweis

Camera 4 / Eberhard Thonfeld, Thilo Wiedensohler, Berlin (21)
Deutsche Presse-Agentur (2)
Fachvereinigung Gelatine (4)
Thorsten Felske (1)
Sascha Fromm (2)
Klaus Geißler (3)
Horst Greiner (1)
Volker Pohl (1)
Puma (1)
Werner Schulze (5)
Sportverlag Berlin (1)
K.H. Stana (6)
Privat (37)

Lektorat und Redaktion: Freia Beisser, Harro Schweizer
Umschlaggestaltung: Volkmar Schwengle, Buch und Werbung, Berlin,
unter Verwendung eines Fotos von Deutsche Presse-Agentur
Satz: Dörlemann Satz, Lemförde
Layout und Herstellung: Prill Partners | producing, Berlin
Lithographie: LVD GmbH, Berlin
Druck und Bindung: GGP Media, Pößneck

Printed in Germany

ISBN 3-328-00933-7

Für Ernst Bauer, meinen Opa und größten Fan

Inhalt

Ende einer Saison   9
Erster Teil
Mit dem Kopf durch die Wand   13
Beinahe unzertrennlich   31
Zweiter Teil
Die Sportschule   42
Viele Pflichten   46
Erstes Herzklopfen   56
Die Stadt meiner Vorbilder   63
Der Sprung in die Juniorenmannschaft   74
Die Jugendwettkämpfe der Freundschaft in Kuba   79
Dritter Teil
Ein heißer Sommer   85
Die Nationalmannschaft   88
Büchsenfleisch mit Schwarzbrot   91
Kontrollierte Kontakte   95
Umstellung auf die Lehre   97
Vierter Teil
Ohne Grenzen   100
Eine privilegierte Achtzehnjährige   105
Amüsante Fanpost   108
Zurück ins normale Leben   110
Der besondere Auftrag   113
Das Flitterwochen-Schiff   118

Erfüllte Wünsche   121
Schneller und weiter   124
Ein fast familiäres Verhältnis   127
Nackte Tatsachen   148
Fünfter Teil
Schwanger zur Wendezeit   156
Der erste Neuanfang   158
Ein ganz privates Trainingslager   170
Der doppelte Druck   173
Schlimme Vorwürfe   185
Die Ruhe vor dem Sturm   189
Eine neue Herausforderung   204
Eine kaputte Seele   207
Der Stressableiter   209
Sechster Teil
»Sie sind aus dem Finale«   213
Der Sechser im Lotto   219
Eine Herzenssache   227
Wieder laufen lernen   229
Der organisierte Alltag   233
Beinahe resigniert   236
Siebter Teil
Mein innerer Frieden   240
Der Rausch nach Sydney   253
Auf der Suche nach Nachwuchs   256
Zukunftspläne   258

Anhang
Erfolge, Rekorde, Ehrungen   263
Register   267

ENDE EINER SAISON

Irgendwie steckt bei mir wirklich der Wurm drin, wenn es um Weltmeisterschaften geht. 1995 in Göteborg, 1999 in Sevilla und nun 2001 in Edmonton. Dabei hatte alles so gut angefangen. Beim letzten Trainingswettkampf an der Nordsee in Cuxhaven stimmte alles, und ich war optimistisch. Und auch in Kanada stimmte fast alles – bis auf die Handtücher, die ins Trainingslager in Calgary mitzubringen waren, und das ach so amerikanische Essen – alles zuckersüß, sogar die Spaghettis kamen mir so vor, und im Plastikgeschirr serviert. Aber weil unsere Werfer schon in Panik gerieten, konnten wir alle Nutznießer eines zusätzlichen Steaks sein. Und schon machten meine Trainingswerte einen mächtigen Sprung nach vorn. Sollte eine Höhe von 1000 Meter über dem Meerespiegel wirklich so viel ausmachen? Mir sollte es recht sein.

In Calgary organisierte ich erstmals nach so vielen Jahren eine Neulingstaufe für 27 neue Mitglieder in der Nationalmannschaft. In der DDR-Nationalmannschaft war dies noch üblich, man hatte Spaß miteinander, die Alten und die Neuen, und war als Neuling schnell integriert. Zwei Nächte war ich durch die Vorbereitungen um den Schlaf gebracht, aber dank der Ratschläge und tatkräftiger Unterstützung durch ältere Freunde und Kumpel in der Mannschaft ist diese Premiere wunderbar angekommen. – Alles

9

beste Voraussetzungen für einen großen Wettkampf in Edmonton. Gespannte Erwartung vor meiner Qualifikation am 5. August 2001. Alles läuft auch an diesem Tag normal. Alles ist eingespielt, alle Bewegungsabläufe tausendfach erprobt, und trotzdem habe ich das Gefühl, dass meine Muskulatur etwas zuviel Spannung hat. Vielleicht nur ein Gefühl. Endlich – die Kampfrichter führen uns nach den Taschen- und Spikeskontrollen direkt ins Stadion.

Und ich beginne mit meinem Ritual: Anlauf für den Weitsprung abmessen, Spikes fest ziehen, Abläufe auf dem Gummibelag durchführen, dann noch ein paar Lockerungsübungen. Das Gefühl ist gut, die Schnelligkeit ist super. Dann: die Anlaufkontrollen. Schon die erste stimmt genau aufs Brett. Die zweite Kontrolle: wieder genau auf dem Brett. Ich bin locker wie nie und spüre die Kraft für einen guten Wettkampf. Und jetzt noch aus einem kurzen Anlauf ein lockerer Absprung ... Noch im Sprung will ich einem zu großen Loch in der Sandgrube ausweichen. Plötzlich ein starkes Zucken in der Leistengegend. Meine Spannung sinkt auf den Nullpunkt. Der Trainer und Alain haben noch nichts von dem Missgeschick mitbekommen. Und ich will es nicht wahr haben. Schließlich hatte ich in der Leistengegend noch nie Probleme. Also warte ich, bis der Wettkampf losgeht.

Mein Name steht an der Anzeigetafel. Ich muss loslaufen. Ich laufe, und ich spüre wieder diesen Schmerz. Ich versuche abzuspringen, aber es geht nicht. Ich bin verzweifelt und leer. Der Trainer und Alain sehen, dass irgend etwas nicht stimmt. Unser Physiotherapeut kommt auch gleich hinzugelaufen. Nach kurzer Diskussion mit dem Kampfrichter darf er einen Verband anlegen. Dann warte ich auf den zweiten Versuch. Ich habe panische Angst, dass es nicht gut gehen wird. Ich laufe wieder an und ich merke, dass der Schmerz kein Traum war. Eher ein Albtraum.

Nichts geht mehr. Ich muss den Wettkampf beenden. Winke noch einmal ins Publikum und gehe aus dem Stadion. Der Beifall tröstet wenig. Lieber würde ich umfallen und erst wieder erwachen, wenn alles vorbei ist. Ich kann nicht weinen und kann nicht lachen. Mein Kopf ist leer und schwer. Und dann noch die Presse. Ich will allein sein, aber ich weiß, dass alle Fragen stellen werden. Denn die Erwartungen der Journalisten und auch meine eigenen waren sehr hoch gewesen. Mit Mühe beantworte ich immer wieder dieselben Fragen. Warum? Wieso? Weshalb? Mir ist ganz schlecht, weil ich nicht weiß, was ich falsch gemacht habe.

Und die Diagnose? Ich denke, es ist eine Zerrung auf der rechten, der schmerzenden Seite. Unser Massageteam behandelt in diese Richtung. Aber zur Absicherung wird eine Kernspintomographie gemacht: Es könnte ja auch ein Hämatom, ein Bluterguss im Muskel, sein.»Nichts gefunden«, lautet das Ergebnis. Also wird weiter auf Zerrung behandelt – und ich trainiere weiter. Mit der Gewissheit im Kopf, dass nichts sein kann, laufen die Vorbereitungen auf das nächste Meeting: Golden-League-Sportfest in Zürich. Die lockeren Absprünge gehen gut. Dann, Zürich, Letzigrund, 17. August, erster Versuch, Absprung – das kann doch nicht sein! – 6,20 Meter, und der jeden weiteren Sprung verhindernde Schmerz ist wieder da. Ende der Hoffnung an diesem Freitagabend.

Jetzt kann nur noch einer helfen: Dr. Gössele im nahen Basel, den ich seit meiner Achillessehen-Operation kenne und schätze. Er empfiehlt eine erneute Kernspintomographie – und diagnostiziert sofort einen riesigen Bluterguss, mit dem ich nie und nimmer hätte an den Start gehen dürfen. Man mag es nicht für möglich halten: In Kanada hatten die Ärzte die falsche, die linke Seite im Bild ...

11

Mit Zürich ist die Saison 2001 endgültig zu Ende. Ein bitteres Saison-Ende nach offensichtlichem Missgeschick der Ärzte. Vor Fehldiagnose schützt nicht einmal der Ruf einer Olympiasiegerin. Wütend und deprimiert fahre ich von Basel die 180 Kilometer nach Karlsruhe zurück, nicht ohne Zwischenstation bei Dr. Birnesser in Freiburg, dem Arzt meines Vertrauens.

Nun ja, die Mediziner haben sich schon früh um mich kümmern müssen. Meine Mutter konnte ein Lied davon singen.

Erster Teil

MIT DEM KOPF DURCH DIE WAND

Ach, da kommt ja die Frau Daute«, begrüßte uns die Krankenschwester im Geraer Krankenhaus. Als Kinder waren wir dort schnell bekannt, denn meine Mutter kam mindestens einmal in der Woche vorbei – mit einem ihrer Kinder. »Wir waren wohl wilde Kinder?«, fragte ich vor kurzem meine Großmutter, woraufhin diese nur lachte. »Wild?«, antwortete sie, »und wie!«

Wenn ich an meine Kindheit zurückdenke, sehe ich mich eigentlich eher als einen Jungen, einen richtigen Rabauken. Die Lederhose war mir lieber als das Kleidchen. Die Strumpfhosen wurden absichtlich zerschnitten, nur um sie nicht anziehen zu müssen. Ich prügelte mich gern mit Jungs und ließ mir von niemandem etwas gefallen. Da mein Temperament schwer zu bändigen war – das meiner Geschwister ebenso wenig –, hatte meine Mutter es nicht immer leicht. Sie zeigte mir einmal ein Foto, da sieht man mich an einen Baum gebunden: Ich wollte immer weglaufen.

Ich muss so lebendig gewesen sein, dass meine Mutter mich als Kleinkind in ein Ledergeschirr steckte, damit ich ihr nicht verloren ging. Und wenn sie mit dem Kinderwagen unterwegs war, waren Uwe und ich je an einer Seite mit so einem Ledergeschirr festgebunden. Und trotzdem fand ich immer Wege, mich zu entfernen. Doch bei den vielen

13

Unfällen, die wir hatten, begleitete uns stets ein Schutzengel, denn außer kleinen Verletzungen ist nichts geschehen. Als Mutter einmal im Keller Kohlen holen war, schlich ich mich – von ihr unbemerkt – aus dem Haus und überquerte die Straße. Ich konnte damals gerade laufen. Als Mutter meine Abwesenheit bemerkte, rannte sie zur Polizei, und der zuständige Beamte nahm gemeinsam mit ihr die Suche nach mir auf. Sie fanden mich im unserem Haus gegenüber liegenden Ausstellungszentrum. Wie ich als Einjährige aus einer verschlossenen Wohnung entkommen konnte, ist uns noch heute ein Rätsel. Auf meinem Weg ins Freie habe ich mehrere Hindernisse überwunden, so die Bettdecke, die man über dem Gitterbett festmachen konnte. Dann öffnete ich ein Fenster und kletterte raus, nachdem ich noch einen Vogel aus dem Käfig befreit hatte, der vor dem Fenster stand. Ich fiel aus dem Fenster in den Hof und verletzte mich dabei noch nicht einmal.

Dabei begann mein Leben geradezu verheißungsvoll. Am 16. Dezember 1964 um acht Uhr morgens kam ich als Heike Gabriela Daute auf die Welt. Kaum war ich geboren, ging die Sonne auf und ein Sonnenstrahl fiel auf mich. Die Hebamme meinte, das sei ein gutes Omen. Bis das Omen seine Wirkung zeigte, hatte meine Mutter noch einiges durchzustehen.

Ich bin eine »Ger'sche Fettgusche«, wie man in meiner Heimatstadt Gera sagt. »Gusche« bezeichnet den Mund, das Fett kommt vielleicht von den Thüringer Bratwürsten …

Gera ist eine Industriestadt. Einige Menschen müssen von dieser Tatsache profitiert haben, denn hier findet man viele wunderschöne Villen, die nach der Wende teilweise aufwändig restauriert wurden. Zur Zeit der DDR verfielen die meisten, da die Prioritäten des Wohnungsbaus woanders lagen. Man sah sie kaum, so grau und schmucklos waren sie. 1987, als Gera sein 750-jähriges Stadtjubiläum feierte, waren lediglich die Fassaden in der Innenstadt, im Stadtkern, herausgeputzt worden. Das Bild war geprägt von den vielen Plattenbauten, die den alten Kern einrahmten. Jedes Jahr kam die Friedensfahrt, deren Etappenziel das Geraer Stadion war, durch die Stadt. Zu diesem Ereignis waren die Straßen und das Stadion von hunderten Menschen gesäumt. Als 1963 Juri A. Gagarin, der erste Kosmonaut im All, nach Gera kam, muss es ähnlich gewesen sein. Nach ihm wurde prompt eine Straße benannt.

Im Martinsgrund, direkt am Stadtwald, liegt der wunderschöne Tierpark von Gera. Hier fährt seit 1975 eine Parkeisenbahn, die frühere Pioniereisenbahn, die fast vollständig von Kindern betrieben wird. Zudem besitzt Gera einen Dahliengarten, in dem sehr viele außergewöhnliche Dahlienarten blühen. Früher fand dort alljährlich ein Dahlienfest mit Musik und einem Rahmenprogramm statt, mit dem die Geraer den Sommer ausklingen ließen. Es war eine Freude, zwischen den vielen wunderschön blühenden Blumen zu spazieren.

Zunächst aber verband ich mit Gera vor allem die vielen Spaziergänge mit meiner Mutter oder mit meinen Großeltern durch den Stadtwald. Es war etwas Besonderes für mich, wenn wir alle zusammen etwas unternahmen und nach so einem Spaziergang noch zu Kaffee, Kakao und Kuchen irgendwo einkehrten. In dem Wald fanden Crossläufe statt, und viel später hatte ich hier meinen ersten Trainingsunfall auf einem Waldsportplatz. Damals war dort zwischen zwei Bäumen ein Stahlseil gespannt, an dem eine Rolle hing. Das Stahlseil war nicht nur verrostet, sondern auch etwas gesplittert, so dass ich mich an der Achillessehne verletzte. Als der rostige Splitter in einer Sportmedizinpraxis nicht entfernt werden konnte, brachte man mich ins Krankenhaus, wo der Splitter operativ herausgeholt wurde. Die Narbe blieb – und auch die Erinnerung an mein erstes Achillessehnenerlebnis.

1964, als ich geboren wurde, fuhr noch die Straßenbahn durch die so genannte »Sorge«, die ehemalige Geraer Haupteinkaufsstraße. Die rasselnden und quietschenden Geräusche der Bahn gehörten wie selbstverständlich zum Einkaufen. Diese elektrische Straßenbahn ist die zweitälteste Straßenbahn in Deutschland – die älteste soll in Halle an der Saale fahren. Natürlich war es unter uns Kindern äußerst beliebt, Pfennige auf die Gleise zu legen und von der Bahn überfahren zu lassen. Danach waren sie platt und sehr heiß. Das Rattern der Straßenbahn war selbst in unserer Anderthalbzimmerwohnung mit Ofenheizung zu hören.

Als mein knapp zwei Jahre älterer Bruder Uwe geboren wurde, blieb meine Mutter sechs Wochen zu Hause. Für diese Zeit stand ihr Krankengeld zu. Danach allerdings musste sie, da mein Vater nicht genug verdiente, wieder arbeiten. Also brachte sie im ersten halben Jahr meinen Bruder vor der Arbeit zur Großmutter, arbeitete acht Stunden bei der Post als Vertriebsinstrukteurin – sie war zuständig für die Inventuren der Zeitungskioske, die von der Post beliefert wurden – und holte Uwe anschließend wieder ab. Da Uwe gestillt wurde, brachte meine Großmutter ihn täglich zweimal auf die Arbeitsstelle meiner Mutter.

Als ich geboren wurde, blieb meine Mutter länger zu Hause, so dass ich nicht in die Kinderkrippe ging. Es dauerte gerade mal ein Jahr, bis meine Mutter wieder schwanger war, und spätestens zu diesem Zeitpunkt war klar, dass unsere Wohnung zu klein wurde. Mutter und Großmutter gingen daraufhin mit uns zwei Kleinen zur Gebäudewirtschaft, wo man uns zuerst eine Art Baracke anbot. Nach einigem Gezeter, in das wir Kinder mit Gebrüll einstimmten, konnte man uns doch noch eine Zweieinhalbzimmerwohnung in der Leninstraße 81 vermitteln.

Als ich fast zwei Jahre alt war, kam meine Schwester Kerstin zur Welt. Zu dritt teilten wir uns ein Zimmer – Kerstin und ich sogar ein Wandklappbett.

Mit etwas über zwanzig Jahren hatte meine Mutter bereits drei Kinder zu versorgen. Und natürlich reichte das Geld vorne und hinten nicht, so dass meine Mutter, als Kerstin aus dem Gröbsten raus war, wieder arbeiten ging. Mein Vater musste jeden Morgen bereits um sechs Uhr zur Arbeit – er arbeitete als Kraftfahrer bei der Post. Luxuriöserweise hatten wir ein altes Auto – ein Geschenk von meinem Großvater –, das aber nur mein Vater fahren konnte, denn meine Mutter hatte – aus finanziellen Gründen – keinen Führerschein. Meine Mutter brachte Uwe in den Hort, mich in den Kindergarten und Kerstin in die zum Postgelände gehörende Krippe. Am Nachmittag wurden wir in umgekehrter Reihenfolge wieder eingesammelt. In der Regel wurde dann erst noch eingekauft, bevor wir nach Hause gingen. Auch zu Hause war meine Mutter sehr gut organisiert. Sie kümmerte sich um Uwes anfallende Schulaufgaben, machte Abendessen und brachte uns ins Bett. Anschließend erledigte sie die liegen gebliebenen Arbeiten – Wäsche waschen, bügeln usw. – in der Wohnung. Meistens erst spät, als wir schon im Bett lagen und schliefen, kam mein Vater nach Hause. Und da er auch am Wochenende nicht mit meiner Mutter und uns zusammen etwas unternahm, verpasste er unsere Kindheit regelrecht. Der Ehe meiner Eltern tat dieser Alltag nicht gut.

Natürlich kann ich mich an so vieles längst nicht mehr erinnern. Meine ersten und bildhaften Erinnerungen beginnen mit der allmorgendlichen Fahrt zum Kindergarten. Es gibt ja Kinder, die morgens um 5.30 Uhr bereits hellwach sind, aber ich gehörte nicht dazu, so dass ich normalerweise nicht gerne in den Kindergarten ging. Zum Kindergarten musste man durch ein in meiner Erinnerung sehr großes weinrotes Tor – mit Sicherheit eine ganz normale Tür. Aus der Kinderwagenperspektive jedoch war sie riesig. Das Leben dahinter bereitete mir häufig überhaupt keinen Spaß. Der Knackpunkt war der Mittagsschlaf. Ich hatte nicht das Bedürfnis nachzuholen, was ich morgens nicht ausreichend gehabt hatte. Am schlimmsten aber war, dafür bestraft zu werden, dass ich nicht schlafen konnte. Zur Weihnachtszeit etwa, wenn am Weihnachtsbaum im Kindergarten viele kleine Geschenke hingen und jedes Kind eines davon öffnen durfte, wurde es mir verboten.

Vielleicht ist das nicht der beste Anfang für eine Lebensgeschichte, wenn man über die eher unangenehmen Erinnerungen schreibt. Es gab ja auch richtig schöne. Zu Hause gab es an Weihnachten zum Beispiel jedes Jahr einen beinahe rituellen Ablauf, der uns Kindern die Zeit bis zur Bescherung kurzweilig erscheinen ließ. Natürlich begann alles mit dem Plätzchenbacken und dem Adventskalender. Konkret wurde es am 23. Dezember, wenn wir in die Vorbereitungen mit einbezogen wurden. Dann wurden die Wohnung – nicht gerade mit Begeisterung, aber immerhin in Vorfreude – aufgeräumt und der Weihnachtsbaum aufgestellt. Am Morgen des 24. durften wir den Baum schmücken und anschließend zum Schlittenfahren oder Spielen rausgehen. Meine Mutter schloss sich im Wohnzimmer ein und bereitete unter strenger Geheimhaltung alle Geschenke vor. Ein untrügliches Zeichen für das kurz bevorstehende Ereignis war das Eintreffen der mit weiteren Geschenken beladenen Großeltern, die wie in jedem Jahr mit uns gemeinsam Heiligabend feierten. Das Kaffeetrinken um siebzehn Uhr, die weiße Tischdecke mit dem Kaffee und dem Stollen – das verursachte uns ein heftiges Kribbeln im Bauch. Es wurde bereits dunkel, und wenn es an der Tür klopfte, rief meine Mutter jedesmal ganz überrascht:»Kinder, der Weihnachtsmann ist da!« Das war der Zeitpunkt, auf den wir so lange gewartet hatten. Wir stürmten ins Wohnzimmer und fielen über die Geschenke und die Süßigkeiten auf den Weihnachtstellern her. Neben Spielsachen gab es natürlich auch schrecklich praktische Geschenke. Meine Großmutter schenkte uns in einem Jahr beispielsweise lange Unterhosen, für uns Kinder nur »Liebestöter«. Die waren zwar nicht unbedingt schick, aber warm, was mir nach einer Blasen- und Nierenentzündung gerade recht war. In anderen Jahren gab es Socken, Strumpfhosen usw. – alles zum Warmhalten und als Ersatz für die vielen schnell verschlissenen Sachen.

Meine Mutter stammt aus einer sportlichen Familie. Ihre Mutter war eine gute Leichtathletin und Reiterin und mein Großvater Fußballer gewesen. Ihren Vater kennen zu lernen, hatte meine Mutter nie eine Chance. Er fiel am Tag ihrer Geburt im Krieg bei Kiew. Sie wuchs, bis sie sechzehn Jahre alt war, bei ihren Großeltern väterlicherseits auf dem Land in Eisfeld auf. Es gab dort mehr zu essen als in der Stadt, zudem musste ihre Mutter zwei weitere Kinder versorgen, die bei ihr in der Stadt geblieben waren. Dass meine Mutter auf dem Schulweg beim Bäcker für zehn Pfennig Kartoffelkuchen kaufen konnte und sogar Kuchenränder geschenkt bekam, wäre damals in der Stadt undenkbar gewesen.

Während der Schulzeit entdeckte meine Mutter ihren Spaß und ihr Talent am Sport. Die Leichtathletik wurde ihr Hobby, und sie gewann viele Urkunden. Ihre Stärke lag im Dreikampf, bestehend aus Hochsprung, Weitsprung und 100-Meter-Lauf. Mit einer Weite von 5,01 Meter ging sie in die Thüringer Bestenliste im Weitsprung ein, und sie sollte sogar auf die Sportschule in Meiningen geschickt werden.

Ihren ursprünglichen Berufswunsch, Modezeichnerin zu werden, konnte sie in Eisfeld nicht verfolgen. Sie zog nach dem Abschluss der zehnten Klasse nach Gera, ging neben der Lehre weiterhin zum Training und gewann mehrere Wettkämpfe. Nach der Ausbildung heiratete sie meinen Vater, und als sie schwanger war, war es dann mit dem Sport vorbei. Ihre Zulassung zum Sportstudium nach Berlin, die sie kurz nach Uwes Geburt erhielt, konnte sie nicht in die Realität umsetzen – mein Vater war nicht nur wegen Uwe dagegen.

Meine Mutter war sehr lebendig, lief ständig, sich um irgendetwas kümmernd, herum und konnte dabei wunderbar Abendessen vorbereiten. Auf der anderen Seite kam sie nie richtig zur Ruhe, dazu musste man sie fast schon zwingen. Für Handarbeiten beispielsweise fehlte ihr grundsätzlich die Geduld. Sie hat immer gern und von ganzem Herzen gegeben und sich sehr für uns und andere liebe Menschen eingesetzt. Auch heute noch ist sie warmherzig, offen und liebesbedürftig, dazu noch sehr attraktiv. Wir Kinder wurden sehr geradlinig und offen erzogen und waren früh aufgeklärt. Abends saßen wir liebend gern bei Brettspielen zusammen oder sangen gemeinsam beim Kartoffelschälen. Neben meinen Großeltern war meine Mutter die dominierende Person meiner Kindheit.

Von der Familie meines Vaters und von ihm selbst weiß ich sehr viel weniger. Ich kann mich zum Beispiel vage an eine Ohrfeige, die ich von ihm bekommen habe, erinnern, deren Grund mir aber verschlossen blieb. Einmal nahm er uns mit nach Leipzig zur Mustermesse. Als Souvenir hatte ich das kleine Messemännchen mit dem Erdballkopf, dem blauen Hütchen und dem Aktenkoffer erstanden.

Zur Einschulung an der 6. Polytechnischen Oberschule »Eugen Selbmann« bekam ich vor allem eine tolle Zuckertüte, deren Inhalt ich später mit heißem Begehren aß, und ich war sehr stolz darauf. Zu Beginn des zweiten Schuljahres kam eine neue Schülerin in unsere Klasse: Kristin Szumigalla. Wir verstanden uns auf Anhieb sehr gut und waren bald unzertrennlich. Sie war groß, genau wie ich, so dass wir alle in der Klasse – auch die Jungen – überragten. Da unsere Interessen – Tiere, Filme und Sport – ähnlich waren, verbrachten wir auch große Teile unserer Freizeit zusammen. Spielten wir mit anderen zusammen »Mutter, Vater, Kind«, übernahm ich die Rolle des Vaters. Kristin war die Mutter und alle anderen die Kinder. Kristin bestimmte oft die Spiele, und ich machte mit. In der Schule übernahm sie die Lernpatenschaft, eine Art Betreuung beim Lernen, für mich, da mir das Lernen schwerer fiel als den anderen. In der Klasse wurden wir sehr respektiert, sicherlich auch aufgrund unserer beeindruckenden Größe. Manchmal baten uns Mädchen aus der Klasse, sie nach Hause zu begleiten, wenn sie Angst vor den Jungen hatten. In unserer Begleitung wagte sich niemand an sie heran.

Es gab in unserer Klasse einen kleinen Jungen, Karsten Uhlmann, dem ich einen Spitznamen zu verdanken habe. Er hatte es – im negativen Sinne – auf mich abgesehen, vielleicht weil er so klein war und ich sehr lange, dünne Beine hatte. Also nannte er mich »Känguruh« oder »Postmännel« wegen meiner Mutter, die bei der Post arbeitete. Das ärgerte mich so sehr, dass ich ihm irgendwann wütend hinterherrannte und ihm eine Kopfnuss verpasste. Er hatte überhaupt keine Chance, sich zu wehren. Von da an war Ruhe.

Kristin und ich haben viel Unsinn angestellt. Einmal waren alle Mädchen bei Kristin zu Hause und spielten, als der um ein Jahr ältere Nachbarsjunge klingelte und uns mit verstellter Stimme drohte. Nichts ahnend kreischten und heulten wir natürlich alle aus Angst. In unserer Panik holten Kristin und ich ein Küchenmesser, und Kristin sagte: »Ich mach' die Tür auf, und du stichst zu.«

Kristins Großeltern betrieben in Wünschendorf, zwölf Kilometer von Gera entfernt, einen Bauernhof mit Schafen,

Hühnern, Katzen, Hunden, einem Pferd, Tauben und vielen anderen Tieren. Wir fuhren häufig mit den Rädern oder mit dem Zug nach Wünschendorf und verbrachten dort viele Wochenenden und Ferientage. Allerdings mussten wir auch oft mit anpacken. Wenn die anderen zum Baden gingen, sprangen wir auf den Pferdewagen, fuhren mit aufs Feld und halfen bei der Arbeit.

Zur zweiten Hälfte des zweiten Schuljahres wurde die 17. Polytechnische Oberschule »Ernst Thälmann« eingeweiht. Unsere Klasse wurde geteilt. Kristin und ich durften zum Glück zusammen in die schöne, neue Schule gehen, zu der auch eine tolle Turnhalle und eine Weitsprung- und Kugelstoßanlage gehörten. Werken, Musik, der Schulgarten und Zeichnen waren meine Lieblingsfächer – und natürlich Sport. Ich fiel im Sportunterricht bald als Energiebündel mit ewig langen, dünnen Beinen auf. Das Dickste an mir waren meine Knie.

Im Anschluss an die Schule ging ich täglich in den Hort, der in denselben Räumen wie der Schulunterricht stattfand. Tatsächlich hatte ich hier auch mein erstes positives Mittagsschlaferlebnis, denn auch im Hort wurde geschlafen. Dafür standen im Klassenzimmer hinter einem Vorhang die gängigen Pritschen zur Verfügung. In der mir angenehmen Atmosphäre fiel mir der Schlaf nicht mehr schwer.

Im Hort hatte ich eine schöne Zeit. Wir waren ständig beschäftigt, und natürlich war immer etwas los. Es gab zum Beispiel Arbeitsgemeinschaften wie Backen und Nähen, an denen ich gern teilnahm. Außerdem erledigten wir im Hort unsere Hausaufgaben, denn meine Mutter hatte zu Hause wenig Zeit und keine Geduld, uns bei den Hausaufgaben zu helfen. Ich war ziemlich faul und oft versucht, mich vor Aufgaben zu drücken. Was wir im Unterricht nicht verstanden hatten, wurde uns im Hort zur Not noch einmal erklärt. Als Bonus gab es Bienchen-Stempel in unterschiedlichen Farben, die für unterschiedliche Bewertungen standen – Rot für sehr gut, Grün für ausreichend und Schwarz für eher schlecht. Die Farbe meiner Bienchen ist leider meiner Erinnerung entschwunden. In der ersten Klasse wurde ich Jung-Pionier und trug zu einer weißen Bluse ein blaues Halstuch. In der vierten Klasse tauschte ich das blaue gegen ein rotes Halstuch aus und durfte mich von da an Thälmann-Pionier nennen. In der kompletten Pionieruniform mit blauem Pionierrock sah man, wie ich fand, sogar ganz gut aus. Aber wie gesagt, ich war nicht begeistert von Röcken und Kleidern. Die russischen Mädchen mit ihren langen Haaren hatten als Schuluniform schwarze Kleider mit weißen Schürzen und vielen Schleifchen und Rüschen, die sie jeden Tag trugen. Sie sahen sehr niedlich darin aus. Wir allerdings mussten die Pionieruniform zum Glück nicht täglich tragen.

Pioniernachmittage waren tolle Erlebnisse, vor allem die Pioniergeburtstagsfeiern – zu Ehren des Gründungstages der Pionierorganisation –, bei denen es viel Kuchen und Limonade gab und Bastelstände aufgebaut waren und ein Quiz oder Luftballonaufblasen gemacht wurde. Altstoffsammeln gehörte auch zu den Pioniernachmittagen. Es gab aber Unterschiede, nämlich ein von der Schule organisiertes und ein privates Sammeln. Gemeinsam war beiden, dass wir mit einem Handwagen durch die Straßen von Gera gingen, an Türen klingelten und Altpapier und Gläser sammelten. Da kam einiges zusammen. Wenn der Wagen voll war, fuhren wir damit zur Altstoff-Abgabestelle, wo wir unser Gesammeltes gegen Geld tauschen konnten. Natürlich musste das Geld, das bei einem von der Schule organisierten Sammeln zusammenkam, in die Klassenkasse eingezahlt werden. Wenn wir unser Taschengeld aufbessern wollten, mussten wir also nebenbei privat sammeln. Dabei schauten wir durchaus auch in Mülltonnen nach.

23

Ein Teil des Geldes in der Klassenkasse wurde – ganz politisch motiviert – für Vietnam verwendet. Ich erinnere mich daran, dass wir aus der *Jungen Welt*, der Jugendzeitung in der DDR, auch Postkarten ausschnitten und verschickten, um uns für die Freilassung von Nelson Mandela einzusetzen. Als meine Mutter eines Tages in der Zeitung las, dass Ulbricht gestorben war, habe ich geweint. Und als kurz darauf Salvador Allende getötet wurde, kullerten schon wieder die Tränen.

Ein besonderes Vergnügen bereitete es mir, Jahr für Jahr die roten Nelken für die Maidemonstration zu basteln. In der Regel gingen dafür drei bis vier Unterrichtsstunden drauf, und wir erhielten sogar Noten dafür. Die Papiernelken wurden an lange Holzstöcke geklebt. Wenn das Wetter am 1. Mai gut war, hielten sie bis kurz nach der Demonstration, wo sie dann im Müll landeten. Bei schlechtem Wetter waren schon nach der Hälfte der Demonstration die meisten wieder abgefallen. Der 1. Mai war ein schöner Tag für mich. Natürlich musste man nicht in die Schule. Überall roch es nach Bratwürsten und Bier, und meistens war ein Rummel aufgebaut mit Berg- und Talbahnen, Schießbuden und manchmal einem Riesenrad. Gera feierte wieder einmal. Für mich bedeutete das eine reelle Chance auf Taschengeldaufbesserung, denn nach einer Weile lagen um die Bierstände so viele Pfandbierflaschen herum, dass ich sie nur noch aufheben und abgeben musste. Dass der Tag einen politischen Hintergrund hatte, spielte für uns Kinder keine Rolle. Ebenso wenig, dass wir an einer Tribüne, voll besetzt mit politischen Funktionären, vorbeimarschieren mussten und uns nicht zu winken trauten – wir genierten uns ein bisschen und kamen uns dabei dumm vor. Ein paar Jahre später, als ich für den SC Motor Jena startete und demonstrierte, war ich stolz, wenn man den Vorbeimarsch der Sportler des

Sportklubs ankündigte. Gewunken haben wir trotzdem nicht.

Ich empfand, dass für uns Kinder eine Menge geboten wurde, sei es im Kinderferienlager, im Hort oder in der Schule. Ich war immer dabei. Neben all der von der Schule organisierten Freizeit hatte ich auch Freunde in meinem Haus, zum Beispiel Silke und Sabine Krabka, die älter waren als ich und schon Freunde hatten, und ihr Bruder Jürgen. Gemeinsam sind wir zum Birnenklauen oder zum Spielen in die alte Gießerei gegangen. Es war ziemlich gefährlich, in dieser halben Ruine zu spielen, aber gerade deshalb ja auch geheimnisvoll, spannend und aberteuerlich. Denn in der Gießerei standen alte Sofas, Stühle und anderes Mobiliar, was dem Ganzen eine spukige Atmosphäre verlieh. Wir hätten in dem baufälligen Gebäude eigentlich nicht spielen dürfen, aber das Risiko gingen wir ein. Genauso gefährlich waren wahrscheinlich unsere Klettereien auf einem Baugerüst, um bei den Nachbarn durch das Fenster zu schauen. Wir wollten wissen, was der Nachbarsjunge und seine Freundin machten. Meine Mutter hätte das nicht sehen dürfen. Wir waren einfach sehr risikofreudig. Manchmal allerdings wurde es uns auch zu gefährlich. Als wir beim Birnenklauen im Nachbarsgarten erwischt wurden und der Sohn eines Polizisten, der auch bei uns wohnte, mit dem Luftgewehr auf uns schoss, traten wir dann doch eilig den Rückzug an.

Demselben Jungen habe ich einmal einen Dorfköter, der mir zugelaufen war, für zwanzig Mark verkauft. Meine Mutter wollte nicht, dass ich ihn behalte, und forderte mich auf, ihn wegzubringen. Nur wohin? Bei Kristin auf dem Bauernhof blieb Hasso, wie wir den Mischling nannten, zwei Tage. Dann befreite er sich aus dem Zwinger und stand plötzlich wieder vor unserer Haustür. Er war den ganzen Weg von Wünschendorf nach Gera zurückgelaufen. Jetzt versteckten wir ihn auf dem Dachboden. Aber auch von dort entkam er und stand jaulend vor unserer Außentoilette ein halbes Stockwerk tiefer. Natürlich hörte auch meine Mutter das Gejaule, so dass wir ihr alles gestehen mussten. Also verkaufte ich den Hund an diesen Nachbarsjungen, dem er schon nach kurzer Zeit auch wieder ausriss. Es amüsierte uns köstlich.

Abgesehen von dem Hund haben wir viele andere Tiere nach Hause gebracht. In der Regel handelte es sich um kranke, ausgesetzte oder ausgebüchste Katzen, Tauben und Hamster. Ein Wellensittich lebte fünfzehn Jahre lang bei uns, und meine Schwester Kerstin brachte ihm im Lauf der Zeit das Sprechen bei.

Mit den Freunden aus meinem Haus machte ich auch meine erste Bekanntschaft mit dem Rauchen. Wir trafen uns oft unter einer Brücke, wo wir neben anderem so genannten Liebesskat mit Küssen und Flaschendrehen spielten. Hier rauchte ich meine erste Zigarette. Natürlich gab es in den Schulen keine Raucherecken, es war verboten. Man musste es heimlich tun. Meine Mutter roch es natürlich und bot mir zehn weitere Zigaretten an, um meine Übelkeit noch zu steigern. Darauf verzichtete ich lieber.

Wir Geschwister waren unseren Eltern vor allem in Bezug auf die schulischen Leistungen nicht gerade eine Freude. Außerdem gab es natürlich untereinander viel Streit. Als älteres Mädchen bereitete es mir besondere Freude, meine kleine Schwester zu ärgern. Wir gingen nie sehr zimperlich miteinander um. Einmal wollte ich meine Schwester in einen Frosch verwandeln und malte sie mit grüner Latexfarbe an, die meine Mutter stehen gelassen hatte. Kerstin konnte sich zu der Zeit noch nicht wirklich wehren, jedenfalls nicht körperlich. Dafür schrie sie wie am Spieß, so dass meine Mutter ins Zimmer gestürmt kam und mich heftig ausschimpfte. Unter Tränen musste ich Kerstin mit Verdünner abreiben, und meine Mutter versuchte verzweifelt, den Lack aus den Haaren zu entfernen. Ein anderes Mal untersuchte Uwe bei mir, ob es von einem Ohr zum anderen einen direkten Tunnel gab. Er nahm kurzerhand einen Stielkamm und bohrte links rein – und auf der anderen Seite wieder raus?! Obwohl ich viel aushalten konnte, schrie diesmal ich vor Schmerzen und musste ins Krankenhaus gebracht werden.

Kerstin sperrte mich einmal aus Wut auf der Veranda aus. Die Tür zur Veranda hatte große Glasfenster. Ohne Erfolg drohte ich damit, die Glasscheiben einzuschlagen, wenn sie mir nicht sofort aufmachen würde. Also schlug ich, ohne mit der Wimper zu zucken, mit beiden Armen und mit voller Wucht durch das Glas. Natürlich blutete ich, und an meinem Ellenbogen hingen Hautfetzen herunter. Ich begann zu weinen und war ziemlich schockiert. Kerstin sah mich mit Genugtuung an und gönnte mir mein Schicksal. Das Scherbengeklirr hatte meine Mutter bereits aufgeschreckt. Nach dem ersten Entsetzen verband sie mich provisorisch und brachte mich mal wieder ins Krankenhaus. Ich lief mit erhobenen Armen neben ihr, als wollte ich mich ergeben. Ich wurde genäht, so dass auch davon Narben blieben.

»Immer mit dem Kopf durch die Wand« war schon damals meine Devise. Nach dem Fädenziehen einige Zeit später mussten wir auf den Bus warten, der uns nach Hause bringen sollte. Also spielte ich auf dem nahe gelegenen Spielplatz. Das Gerüst, auf das ich kletterte, war nicht richtig in der Erde verankert und die Verstrebungen schauten heraus, so dass ich abrutschte und mit dem Rücken auf eine dieser Verstrebungen fiel. Wir kehrten sofort zurück ins Krankenhaus: »Frau Daute, schon wieder da!?«

Um unsere Eltern nach solchen Taten wieder etwas besser zu stimmen, erledigten wir verschiedene häusliche

Pflichten – natürlich nicht gern. Die Hausarbeiten waren genauestens aufgeteilt, und man konnte sich nicht herausreden. Zu den weniger beliebten Arbeiten zählten das Kartoffelholen und das unvermeidliche endlose Kartoffelschälen. Im Keller gab es kein Licht, so dass es für mich sehr unheimlich war. Vorher wurde oft geknobelt, wer von uns drei seinen ganzen Mut zusammennehmen musste, um diese Aufgabe zu bewältigen. Es ging darum, so schnell wie möglich rein und wieder raus zu kommen. Da blieb keine Zeit, die Kartoffeln besonders zu begutachten, so dass auch oft faulige dabei waren.

Dass wir unser gemeinsames Zimmer aufräumen mussten, gehörte selbstverständlich dazu. Es sah regelmäßig furchtbar chaotisch aus. Meine Mutter musste oft hart durchgreifen. Manchmal, kurz vor dem Schlafengehen, kontrollierte sie den Schrank, den wir uns zu dritt teilten, und riss, wenn er unaufgeräumt war, alles mit einer einzigen Armbewegung raus. Unter Tränen räumten wir dann auf, egal wie spät es war. Ähnlich erging es uns, wenn sie entdeckte, dass wir mit schmutzigen Füßen im Bett lagen. Wir mussten sofort nochmal ins Bad und uns waschen. Sie war sehr streng und konsequent. Wenn mich heute mein Sohn mit irgendetwas ärgert, denke ich an meine Kindheit und atme lieber erst einmal durch, bevor ich eine zu harte Maßnahme ergreife. Meiner Mutter, die zu dem Zeitpunkt bereits alleinerziehend war, blieb sicher gar nichts anderes übrig als diese Härte, denn wir wären ihr über den Kopf gewachsen.

Die Beziehung zwischen meinen Eltern wurde ständig schlechter. Abends, wenn wir in den Betten lagen, hörten wir sie oft streiten und hofften, dass es nicht so schlimm wäre. Wenn meine Mutter dann am nächsten Morgen lächelnd beim Frühstück saß, war für uns alles in Ordnung. Aber als ich sieben Jahre alt war, ließ meine Mutter sich scheiden. Meine Erinnerungen an diese Zeit sind vage. Ein paar Erlebnisse mit meinem Vater sind mir im Gedächtnis geblieben. Er wechselte häufig die Arbeitsstelle und holte uns manchmal mit dem Auto von zu Hause ab, um etwas mit uns zu unternehmen. Einmal saßen wir mit ihm in »seinem« Kran im Führerhaus und schauten von hoch oben auf Gera hinunter.

Für die Kindererziehung war von Beginn an meine Mutter zuständig, doch nach der Trennung kam zu der täglichen Belastung der emotionale Stress. Da sie schon während der Ehe ständig allein gewesen war, war sie sehr selbstständig und kam mit der Situation, für drei Kinder im Alter von neun, sieben und vier Jahren verantwortlich zu sein, gut zurecht. Nicht lange nach der Scheidung verunglückte mein Vater tödlich. Von da an war sie auch finanziell auf sich gestellt. Die wenigen Dinge, die wir gemeinsam mit unserem Vater unternommen hatten, waren nur noch Erinnerung. Ich habe mir oft gewünscht, dass meine Mutter mehr Zeit mit uns verbringen würde und geduldiger mit uns wäre. Trotzdem hatten wir Verständnis dafür, dass sie das oft nicht konnte. Wir wussten schließlich genau, was sie alles leistete. Heute verstehe ich besser als damals, dass sie mehr wollte, als die Arbeit und die Kinder organisatorisch unter einen Hut zu bringen. Schließlich war sie bei der Scheidung gerade mal zweiunddreißig Jahre alt und sehr attraktiv. Wir wünschten uns natürlich, genau wie alle anderen Kinder zu sein und zum Beispiel mit unseren Eltern in die Ferien zu fahren. Aus Zeit- und Geldmangel war das bei uns kaum möglich.

Wenn unsere Organisation im Chaos zu versinken drohte, sprangen die Großeltern ein und halfen mit. Sie spielten in unserem Leben eine wichtige Rolle. Mich haben sie durch viele meiner Wettkämpfe hindurch begleitet, waren meine Glücksbringer und größten Fans. Sie waren bei so vielen Meisterschaften dabei, dass viele der Sportler vom SC Motor Jena sie kannten. Als ich bereits sehr erfolgreich war, konnten sie sogar mit dem Klubbus zu den Wettkämpfen mitfahren. Wir verabredeten uns an einer bestimmten Autobahnausfahrt – damals war noch nicht so viel Verkehr, so dass wir dort kurz halten konnten – und holten sie zur verabredeten Zeit ab, auch wenn es morgens um fünf Uhr war. Der Klub kümmerte sich sogar um Hotelzimmer für meine Großeltern, zum Beispiel 1987 in Prag beim Europacup. Da war die ganze Familie dabei. Mir war es fast schon peinlich, denn es waren kaum Zuschauer im Stadion – nur der Daute-Clan jodelte und jubelte. Die Funktionäre, die hinter ihnen saßen, waren zwar etwas pikiert, was die Jubelfreude meiner Familie aber nicht im Mindesten schmälerte. Klar war sie immer stolz, wenn etwas über mich in der Zeitung stand. Manchmal weinte mein Großvater vor Freude, wenn ich etwas gewonnen hatte. Auf Pressekonferenzen hatte er oft einen besonders guten Platz, und er wurde schon mal von Journalisten über mich befragt. Da konnte man seine glänzenden Augen sehen. Als Glück bringendes Ritual fasste meine Großmutter mir vor jedem Wettkampf immer an meine linke Wade, denn links ist mein Sprungbein.

Meine Großeltern sind für mich ein Traumpaar. 1947 haben sie sich in Meiningen bei der Arbeit im Finanzamt kennen gelernt und zwei Jahre später an Silvester geheiratet. Gemeinsame Kinder hatten sie leider nicht. Als mein Großvater als Revierleiter Übertage bei der Wismut zu arbeiten begann, engagierte er sich in der Gewerkschaft IG Bergbau Wismut. Auf die Auszeichnungen, die er dafür erhielt, ist er heute noch stolz. Am Silvesterabend der Jahrtausendwende feierten meine Großeltern ihre goldene Hochzeit.

Für uns nahmen sie teilweise die Position von Ersatzeltern ein. Bei ihnen zu sein – sie wohnten am anderen Ende von Gera –, bedeutete für uns Zuckerkuchenessen und Kakaotrinken. Mit ihnen waren wir manchmal in den Ferien an der Ostsee, und am Wochenende kamen sie häufig vorbei, um mit uns spazieren zu gehen. Meistens gingen wir dann Richtung Ernsee, einem Vorort von Gera, und steuerten ein bestimmtes Restaurant an, um dort Kuchen zu essen. Meine Mutter hatte durch ihre Hilfe etwas freie Zeit. Auch die Schwester meiner Mutter, Tante Britta, nahm uns gerne zu sich nach Zwölzen, einem ländlicheren Stadtteil von Gera. Als Stadtkinder liebten wir es, auf dem Land zu sein. Und Onkel Werner war damals Kampfrichter in der Leichtathletik.

Irgendwann stellte meine Mutter uns einen jüngeren Mann als ihren neuen Freund Friedhelm vor. Er hatte sehr lange Haare, und wir wussten ihn anfangs nicht richtig einzuschätzen. Kennen gelernt hatten sie sich bei der Arbeit – Friedhelm war auch Kraftfahrer. Jedenfalls wirkte meine Mutter wieder glücklich. Friedhelm war sehr lieb zu ihr und schenkte auch uns seine Aufmerksamkeit. Für uns war das entscheidend. Er half uns bei den Hausaufgaben und zeichnete – er konnte wunderbar zeichnen. Auf diesem Weg wurde Friedhelm von uns schnell als neuer Vater akzeptiert.

BEINAHE UNZERTRENNLICH

Neben vielen anderen Arbeitsgemeinschaften wurde an unserer Schule auch eine Sport-AG angeboten. Seit der ersten Klasse war ich in der AG Schwimmen, die jeden Tag stattfand. Mit der Zeit erschien mir Schwimmen zu langweilig. Oft rettete ich mich alle fünf Meter schnaufend und prustend an den Beckenrand, weil ich Wasser geschluckt hatte.

Kristin, meine Freundin, war zur gleichen Zeit in der AG Leichtathletik, und da wir nur ungern etwas getrennt unternahmen, wechselte ich in ihre AG. Wir trainierten ein- bis zweimal pro Woche mit unseren Sportlehrern Herrn Rossmann und Frau Hartmann. Schnell durfte ich meine Schule bei Wettkämpfen gegen andere Schulen in Gera vertreten. Schulsportvergleiche fanden jedes Jahr statt, nicht nur in der Leichtathletik. Man war stolz darauf, für die eigene Schule antreten zu dürfen und womöglich eine Medaille zu holen. Noch belegte ich nicht die allerersten Plätze, aber ich arbeitete mich vor. Das Prinzip des Wettkampfs, der Ehrgeiz, andere zu besiegen, war bei mir noch nicht ausgeprägt. Ich hatte einfach Spaß und war viel zu sehr mit mir selbst beschäftigt, als dass ich mich im Wettkampf mit anderen auseinander gesetzt hätte. Viel aufregender fand ich, mit der Riege von einer Disziplin zur anderen zu wandern und den richtigen Platz und Weg auf dem Sportplatz finden zu müssen. Das nahm meine ganze Aufmerksamkeit in Anspruch. Wenn ich dann allerdings für meine Leistungen Urkunden erhielt, gefiel mir das natürlich auch sehr gut. Aber eben von Konkurrenzdenken war noch keine Rede.

1973 hospitierten Übungsleiter vom Trainingszentrum in unserem Unterricht. Sie beobachteten uns und luden neben anderen auch Kristin und mich ins Stadion zum Training ein. Von da an trainierte ich im Trainingszentrum (TZ) des Kreises Gera, der BSG (Betriebssportgemeinschaft) Wismut Gera, der ersten Stufe in der Förderung von Nachwuchs.

Das Training fand im Geraer Stadion statt, was von meinem Zuhause aus gesehen genau am anderen Ende der Stadt lag. Ich musste mit der Straßenbahn fahren und noch eine lange Strecke, immer an der Elster entlang, gehen. Wenn, was häufig vorkam, das Geld für die Straßenbahn nicht reichte, musste ich den ganzen Weg zu Fuß gehen. Ich war also oft schon fertig, bevor ich mit dem Training überhaupt anfing. Die Entfernungen ließen mich nicht selten mit dem Gedanken spielen, nicht hinzugehen, weshalb Kristin als Ehrgeizigere von uns mich immer abholte.

Zu unserer Enttäuschung ergab es sich, dass Kristin in der Langlaufgruppe bei Herrn Unterdörfer trainierte und ich in der Sprint-Sprunggruppe bei Frau Heiland, natürlich mit unterschiedlichen Trainingszeiten. Mein Training begann eine halbe Stunde früher, so dass Kristin erst mit zu meinem Training ging, bis ihr eigenes begann. Wenn ich dann bereits fertig war und sie noch ihre Stadionrunden drehte, lief ich die letzten Runden mit, damit wir wieder gemeinsam nach Hause gehen konnten – wahre Freundschaft eben.

Damals war ich, was den Sport betrifft, ziemlich unstet. Ich ging nicht sehr regelmäßig zum Training, mal einmal, mal zweimal in der Woche und manchmal sogar gar nicht. Ein Wunderkind oder ein Sportfanatiker war ich wahrlich nicht. Schnell verlor ich die Lust, und wenn Kristin mich abholte, versuchte ich mich nicht selten mit meinen häuslichen Pflichten vor dem langen Weg zum Training zu drücken. Mal waren die Hausaufgaben nicht gemacht, mal der Vogelkäfig nicht gereinigt, der Hausflur nicht aufgewischt, das Geschirr nicht abgewaschen oder die Küche nicht aufgeräumt; alles Dinge, die man als Kind nicht gern macht. Kristin half mir dann sehr oft dabei und stimmte sogar meine Mutter um, wenn ich Hausarrest hatte. Ihr und ihrem Ehrgeiz hatte ich nicht nur zu verdanken, dass ich zu Hause keinen Ärger bekam, sondern auch, dass ich überhaupt zum Training ging. Natürlich kamen wir – wegen der Hausarbeit – häufig zu spät zum Training, wofür wir ziemlich gerügt wurden.

War ich einmal im Stadion angekommen, machte mir das Training Spaß. Ob zwischen den Gehöften auf dem

Land oder beim freiwilligen Training an den Wochenenden – wir hatten Spaß am Laufen und Bewegen. Im Lauf der Jahre und mit wachsender Ernsthaftigkeit des Trainings wuchs auch unser Ziel – so berühmt und gut zu werden wie Renate Stecher oder Karin Balzer, die wir vom Fernsehen kannten.

Bei Wettkämpfen startete ich nun nicht mehr für meine Schule, sondern vertrat bei Vergleichen mit anderen Kreisen die Kreisstadt Gera. In der DDR wurde sehr zeitig angefangen, in allen Sportarten nach Talenten zu suchen und sie zu fördern. Es begann in der Schule und ging weiter auf Kreisebene, bei mir in der BSG Wismut Gera. Dort waren die Besten der Schulsportgemeinschaften des ganzen Kreises Gera versammelt. Natürlich ging der Blick unseres Trainers in der BSG schon weiter als der unsere. Denn wir wurden immer in Hinblick auf die nächste Stufe, die Qualifikation für die Kinder- und Jugendsportschule des Bezirkes Gera, trainiert.

Diese Art von Suche und Talentförderung war wie auch der Leistungsgedanke in der DDR sehr ausgeprägt, und das gefiel mir. Heute vermisse ich es sogar ein bisschen, wenn ich an die ausgezeichnete Zusammenarbeit der Vereine und der Trainingszentren mit den Schulen denke. Das Engagement der Sportlehrer schien sehr groß zu sein. Es war für jede Schule und für jeden Sportlehrer von Vorteil, einen Medaillenkandidaten zu innerbezirklichen Wettkämpfen schicken zu können, denn sowohl der Lehrer als auch die Schule erhielten Siegprämien. Von dem Geld, das die Schule bekam, wurde neues Trainingsmaterial angeschafft. Hatte ein Sportlehrer also ein, zwei oder noch mehr erfolgreiche Sportler in seiner Gruppe, gab es eine anschauliche Summe Geld – die Höhe weiß ich leider nicht mehr – dafür. Sicher gibt es auch heute sehr gute Sportlehrer, aber wenn man am Sportfeldrand einen Lehrer sieht, der raucht, während seine Schüler Fußball spielen, fehlen einem doch die Worte. Im Sportunterricht mussten wir damals alle Disziplinen lernen, Hochsprung eingeschlossen, und wurden dafür benotet. Sportunterricht war ein wichtiger Aspekt in der schulischen Ausbildung. Zur gleichen Zeit wie ich begann ein anderes Mädchen bei Frau Heiland mit dem Training. Ich kannte Esther bereits von Schulsportvergleichen, und sie wirkte auf mich sehr ehrgeizig, da sie erfolgreicher war und kontinuierlicher trainierte. Gemeinsam mit ihr wechselte ich bald den Trainer und kam zu Herrn Herzog. Unsere Trainingsgruppe war mit etwa zehn Kindern nicht sehr groß. Doch obwohl ich es mir gewünscht hätte, hatte ich kein sehr enges Verhältnis zu den anderen. Ich gehörte nicht zum harten Kern, der aus vier oder fünf Mädchen, die Freundinnen geworden waren und auch außerhalb des Trainings viel gemeinsam unternahmen, bestand. Dass sie sich gegenseitig zum Geburtstag einluden und gemeinsam ins Kino gingen, bekam ich immer nur am Rande mit. Ich fühlte mich dadurch etwas abseits, als wäre ich nicht akzeptiert und gehörte nicht dazu. Es ärgerte mich, aber ich hatte es mir vielleicht auch selbst zuzuschreiben. Mit Sicherheit wäre es einfacher für mich gewesen, wenn ich regelmäßiger zum Training gekommen wäre, aber ich wollte mich auch nicht aufdrängen. Außerdem hatte ich ja meine Freundin Kristin, so dass ich mir nicht unbedingt die Freundschaft der anderen erarbeiten musste.

Einmal besuchten Kristin und ich Esther. In der Wohnung stand ein riesiges Schaukelpferd, auf dem vier Erwachsene Platz finden konnten – zwei in der Mitte, einer vor dem Kopf, der andere hinter dem Schwanz. Das Pferd war eine Requisite aus dem Geraer Theater, die ihr Vater, ein Schauspieler, mit nach Hause gebracht hatte. Auch Esther, später eine enge Freundin von mir, wurde später Schauspielerin.

In der Bezirksbestenliste von 1975 – ich war damals elf Jahre alt – finde ich viele alte Bekannte wieder, vor allem Esther, die grundsätzlich besser war als ich. In den Disziplinen 60-Meter-Lauf, Weitsprung, Hochsprung und Ballwurf hatte ich folgende Ergebnisse: 9,0 Sekunden, 4,03 Meter, 1,25 Meter und 25,48 Meter. Esther dagegen sprang bereits 4,24 Meter weit und 1,40 Meter hoch und war im ganzen Bezirk als Gegnerin gefürchtet.

An den Wochenenden fanden in der Regel die Vergleichswettkämpfe mit den anderen Kreisstädten statt. Am Sonntag war bereits morgens um sieben Uhr Busabfahrt zum Wettkampfort. Ich musste also spätestens um sechs Uhr aufstehen, um rechtzeitig zur Haltestelle am anderen Ende der Stadt zu gelangen. Der Höhepunkt der Saison waren die Bezirksmeisterschaften, und – meines Wissens nach – alle zwei Jahre fand die Kinder- und Jugendspartakiade von Gera abwechselnd auf Bezirks- oder Kreisebene statt.

Folgende Erklärung fand ich in diesem Zusammenhang in der Zeitschrift *Sport* von 1984: »Mitte der sechziger Jahre wurde eine neue, den herangereiften gesellschaftlichen Bedingungen und Erfordernissen angepasste Form der Wettkämpfe im Kinder- und Jugendsport geboren: die Spartakiadebewegung. Mit der Spartakiadebewegung sollten zwei Seiten eines gemeinsamen Anliegens, der allseitigen und harmonischen Entwicklung der jungen Generation, realisiert werden: erstens die große Mehrheit an das regelmäßige, möglichst organisierte Sporttreiben heranzuführen, zweitens die sportlich besonders talentierten Mädchen und Jungen zu fördern.«

Für mich war die Spartakiade immer wie kleine Olympische Spiele. Zur Eröffnung gab es ein Spartakiadefeuer und eine richtige Zeremonie. Bei einer dieser Spartakiaden schaute ich wie gebannt auf das Mädchen, das das Spartakiadefeuer entfachte und den Eid sprach. Ich dachte daran, wie aufgeregt sie sein musste, denn es war Esther. Sie erzählte mir, dass ihre Mutter zwar sehr stolz auf sie als Auserwählte war, ihr aber gleichzeitig die genaue Anweisung gab, die Fackel so weit wie möglich vom Körper entfernt zu halten. In der Stadt war sehr viel los. So gut wie alles stand im Zeichen der Spartakiade. Jeder, der an den Wettkämpfen teilnahm, war stolz, und jede gewonnene Medaille wog schwerer als eine normale Medaille, obwohl sie nur aus billigem Plastik war.

Bei der Kreisspartakiade 1976 sprang Esther – sie war elf Jahre alt – im Hochsprung bereits 1,53 Meter. Das war der neue Bezirks- und DDR-Rekord in dieser Altersklasse. Daneben gewann sie zwei weitere Goldmedaillen und eine Silbermedaille. Sie sprang 4,60 Meter weit und lief über 60 Meter eine Zeit von 8,8 Sekunden. Ich bewunderte sie, denn ich gewann natürlich nicht so viele Medaillen. Trotzdem hängte ich sie mir auf dem Heimweg stolz um den Hals. Unterwegs begann es zu regnen, und als ich zu Hause meine Auszeichnung präsentieren wollte, war die Farbe auf der Medaille abgewaschen. Man konnte nun nicht mehr sehen, ob ich Gold, Silber oder Bronze gewonnen hatte, aber ich hatte zum Glück noch mein T-Shirt mit der Aufschrift. Die Farbe der Medaille konnte man inzwischen gut auf dem T-Shirt sehen.

Als ich in der sechsten Klasse war, lud das Trainingszentrum zu einer Elternversammlung ein. Unsere, Kristins, Esthers und meine, Mütter waren alle anwesend und erfuhren, dass wir ab dem siebten Schuljahr für die Sportschule ausgewählt worden waren. Als ich das hörte, machte ich meine Zusage für die Schule davon abhängig, ob Kristin mitkommen würde.

Meine Mutter übte zu keinem Zeitpunkt Druck auf mich aus, was die Kontinuität meiner Trainingsbesuche anging. Sie war zwar froh, dass ich dieser Beschäftigung nachging, überließ es mir aber, meine Zeit dafür einzuteilen. Die Entscheidung, auf die Sportschule zu wechseln, überließ sie mir ebenso. Mich reizte die Aussicht, mich in gewisser Weise selbstständig zu machen. Ich dachte nicht so sehr daran, irgendwann einmal einen Weltmeister- oder Olympia-Titel zu gewinnen. Es war mehr die Vorstellung, mit Kristin gemeinsam in einer anderen Stadt auf diese Schule zu gehen. Die Entscheidung war also nicht schwer zu treffen.

Was es für mich bedeutete und was wir darüber wussten, war, dass auch die Sportler, die man bei internationalen Wettkämpfen sah, mal auf einer solchen Schule gewesen waren. Uns war klar, dass dort viel trainiert wurde und es etwas ganz Besonderes war, dorthin delegiert zu werden. Die Schulen hatten keinen besonders strengen oder elitären Ruf. Solche Begriffe existierten in der DDR ja gar nicht. Der einzige große Unterschied zu den normalen Schulen war, dass wir in einem Internat wohnten und in unserer Freizeit vorwiegend trainierten.

Trotz der Vorauswahl mussten wir noch einen Aufnahmetest bestehen, vor dem ich große Angst hatte. Mein Selbstbewusstsein war nicht besonders ausgeprägt, und ich konnte nicht einschätzen, ob ich den Anforderungen genügen würde. Eine Aufgabe war die Bewältigung eines 3000-Meter-Laufs. Der Langlauf und die Mittelstrecke gehörten noch nie zu meinen favorisierten Disziplinen, auch wenn ich Kristin zuliebe schon häufig mitgelaufen war. Mich über die Runden quälend, wurden meine Beine immer schwerer und meine Puste immer schwächer. Schmerzhaftes Seitenstechen setzte ein, und am liebsten hätte ich aufgegeben. Alle anderen waren bereits im Ziel, als ich völlig erschöpft an die letzten 200 Meter ging. Irgendjemand rief mir zu: »Halt durch, das Ziel ist nicht die Zeit, das Ziel ist durchzuhalten!« Man muss mir meine inneren Kämpfe angesehen haben, auf jeden Fall war es genau die richtige Motivation im entscheidenden Moment. Ich hielt durch. Dieser motivierende Zuruf, der mir so geholfen hat, kam, wie ich später feststellte, von einem Trainer der Sportschule. Vor dem Kräfte zehrenden Lauf hatten wir bereits Sprung-, Lauf- und Wurfdisziplinen absolviert. Dabei trug ich die Spikes meiner Mutter als Glücksbringer. Die Nägel waren sehr lang, und man konnte sie nicht rausdrehen. Bei den Laufdisziplinen war das kein Problem, denn sie fanden auf einer Aschenbahn statt. Beim Weitsprung aber war der Anlauf mit einem Läufer – kein normaler Tartan-, sondern ein Kuhläufer, mit dem auch die Kuhstallgänge der LPGs ausstaffiert waren – ausgelegt. Das Material war derart fest, dass die Nägel darin stecken geblieben wären. Also sprang ich mit Einlaufschuhen und schaffte immerhin eine Weite von 4,40 Metern.

Viele mir von den zurückliegenden Wettkämpfen bekannte Schüler sah ich bei dem Test wieder. Nur Esther fehlte. Sie musste aufgrund ihrer außerordentlichen sportlichen Leistungen keinen Test absolvieren. Später, bei der medizinischen Reihenuntersuchung, sah ich sie dann doch wieder. Hier bekam meine Vorfreude einen gehörigen Dämpfer, als ich erfuhr, dass Kristin den Gesundheitstest nicht bestanden hatte. Die Ärzte hatten eine Wachstumsstörung festgestellt und sie ausgemustert.

Ich dagegen hatte es tatsächlich geschafft und brachte sowohl die sportlichen als auch die gesundheitlichen Voraussetzungen mit. Ein dritter wichtiger Aspekt, die schulischen Leistungen, stand noch aus. In der Regel genügten Lehrer und Trainer die Zeugnisse des Schülers. Für einen schlechten Schüler war die Gefahr groß, dass die doppelte Belastung zu noch schlechteren Ergebnissen führen würde. Es waren schließlich täglich zwei Trainingseinheiten vorgesehen, und nebenbei musste der normale Schulstoff bewältigt werden. Hierin bestand meine größte Angst, war ich ohnehin schon nicht die beste Schülerin. Hätte ich mich vorher mehr bemüht, würde die Entscheidung nun nicht an einem seidenen Faden hängen. Ich sah dem Tag der Entscheidung durch die Lehrer mit Bangen entgegen. Meine Mutter erfuhr das Ergebnis als erste. Ich hatte bereits resigniert, denn mein Schuldirektor Herr Schreck hatte mich aufgrund mangelnder Leistungen nicht für die Sportschule empfehlen können. Trotzdem wurde mir von den Lehrern der Sportschule bescheinigt, dass ich entwicklungsfähig und belastbar sei und auf die Sportschule wechseln könne. Meine beiden Trainer Frau Heiland und Herr Herzog hatten sich gegen meinen alten Schuldirektor durchgesetzt. Sie konnten nicht ahnen, wie dankbar und stolz ich war, dass sie sich so für mich eingesetzt hatten. Sie hatten an mich geglaubt und mich in meiner positiven Entwicklung gefördert. Dass ich körperlich gute Voraussetzungen hatte, wusste ich bereits, denn das hatte ich aus verschiedenen Gesprächen von Lehrern und Trainern herausgehört. Dass ich allerdings auch in meiner schulischen Leistungsfähigkeit positiv eingeschätzt wurde, war mir fast noch wichtiger.

Es stand also fest, dass ich im August 1977 mit zwölf Jahren die Schule wechseln würde. Die Sportschule befand sich in Bad Blankenburg, so dass ich quasi von zu Hause auszog. Ausgerechnet im Mai 1977 wurde meine Halbschwester Yvonne geboren, weshalb mir der Abschied besonders schwer fiel. Aber andererseits hätten wir uns in Zukunft zu viert das Zimmer teilen müssen. Das tröstete dann doch wieder. Fünf Jahre später erblickte Constanze, meine zweite Halbschwester, das Licht der Welt. Damals wünschte ich meiner Mutter, dass sie mal mehr an sich denken würde. Aber sie war einfach ein Familienmensch mit viel Liebe zu Kindern. Sie war glücklich, obwohl es mit inzwischen fünf Kindern sicher nicht leicht war. Doch trotz der wenigen

Zeit, die ihr aufgrund der Arbeit für uns blieb, war sie noch in der Lage, ein Zuhause zu schaffen, in dem wir uns wohl fühlten. Ich bewundere, dass sie trotz all der Schwierigkeiten in der Lage war, uns eine schöne Kindheit zu geben. Wir wussten, dass wir von ihr geliebt wurden, und ich war glücklich zu Hause, aber dennoch sehr neugierig auf das neue Leben.

Ziemlich schnell war es so weit, dass die Sommerferien zu Ende waren und ich meine Koffer packen musste. Nur ein einziges anderes Mädchen aus Gera hatte die Tests bestanden und kam mit mir nach Bad Blankenburg – Esther. In den Sommerferien schrieb ich ihr noch ein paar Zeilen: »Liebe Esther! Du musst mir unbedingt einen Brief schreiben oder ich muss selbst zu Dir kommen. Meine Mutti weiß nämlich noch nicht Bescheid wegen der Sportschule, was man da mitzunehmen hat. Bitte, es eilt. Freust du dich auf die Sportschule? Tschüß, Deine Sportfreundin und Schulfreundin Heike Daute.«

Zweiter Teil

DIE SPORTSCHULE

Als die Ferien vorbei waren und ich meine Koffer für das Internat packen sollte, freute ich mich, war aber mindestens genauso aufgeregt. Meine Großmutter begleitete mich auf dieser wichtigen Reise, da meine Mutter bei meinen jüngeren Geschwistern bleiben musste. Unterwegs trafen wir Esther und ihre Mutter, was mir die Reise irgendwie erleichterte. Einen Neuanfang mit etwas Vertrautem zu beginnen, lässt vieles leichter fallen. So waren wir sehr froh, als wir uns trafen, obwohl wir zu dem Zeitpunkt nicht befreundet waren.

Bad Blankenburg liegt im südöstlichen Thüringer Wald, am Eingang ins Schwarzatal und am Fuß der Burg Greifenstein, die 170 Meter hoch direkt über der Stadt liegt. Der Kurort hat 10 000 Einwohner und mauserte sich seit dem Zweiten Weltkrieg zum Industriestandort für Gummiwaren, Pappe und Elektrogeräte. In dem wunderschönen Ort, umrahmt von Bergen und Wäldern, steht das Fröbelmuseum, benannt nach dem Pädagogen Friedrich Fröbel, im ersten Kindergarten Deutschlands.

In der Kinder- und Jugendsportschule »Werner John«, kurz KJS, in Bad Blankenburg waren die Schüler der Sportarten Leichtathletik, Ringen und Fechten untergebracht. Andere Sportarten wie Radsport, Turnen, Boxen oder Fußball wurden in Gera oder Jena unterrichtet. Der SC Motor

Jena war der weiterführende Klub der KJS, für den wir in Zukunft starten sollten. In Jena trainierten alle erwachsenen Leistungssportler, einige Weltspitzensportler und angehende Spitzensportler. Der Nachwuchs, also wir, war in Bad Blankenburg untergebracht. Die Schule bestand aus zwei Internatsgebäuden, einem Jungen- und einem Mädcheninternat. Im Jungeninternat, dem größeren der beiden Gebäude, waren die Physiotherapie, der Klubraum, Billard- und Fernsehräume untergebracht. Im Mädcheninternat gab es einen Fernsehraum und ein Entspannungsbecken für die Prophylaxe. Nicht weit entfernt von den Gebäuden befanden sich der Sportplatz und die Sporthalle.

Bei der Ankunft gingen wir mit vielen anderen Kindern zum Internat. Viele davon kannte ich vom Sehen von den Wettkämpfen, doch ab jetzt würden wir über Jahre zusammen leben, lernen und trainieren müssen. Wir waren neugierig, wie die Zimmeraufteilung sein würde und ob die Erzieher, die nun anstelle der Eltern für das tägliche Leben verantwortlich waren, nett waren.

Nach der Eröffnungsfeier im Schulgebäude wurden uns im nur fünf Minuten entfernten Internat die Zimmer zugewiesen. Noch waren die Eltern und Großeltern dabei. Gemeinsam mit Carmen Müller und Andrea Böhme aus Jena bekamen Esther und ich ein Vierbettzimmer zugeteilt. Da die beiden anderen Mädchen zuerst im Zimmer gewesen waren, hatten sie bereits die Vorteile ausgemacht und für sich reserviert. Esthers Mutter und meine Großmutter schien das mehr zu stören als uns, denn sie nörgelten zum Beispiel darüber, dass die Mädchen die unteren Betten belegt hatten und wir oben schlafen mussten. Ja, Esthers besorgte Mutter ließ der Gedanke, dass ihre Tochter in einem Doppelstockbett oben schlafen sollte und womöglich herunterfallen könnte, nicht los und konnte von einem

Probeliegen nicht zurückgehalten werden. Das Bett krachte tatsächlich herunter. Sie trichterte uns in der Folge ein, immer zu kontrollieren, ob die Halterungen in Ordnung waren. Uns wäre das alles egal gewesen, aber die beiden Erwachsenen betrachteten die Lage natürlich etwas anders. So sollten schließlich ihre Kinder für die nächsten Jahre leben. Nachdem wir ausgepackt hatten, gaben wir dem Zimmer mit Hilfe von Esthers Mutter und meiner Großmutter eine gemütliche, fast heimische Atmosphäre. Anschließend erhielt ich eine neue Schultasche von meiner Großmutter – meine alte war beim Umzug kaputt gegangen –, und dann kam der Abschied. Obwohl wir stolz waren, endlich auf eigenen Füßen zu stehen, fiel es uns in dem Augenblick nicht leicht, die Beiden gehen zu lassen.

Glücklicherweise blieb kaum Zeit, traurig zu sein, denn der Alltag holte uns rasch ein. Am unmittelbarsten bekamen wir das bei den Konflikten mit den anderen beiden Mädchen zu spüren. Sie waren alte Freundinnen und hielten zusammen. Bei Spannungen teilte sich das Zimmer in zwei Fronten: die Geraer und die Jenaer Front. Ein Dauerthema war das ständige Gequassel der Beiden bis weit über die Nachtruhezeit hinaus. Esther und ich rückten durch den Stress nahe zusammen, obwohl sich mit der Zeit die Spannungen lösten und wir gut klar kamen.

Von nun an waren drei Aufsichtspersonen für uns verantwortlich, unsere Erzieherin, der Klassenlehrer und der Trainer. Es gab natürlich viele Regeln einzuhalten. Jedes Jahr kamen etwa dreißig neue Schüler für die Leichtathletik. Daneben wurden neue Ringer, Fechter und Turner aufgenommen. Es gab in der Regel für jede Sportart jährlich eine Klasse. Kamen im Ringen, Fechten und Turnen nicht genug neue Kinder, wurden deren Klassen zusammengelegt.

Zu den Internatsregeln gehörte unter anderem die Zimmerordnung. Morgens vor dem Frühstück mussten demnach die Betten gemacht und das Zimmer in einen »ordentlichen« Zustand gebracht werden. Da es einen genauen Zimmerplan gab, der die Aufteilung des Ordnungsdienstes festlegte, kam es diesbezüglich nicht zu Streitereien. Kritisch wurde es, wenn der kontrollierende Erzieher Nachbesserung verlangte, denn das bedeutete auch einen Punktabzug. Bei der allmorgendlichen Kontrolle gab es nämlich Punkte zu sammeln, sechs Punkte für die Bestleistung. Am Ende eines Monats und eines Jahres wurden die Punkte addiert und die Schüler mit der höchsten Punktzahl – also dem ordentlichsten Zimmer – ausgezeichnet. Eine Nachbesserung bedeutete aber nicht nur Punktabzug, sondern auch weniger Zeit für das Frühstück, weil man ja zu spät kam. Es war die erste Hürde eines jeden Tages, die man nehmen musste.

Die Sportklassen teilten sich die Schule mit normalen Schülern aus Bad Blankenburg. Obwohl es vereinzelte Kontakte zwischen den verschiedenen Schülern gab, blieben die Sportler meistens unter sich. Zu DDR-Zeiten herrschte die Auffassung, dass an der Sportschule die schulischen Belange zugunsten des Sports etwas im Hintertreffen waren und man weniger streng benotet wurde, doch es wurden der gleiche Schulstoff durchgenommen, Hausaufgaben gemacht und die gleiche Anzahl Klausuren geschrieben. Sitzengeblieben ist allerdings niemand, soweit ich mich erinnern kann. Dafür konnte man aber aus disziplinarischen Gründen von der Schule fliegen. Der wesentliche Unterschied zur normalen Schule bestand darin, dass die Schulstunden immer wieder von Trainingseinheiten unterbrochen waren.

Der erste große Vorteil war die Möglichkeit, sich neue Trainingsanzüge kaufen zu können. Die üblichen Baumwolltrainingshosen, die nach dem Tragen sofort an den Knien ausgebeult waren und für einen guten Sitz gekocht werden mussten, hatten ausgedient. Wir konnten hochwertige Sporthosen aussuchen, die es nicht oder nur sehr selten im normalen Handel zu kaufen gab, so genannte »Bückware«. Besonders bei den Einlaufschuhen war der Unterschied groß. Die handelsüblichen blauen Stoffschuhe färbten bei Regen jeden Socken blau. Jetzt gab es richtige Lederschuhe aus einem DDR-Kombinat, denn Sportkleidung aus Westdeutschland bekam man erst später und dann auch nur als Mitglied des Kaders. Für uns war es etwas ganz Besonderes, mit den roten Trainingsanzügen eingekleidet zu werden, auf denen mit großen weißen Buchstaben geschrieben stand »SC MOTOR JENA«.

VIELE PFLICHTEN

Mit meiner Größe und meinem Lauftalent wurde ich der Sprintgruppe von Herrn Glöß zugeteilt. Ich wusste, dass ich ihm sympathisch und bei ihm gut aufgehoben war, war er doch derjenige gewesen, der mir beim Test Mut zugesprochen hatte. Dieser liebenswerte ältere Mann war fast so eine Art Papa für uns – und auch innerhalb des Trainerkollegiums – und wurde gern mit Doktor Glös angesprochen, obwohl er keinen Doktortitel hatte.

Bad Blankenburg und Jena waren seit langem Sprinterhochburgen, weshalb man versucht war, aus allen, die entsprechende Voraussetzungen aufweisen konnten, Sprinter zu machen. Bereits nach zwei Wochen wechselte ich jedoch in die Sprung-/Mehrkampfgruppe, in der auch Esther trainierte, zu Peter Hein, einem jungen Mann, der gegen die Vorherrschaft der Sprinter rebellierte. Bei einer Trainersitzung begehrte er gegen die Entscheidung, mich zum Sprinter zu machen, auf und verließ wutschnaubend den Raum. Das machte Eindruck.

46

Mit etwa zehn Kindern war unsere Trainingsgruppe (TG) durchaus übersichtlich. Wir trainierten mit Schülern aus den höheren Klassen durchschnittlich neun- bis zehnmal pro Woche. Der Tag war eingeteilt in Unterricht, Training, Mittagspause, Unterricht und Training. Auch am Samstag hatten wir einmal Unterricht und einmal Training. Diese Trainingsgruppen waren sehr sinnvoll, denn jeder hatte neben seinen Stärken auch Schwächen und wurde durch die Motivation und Leistung der anderen regelrecht mitgerissen. Mein großes Problem war die Ausdauer. Und obwohl ich auch in der Trainingsgruppe nicht gern lief, behielt ich das für mich und hängte mich einfach an die anderen dran. Allein hätte ich die Strapazen nie durchgehalten, so aber ordnete ich mich unter und versuchte meine schlechten Leistungen zu verbessern.

Von Beginn an wurde sehr vielseitig trainiert. Heute weiß ich, dass damit eine Grundlage aufgebaut wurde, von der ich heute noch zehre. Neben Laufen, Springen, Werfen und Sprinten hatten wir auch Disziplinen wie Turnen, Gymnastik und Ballspiele auf dem Programm. Außerdem gingen wir regelmäßig zum Schwimmen. Vielseitigkeit wurde ganz groß geschrieben. Gymnastik und Turnen haben mir nie Spaß gemacht, denn ich war steif und eher unbeweglich. Ein Spagat war für mich jedesmal ein kleines Wunder, zu dem ich es nie brachte. Aber das ist vielleicht gar nicht so schlecht, denn wenn man viel dehnt oder extrem dehnen kann, nimmt man dem Muskel die Spannung und den Tonus. Genau diese Dinge braucht man jedoch, um schnell sein zu können. Trotzdem muss natürlich eine Grundbeweglichkeit vorhanden sein.

Peter Hein schilderte seine Eindrücke später folgendermaßen: »Heike war groß, eckig und kantig. Beim Fußballspielen in der Halle musste ich immer die Bänke aus dem Weg räumen, da ich Angst hatte, sie trifft statt dem Ball die

Bank. Ihre Bewegungen waren noch unkoordiniert. Sie war im Vergleich zu den anderen etwas ungeschickter. Ihre Willenspotenzen waren noch nicht sehr ausgeprägt. Deswegen war die Ausdauer zum Beispiel zuerst nicht ihre Sache. Die Sprintwerte waren auch nicht sensationell. Sie hatte figürlich sehr gute Voraussetzungen, aber man kann nie sagen, was mal daraus wird. Es gab in der TG andere, ältere, die besser waren und das Sagen hatten, und das schüchterte sie ein. Sie war ein bisschen ein Außenseiter, aber Esther stand ihr von Anfang an zur Seite.«

Wir absolvierten das so genannte Grundlagentraining, das in der siebten und achten Klasse stattfand. Während der neunten und zehnten Klasse gab es das Aufbautraining, und in der elften und zwölften Klasse wurde mit dem Anschlusstraining weitergeführt. Danach kam das Spitzentraining. Das war eine rein methodische Einteilung, das heißt, wie die Belastungen, sprich Trainingseinheiten, gemacht und welche Trainingsmittel eingesetzt wurden.

In den ersten zwei Jahren sollten also vor allem die Grundlagen erarbeitet werden. Wir mussten hoch- und weitspringen können, sprinten, Ausdauerläufe absolvieren und alle Wurfdisziplinen trainieren. Zu dem Zeitpunkt war noch nicht festgelegt, auf welche Disziplin man sich einmal konzentrieren würde.

Im Aufbautraining wurde unterteilt. Mittlerweile sah man schon ganz gut, wer ein Sprinter oder ein Werfer werden würde. Schon vom Figürlichen zeichnete sich das ab. Noch war der Nachwuchstrainer für uns verantwortlich, obwohl wir bereits von den Trainern der Spitzensportler begutachtet wurden. Sie wollten ein zu intensives Training im jetzigen Stadium noch vermeiden, denn die Grundlagen waren wichtiger. Eine gute Sprungtechnik ist zwar wichtig, aber im Grundlagentraining wurde ganz akribisch an der technisch richtigen Ausübung der einzelnen Trainingsübungen gearbeitet. Entscheidend war zum Beispiel, dass der Fuß beim Kniehebelauf richtig aufgesetzt wurde, wie die Oberkörperlage beim Laufen war, die Armhaltung, wie ein Sprunglauf gemacht werden musste. Die Übungen des Sprint-ABC wurden technisch sauber gefeilt, das Anfersen, die Fußgelenkarbeit, das Skipping. Da sind eigentlich die besten Trainer gefordert, denn wenn man diese einfachsten Übungen sauber lernt und sie von Anfang an technisch richtig ausführt, kann man Verletzungen gut vorbeugen. Es kommt nicht nur auf das Naturell an, sondern auch darauf, wie man den Fuß beim Absprung aufsetzt.

Viele junge Sportler wissen gar nicht mehr, was ein Sprint-ABC ist und wie man es ordentlich ausführt. Man ist sich mehr oder weniger selbst überlassen, und eine technische Unsauberkeit, die sich über die Jahre hinweg entwickelt hat, lässt sich schwer wieder ändern.

Unsere Trainingswoche sah folgendermaßen aus: Montags und donnerstags wurde Kompensation betrieben, wir trainierten also allgemein mit Kreistraining und Spielen. Dienstags und freitags waren Techniktage, wo an den einzelnen Disziplinen gearbeitet wurde. Mittwochs und samstags standen Kraft und Ausdauer auf dem Plan. Eine Trainingseinheit dauerte etwa anderthalb Stunden, manchmal auch länger, vor allem wenn es um die Technik ging. Das Vormittagstraining begann in der Regel um elf Uhr, nachdem wir bis 10.30 Uhr Unterricht gehabt hatten. Nach dem Mittagessen war bis fünfzehn Uhr wiederum Unterricht angesetzt und ab sechzehn Uhr das zweite Training. Als notwendiges Übel erschien uns lange Zeit das Aufwärmen, das Einlaufen und Auslaufen. Wenigstens für das Einlaufen brachten wir etwas Verständnis auf. Zum Auslaufen mussten wir jedoch fast gezwungen werden. Ähnlich erging es mir mit Gymnastik und Dehnübungen, denn ich verstand lange den Sinn dahinter nicht. Was in meinem Körper dabei vor sich geht, habe ich erst viel später begriffen. Uns fehlte damals noch das gewisse Feingefühl für unseren Körper, so dass wir die Reaktionen auf bestimmte Übungen nicht einschätzen konnten. Als Kinder haben wir sowieso erstmal getan, was der Trainer uns sagte, und alles Neue in uns aufgesogen. Was der Trainingsplan vorsah, führten wir durch.

Das Leben bestand aus Sport, Schule und Internat, drei Einheiten, die wir zusammenbringen mussten. Als Klassenlehrer hatten wir Herrn Müller, den Schwarm aller Mädchen, und später in Jena Frau Mertel, ein kulturinteressiertes Energiebündel. Als Erzieherinnen standen uns Fräulein Müller und Frau Forcht zur Seite. Diese Verantwortlichen trafen sich einmal in der Woche zum so genannten Kleinen Pädagogenkollektiv (KPK), um die Organisation der drei Bereiche reibungslos zusammenzubringen. Dabei ging es um Themen wie die ungehinderte Ausführung der Trainingseinheiten, schulische Probleme, Terminabsprachen für Klassenarbeiten und private Probleme wie zum Beispiel Heimweh. Die Zusammenarbeit wurde immer wieder neu koordiniert, so dass die unterschiedlichen Aktivitäten sich nicht gegenseitig hemmten, sondern Hand in Hand gingen. Es wurden auch Ausflüge geplant oder Weihnachtsfeiern organisiert. Mit der Trainingsgruppe wurde nicht nur trainiert, sondern auch Grillnachmittage in Peter Heins Garten veranstaltet, oder wir waren zum Beispiel gemeinsam Eisessen. Es wurde großer Wert darauf gelegt, dass wir uns gut verstanden und eine entspannte Atmosphäre vorherrschte. Obwohl der Sport groß geschrieben war, sollten keine Fachidioten herangezogen werden. Der Spaß sollte auf jeden Fall erhalten bleiben.

Im ersten halben Jahr hatte ich einige Schwierigkeiten. Oft sogar, wenn ich am Wochenende daheim war, weinte ich. Die Umstellung von meinem eher lockeren Umgang mit den Trainingsstunden und meiner verbleibenden Freizeit auf dieses sehr streng geregelte und rhythmisierte Leben empfand ich als besonders hart. Es war jetzt keine Frage der Lust mehr, ob ich zum Training erschien oder nicht. Ähnlich erging es mir mit den Hausaufgaben, die überwacht wurden. Ich konnte mich dem Ganzen nicht einfach entziehen, sondern musste mich entgegen meinem bisherigen Naturell disziplinieren. Ich empfand es schlicht als Stress, ständig zielgerichtet und konzentriert zu arbeiten. Es war völlig neu für mich. Zu den Schwierigkeiten kamen neue Unsicherheiten, denn ich wollte unbedingt eine Freundin haben und hatte Angst, keine zu finden. Alle anderen Schülerinnen beeindruckten mich so stark, dass ich gehemmt, zurückhaltend und scheu war. In der Trainingsgruppe kannte ich diese Probleme nicht, denn im Gegensatz zur Schule hatte ich hier genug Selbstvertrauen, denn ich wusste um meine guten Leistungen. Trotzdem schämte ich mich auch in der Trainingsgruppe aufgrund meiner schlechten schulischen Leistungen. Um nicht aufzugeben und mir selbst und anderen beweisen zu können, was in mir steckte, orientierte ich mich stark an Esther. Sie war nicht nur in der Schule gut, sondern überhaupt sehr viel reifer als ich, und es war wichtig für mich, dass mir jemand, der besser und weiter war als ich, den nötigen Halt geben konnte. Sie nahm mich ernst, und ich hatte großes Vertrauen zu ihr und habe sie sehr hoch geschätzt. Wie selbstverständlich spornte sie mich an, half mir bei den Hausaufgaben und kümmerte sich um mich. Selbst meine Mutter war erleichtert festzustellen, dass wir Freundschaft geschlossen hatten, wohl auch, weil sie auf eine Verbesserung meiner schulischen Leistungen hoffte.

Mein Nacheifern ging so weit, dass meine Handschrift ihrer bis heute sehr ähnelt. In einem Interview bezeichnete ich sie einmal als mein Vorbild, denn sie hatte während einer entscheidenden Zeit als Persönlichkeit maßgebenden Einfluss auf mich gehabt. Selbst ihre Art sich zu kleiden und die Haare zu tragen, kopierte ich. Esther war ein lustiger Typ und hatte eine tolle Ausstrahlung, weshalb sie überall sehr beliebt war. Mein Selbstbewusstsein stieg erst, als sich der sportliche Erfolg einstellte. Da wurde man plötzlich auf mich aufmerksam und redete anerkennend über mich. Ich empfand es als tolle Bestätigung für mein Selbstbewusstsein. Doch bis dahin war es noch ein weiter Weg, auf dem ich vor allem mit mir selbst zu kämpfen hatte.

Zu den weniger spannenden Details des Trainings gehörte das Trainingsprotokoll. Dafür gab es Vordrucke, Tabellen, die ausgefüllt werden mussten. Alles, was in einer Trainingseinheit gemacht wurde, sollte dort eingetragen werden, zum Beispiel die Anzahl der horizontalen und der vertikalen Sprünge und die Anzahl der Läufe. Es war schrecklich langweilig, sich damit zu beschäftigen, und wir hielten es für eine reine Erziehungsmaßnahme. Aber die Protokolle, die wir am Wochenende für die jeweils vergangene Woche abgeben mussten, wanderten bis zu den Sportfunktionären, wo sie ausgewertet wurden.

Für uns war es im Nachhinein spannend, die eigene Entwicklung in einer Disziplin über den Verlauf eines Jahres anhand der Protokolle nachvollziehen zu können. Peter Hein setzte unsere Einträge in Leistungskurven um und verglich sie miteinander. Man erkannte anhand der Kurven den Stand der Schnelligkeit und der Ausdauer und konnte feststellen, ob man im Vergleich zum Vorjahr genug an sich gearbeitet hatte. Eigentlich war es ganz wissenschaftlich, wie wir da rangegangen sind. Und obwohl im Prinzip nur der Trainer so detailliert über den Verlauf der Leistungs- und Entwicklungskurven Bescheid wissen muss, führe ich bis heute Protokoll. Nicht mehr so streng wie früher, aber ich schreibe immer noch alles auf und gebe es meinem Trainer für seine Kurvenberechnungen. Genauso werden Trainingsleistungen und Bestleistungen notiert. Für die Motivation kann es sogar entscheidend sein. Nachdem ich 1992 zum Beispiel Olympiasiegerin wurde, habe ich mir im Jahr darauf genau angeschaut, wie ich vor dieser Leistung trainiert habe. Natürlich war der Plan nicht einfach zu kopieren. Es hängt schließlich viel von der momentanen Verfassung ab. Aber man kann so den Leistungsstand zu bestimmten Zeiten ablesen und vergleichen. Es steckt also ein Sinn dahinter, der uns aber damals, wie gesagt, noch verborgen blieb. Nicht dass wir ihn hinterfragt hätten, dazu waren uns die Protokolle offensichtlich nicht lästig genug. Es gehörte einfach dazu, und auch der Trainer bemühte sich nicht, uns den tieferen Sinn nahe zu bringen. Da Esther das Protokoll immer sauber führte, hatte ich es um so leichter, es abzuschreiben.

Ständig fanden kleine Vergleichswettbewerbe mit den Sportklubs anderer Bezirke statt. Wir konnten dabei sehen, inwieweit sich das Training auswirkte. Ein Teil der Wettkampfvorbereitung bestand darin, während der Schulferien in ein Trainingslager zu fahren. Unsere Trainingslager fanden meistens in Gottesberg im Vogtland statt, wo im Winter viel Schnee lag. Ich konnte natürlich nicht skifahren, und die alten Bretter meines Vaters, die wir zu Hause auf dem Dachboden fanden, waren Abfahrtsskier, also viel breiter und vor allem schwerer als die eigentlich benötigten Langlaufskier. Ich lief der Trainingsgruppe dadurch ständig hinterher und musste mir sozusagen eine neue Spur fahren. Diese Dinger waren wie Klötze an den Beinen. Da mir auch meine Skischuhe nicht richtig passten, hatte ich nach kurzer Zeit höllisch schmerzhafte Blasen an den Füßen. Immerhin konnte ich so nicht mehr mitlaufen und kam auch um den Skilanglaufwettbewerb um den Gottesberger See herum. Ein Jahr später konnte ich meine Mutter davon überzeugen, in neue Langlaufskier für mich zu investieren. Danach kann ich mich an wunderschöne Skiwanderungen erinnern. Wenn wir eine Tageswanderung unternahmen, steuerten wir vor der letzten Etappe immer ein Café an, und Peter Hein lud uns dort zu Kaffee und Kuchen oder Eis ein. Obwohl wir unterwegs regelmäßig sehr durstig waren, hatten wir nie Verpflegung dabei. Und erst nach langem Bitten durften wir uns dann die Skier abschnallen und eiskaltes Bachwasser trinken. Ich weiß noch, wie wir Stadtkinder beim ersten Mal furchtbar erschraken, als der erste aus unserer Gruppe seine Skier abgeschnallt hatte und bis zu den Oberschenkeln im Schnee versank. Später konnten wir uns darüber köstlich amüsieren.

Die Unterkünfte in den Trainingslagern waren Massenquartiere mit fünfzehn oder mehr Betten in einem Zimmer. Wir hatten oft Mühe, unsere Kleider zu trocknen, und die Nässe hinterließ einen unangenehmen Geruch in den Räumen.

Bei einer dieser Tagestouren kamen wir zu einem Haus, das völlig einsam stand und tief eingeschneit war. Um uns zu wärmen, traten wir ein und waren ganz überrascht über das Innere. Es war eine Werkstatt für Nussknacker und Weihnachtsholzschmuck mit Regalen, die bis an die Decken reichten und mit Weihnachtsfiguren vollgestellt waren. Zusammengenommen mit dem Geruch von Holz, Klebstoff und Farbe war es wie im Märchen.

Ein anderes Mal besuchten wir die Glasbläserei in Lauscha und erstanden dort Glasfiguren, die mitunter nur als Exportartikel hergestellt wurden. Die meisten Dinge waren im normalen Handel, wenn man sie überhaupt fand, derart teuer, dass unsere Eltern uns für diese Gelegenheit extra Geld mitgaben.

Diese »Ferien« sind mir unvergessen: bei Sonnenschein

auf den Skiern durch die schneebedeckte Landschaft zu fahren, vereinzelt Vögel zwitschern zu hören und die Kälte zu spüren, die unsere Haare und Augenbrauen in weiße Eissträhnen verwandelte.

Ein wichtiger Teil unserer normalen Sportausbildung war die Prophylaxe, ein Pflichtprogramm, das von unseren Trainern sehr ernst genommen wurde. Wir wurden zum bewussten Umgang mit dem Körper erzogen und mussten halbjährlich zur sportmedizinischen Reihenuntersuchung. Zur Prophylaxe gehörten so angenehme Dinge wie regelmäßige Massagen, Unterwassermassagen, Saunabesuche (zweimal wöchentlich) und Fuß- und Entspannungsbäder. Bei Verletzungen, wovon ich weitgehend verschont blieb, wurden in der Physiotherapie die Behandlungen vorgenommen.

Meine Beine war so dünn, dass ich mit Massagen nicht viel anfangen konnte, die Unterwassermassagen taten mir sogar weh, und auch die Sauna konnte ich nicht genießen. Ich lag am liebsten im Entspannungsbecken.

Trotzdem waren die Saunagänge lustig. Jungen und Mädchen gingen getrennt in die Sauna, und in den Ruheräumen mussten wir uns in Bücher eintragen, wer wann wie lange in der Sauna gelegen hatte. Zu unseren Lieblingsbeschäftigungen gehörte das Verfassen saftiger Kommentare zu den voranstehenden Einträgen der Jungen. Da konnte man ganz gut heraushören, wer was über wen dachte. Natürlich war das auch umgekehrt der Fall, so dass wir ständig im Bilde waren über die Urteile der Jungen über uns.

Ein nicht sehr sportliches Pflichtprogramm bestand im Wachehalten. Beim Haupteingang des Internats gab es eine Art Pförtnerloge, in der zu bestimmten Zeiten wir die Wache übernehmen mussten. Man musste Besuche in ein Buch eintragen und die Ausgangszeiten der Schüler erfassen. Diese Aufgabe habe ich mir in der Regel mit Esther geteilt, denn dann konnten wir die Zeit gemeinsam für die Hausaufgaben oder zum Briefeschreiben nutzen. Die Wache nahm auch die Lieferung der nachmittäglichen Zwischenmahlzeit entgegen und war für die Verteilung zuständig. Besonders beliebt waren Eclairs und Windbeutel. Die überzähligen Stücke gehörten natürlich den Wachleuten.

ERSTES HERZKLOPFEN

Zum Glück lag die Schule nicht in Dresden, denn sonst wären uns die Freitagabende vor dem Radio verwehrt geblieben. Auf *Bayern 3* wurden um diese Zeit nämlich die »Schlager der Woche« präsentiert. Natürlich durften wir uns nicht erwischen lassen. Die Musik war relativ leise, so dass sie auf dem Flur nicht gehört werden konnte. Esther saß dabei meist am Tisch und schrieb Tagebuch. Kaum ging die Tür auf, war das Radio abgestellt – die Erzieher klopften vorher an. Mit dem Fernsehen ging es uns ähnlich. In Bad Blankenburg gab es nur Ostfernsehen, aber später in Jena auch Westempfang, so dass ich regelmäßig *Detektiv Rockfort – Anruf genügt* anschauen konnte. Auch hier mussten wir aufpassen, um nicht erwischt zu werden, obwohl wir sicher waren, dass unsere Erzieher sich das denken konnten. Dank Esthers Tagebuch wissen wir heute, dass damals die Musik von Village People, Dschingis Khan, Abba oder Manfred Mans Earth Band die Hitlisten anführte, denn sie schrieb sogar die wöchentlichen Top Ten der Hitparaden auf.

Neben all den verbotenen Sendern hörten wir auch *DT64*, den ostdeutschen Jugendradiosender, obwohl dort nicht viele westdeutsche Hits gespielt werden durften. Aber wenn dann mal einer kam, war die Freude bei uns um so größer. Zu meinen favorisierten Bands gehörte Karat mit Texten, die ich verstand, aber daneben auch Abba, Smokie und Sweet. Tatsächlich lernten wir zwar Englisch in der Schule, aber verstanden haben wir bei den Liedern das wenigste. Unser Zimmer war vollgeklebt mit Bildern von Sweet aus der *Bravo*, und unsere Erzieher akzeptierten das. Allerdings musste man bei Werbung vorsichtiger sein. Plastikbeutel aus Westdeutschland wurden umgedreht, damit man die eindeutigen Logos nicht sehen konnte.

Aber noch aus einem anderen Grund war der Freitag ein wichtiger Tag. Ziemlich regelmäßig fanden nämlich Schuldiscos statt, für die wir uns nach dem Abendessen herausputzten. Wir tauschten Klamotten und probierten neue Frisuren aus. Der Abend war am Höhepunkt angelangt, wenn unsere derzeitigen Lieblingstitel gespielt wurden. Bei »We will rock you« von Queen – damals meine favorisierte Band – saßen wir beispielsweise immer auf den Knien und rockten mit.

Natürlich war auch sehr wichtig zu wissen, welche Jungen sich in die Disco trauten. Wir fanden damals ein paar Ringer und Leichtathleten ganz hübsch und führten eine Liste über die optischen Vorzüge der uns gebotenen Männerwelt. Die Jungen waren aber leider, obwohl sie uns genauso beobachteten wie wir sie, eher zurückhaltend, beinahe feige. Meistens kamen die Interessantesten gar nicht erst zur Disco. Dann war die Enttäuschung groß. Vorbeugend schrieben wir vorher kleine Briefchen, um zu erfahren, ob unsere Auserwählten die Absicht hatten zu kommen. Der Transport der Briefchen musste unauffällig organisiert werden, und so gerieten immer wieder völlig nichtsahnende Mitschüler zu wichtigen Überbringern. Das Warten auf die Antwort war nicht weniger aufregend, und trotz meist positiver Antwort kamen die erwarteten Jungen dann doch nicht in die Disco. Jetzt war die Enttäuschung nicht mehr zu verbergen. Der Abend war sozusagen gelaufen – wir hatten schon große Sorgen!

Mein erster Freund, ein Ringer, hieß Perry Adam. Als wir im Speisesaal in Blickkontakt kamen, fand ich ihn gar nicht so schlecht. Trotzdem hatte ich nicht den Mut, zu ihm hinzugehen und ihn zu fragen, ob er mit mir gehen wolle. Ich schickte also Esther vor, die ihn für mich fragte. Als sie mit einem »Ja« zurückkam, verabredete ich mich – natürlich wieder durch Esther – mit ihm im Fernsehraum. Jetzt hatte ich also einen Freund. Ich hatte zwar noch nicht mit ihm gesprochen, aber ich hatte auf alle Fälle einen. Natürlich war ich völlig unerfahren und planlos. Nach dem ersten Treffen im Fernsehraum – übrigens sehr beliebt für Rendezvous – folgten Spaziergänge. Mal verabschiedeten wir uns mit einem zaghaften Küsschen auf die Wange, mal wurde nur geredet. Eines Tages küsste er mich richtig. Alles, was ich bis dahin über Zungenküsse gehört oder mir in meiner Phantasie ausgemalt hatte, wich der erschreckenden Erkenntnis, dass ich damit nicht leben wollte. Wenn solche Küsse dazu gehören sollten, dann wollte ich lieber auf meinen so hart errungenen Freund verzichten. Fürs erste hatte sich dieses Thema für mich erledigt.

Nach einer langen trainingsreichen Woche kam das herbeigesehnte Wochenende. Wir fuhren am Samstag mit dem Zug nach Hause. Einmal wollten Esther und ich für das Training schon vorarbeiten, um einen früheren Zug nehmen zu können. Bevor also unser Trainer kam, starteten wir zu dem Fünfkilometerlauf, der eigentlich im Anschluss an das Training stattfinden sollte. Wir waren bereits zurück, als Peter Hein kam. Er glaubte uns prompt nicht und ließ uns die ganze Strecke nochmal laufen. Es ärgerte uns wahnsinnig, für unsere Eigeninitiative eine Strafe zu erhalten, und bis heute ist die Situation uns sehr deutlich im Gedächtnis geblieben. Später gab Peter Hein schmunzelnd zu, dass seine pädagogischen Fähigkeiten als junger Trainer wohl noch nicht ausreichend waren.

Für die Zugfahrt gab es Reiseproviant, bestehend aus einer Tafel Schokolade und Keksen. Wir saßen in einem der mittleren Abteile, weil laut unseren Eltern bei einem Unfall dort am wenigsten geschehen würde, und waren nach anderthalb Stunden zu Hause. Ich hatte Glück, jedes Wochenende nach Hause fahren zu können, denn es gab auch Schüler, deren Eltern weiter weg wohnten, so dass sie nur alle vier Wochen nach Hause fahren konnten. Zu Hause war natürlich alles ganz anders. Als Hauptbeschäftigung wurde gefaulenzt und entspannt. Doch die erste Aktion war das – trotz Waschmaschine – leidige Wäschewaschen, denn meine Mutter hatte einfach keine Zeit dazu. Als einmal die Waschmaschine auch noch kaputt war, musste ich am Waschbecken auf dem Rubbelbrett alles mit der Hand waschen. Dabei meinte ich es vielleicht etwas zu gut, denn meine ursprünglich weiße Wettkampfhose nahm erst die Farbe der Weitsprunggrube an und hatte schließlich ein unübersehbares Loch. Nicht so tragisch, wenn man mehrere solche Hosen hat. Es war aber die einzige, noch dazu von den Sportsachen, die ich vom Klub bekommen hatte.

Am Wochenende konnte ich mich endlich meiner jüngeren Schwester widmen und sie spazieren fahren. Zusammen mit meiner alten Freundin Kristin kutschierte ich die kleine Yvonne durch Gera. Entgegen der anfänglichen Schwierigkeiten verspürte ich nun kein Heimweh mehr. Ich hatte mich eingelebt und wünschte mir nicht mehr die alten Zeiten herbei. Selbst die Freundschaft zu Kristin änderte daran nichts. Ich hatte schließlich auch schon eine neue Freundin gefunden.

Am Abend saßen wir zu sechst um den Tisch herum, aßen und redeten ausgiebig. Danach spielten wir entweder etwas oder schauten einen Film an – auch im Westfernsehen. Viele empfingen und schauten Westfernsehen, da gab

59

es nichts zu verbergen. Nur in öffentlichen Gebäuden, also auch in unserem Internat, war es strengstens untersagt. Einmal lief Alfred Hitchcocks *Die Vögel* im Fernsehen, als mittendrin in ganz Gera der Strom ausfiel. Am nächsten Tag war es das Gesprächsthema der Stadt.

Sonntags trafen wir uns regelmäßig bei meinen Großeltern zum Kaffeetrinken, seltener fuhren wir zu Tante Britta. Nach wie vor waren meine Großeltern sehr an meinen Wettkämpfen und Ergebnissen interessiert und kamen zu einigen Veranstaltungen zum Zuschauen. Meine Mutter, obwohl ich mir das gewünscht hätte, konnte nicht sehr viel Zeit für mich erübrigen. Sie gründete ja quasi eine zweite Familie mit Friedhelm und hatte, als auch Constanze auf der Welt war, kaum Zeit für meine Belange. Natürlich war mir bewusst, dass sie sich um mich sorgte und sich auch für den Sport interessierte, dennoch trennten uns unsere verschiedenen Leben immer mehr.

In der Vorweihnachtszeit verbrachten meine Großeltern einmal den Urlaub im Wismut-Heim in Bad Blankenburg, von wo aus sie jeden Tag zum Training kamen und mir Lebkuchen mitbrachten. So kam ich zu ein paar kleinen Leckereien, denn obwohl ich nicht auf mein Gewicht achten musste, wurden wir im Internat nicht mit Süßigkeiten verwöhnt. Diese Extras taten also gut.

Natürlich verging jedes Wochenende viel zu schnell, und schon fanden wir uns im Zug Richtung Bad Blankenburg wieder. Aber auch die Zugfahrten hatten ihren Reiz, trafen wir doch bald Woche für Woche die gleichen Jugendlichen wieder, die ebenfalls pendelten. Alles erschien uns vertraut, denn es hatte seinen Rhythmus und seine Regelmäßigkeit. Wir fühlten uns immer erwachsener.

Beim Übergang auf die Sportschule hatten wir eine Menge lernen müssen. Man hatte von uns mehr Selbstständigkeit erwartet, und es waren viele neue Dinge auf uns zugekommen. Von den äußeren Umstellungen mal abgesehen, muss man immer daran denken, dass wir gerade mal zwölf oder dreizehn Jahre alt gewesen waren, als wir von zu Hause weggingen. Schlimmer hatte es nur die Turner getroffen, sie waren bereits mit zehn Jahren auf die Sportschule gekommen.

Sich dem Rhythmus, der in der Schule vorherrschte, anzupassen, gelang manchen besser als anderen. Da Esther und ich inzwischen sehr sportbegeistert waren, akzeptierten wir die Begleiterscheinungen leichter. Es fiel uns nicht schwer, uns einzuordnen, uns war es sogar oft nicht bewusst. Wir hatten nicht einen Moment das Gefühl, dass wir etwas vermissten oder verpassten. Jeder gab sich Mühe, uns den Abschied vom bisherigen Alltag und von der Familie etwas zu erleichtern. Die strengen Regeln halfen uns dabei, und wer sich nicht an sie halten konnte, bekam die Konsequenzen zu spüren.

Ein Stabhochspringer, der wiederholt beim Rauchen – natürlich streng verboten – erwischt worden war, erfuhr bei einer Schulversammlung, auf der sein Fall als letzter Tagesordnungspunkt angesprochen wurde, dass er mit sofortiger Wirkung von der Schule verwiesen wird. Der Schock saß tief. Es war, so weit ich mich erinnere, der einzige Fall von Schulverweis während meiner Schulzeit.

Es gab auch vereinzelt Fälle von »Knechterei«, wie wir es nannten: Da wurde zum Beispiel ein Junge von ein paar älteren Jungen gezwungen, mit zwei Eimern in der Hand auf einem Stuhl zu stehen und zu singen. Ein anderes Mal wurden Jüngere von Älteren mit Geld erpresst. Beides war verboten. Aber gröbere Verstöße gegen die Internatsordnung gab es eigentlich nicht.

Die so genannte Sportler-Schmiede war ein gut organisiertes und funktionierendes System. Mit Sicherheit wurden die Schüler etwas schneller erwachsen, weil viel Selbstständigkeit erwartet wurde. Man lernte sehr früh, auf sich selbst gestellt zu sein, Verantwortung zu tragen, sich zu organisieren und zu disziplinieren. Das Leben drehte sich fast ausschließlich um den Sport, und das war – vorerst jedenfalls – gut so.

In gewisser Weise waren wir Sportschüler besessen. Je länger ich an der Sportschule war, desto mehr hat sich mein Sportinteresse vergrößert. Ich begann sogar, Sportbücher zu schreiben, wie Esther es bereits tat. Es erstaunt mich heute ein bisschen, vor allem aufgrund der Tatsache, dass ich nie gerne geschrieben habe. Als Vorbilder dienten mir damals der Hochspringer Rolf Beilschmidt, die Speerwerferin Ruth Fuchs und die Sprinterinnen Marlies Göhr und Renate Stecher. Also klebte ich kleine Fotos von ihnen in mein Sportbuch. Außerdem zeichnete ich mich selbst auf einem Siegerpodest, mit einer Medaille um den Hals hängend. Darunter schrieb ich: »Mein Ziel ist es, mal Olympiasieger zu werden.« Wie gesagt, unser Leben bestand zu hundert Prozent aus Sport.

Das erste Jahr ging sehr schnell vorbei, und der sportliche Höhepunkt, die DDR-Meisterschaften, stand bevor. Jetzt musste sich zeigen, ob und wie sich das Training bezahlt machte. Esther und ich starteten im Fünfkampf, im Weit- und im Hochsprung. Zu Beginn des Schuljahres hatte jeder Schüler einen so genannten Leistungsauftrag in Form einer Urkunde erhalten. Dort konnte man in genauen Zahlen die Erwartungen der Schule an die Wettkampfleistungen des Einzelnen nachlesen. Daneben fand man auch einen schulischen Auftrag formuliert, etwa die Erwartung an die Verbesserung der Ausdrucks- oder Rechtschreibfähigkeiten. Den ersten Leistungsauftrag hing ich noch voll Stolz an die Wand, aber danach nahm ihn keiner von uns mehr wirklich ernst, denn obwohl am Ende eines Jahres Vorgabe und Erreichtes im KPK zu Motivationszwecken verglichen und ausgewertet wurden, hatte es zunächst keine Folgen, wenn man seinen Leistungsauftrag nicht erfüllt hatte.

Wir starteten zum ersten Mal für den SC Motor Jena bei den DDR-Meisterschaften. Die Grenzen der Bezirkswettkämpfe waren damit gesprengt, und es eröffneten sich neue Dimensionen. Tatsächlich belegte ich im Mehrkampf Platz zwei hinter Sybille Thiele von Dynamo Berlin und vor meiner Freundin Esther. Sie, die noch vor gar nicht langer Zeit die haushohe Favoritin in mehreren Disziplinen gewesen war, blieb diesmal und von da an immer hinter mir zurück. Nur im Weitsprung musste ich Esther noch einmal, ein letztes Mal, an mir vorbeiziehen lassen. Sie wurde mit einer Weite von 5,75 Metern Zweite und ich mit 5,69 Metern Dritte. Glücklich und mit erfüllten Leistungsaufträgen in der Tasche konnten wir uns in die Ferien verabschieden.

DIE STADT MEINER VORBILDER

Im Februar 1979, ein halbes Jahr nach den DDR-Meisterschaften, überraschte meine Mutter mich mit der Nachricht, dass Peter Hein mit einem Teil meiner Trainingsgruppe nach Jena umziehen würde, um dort zwei Weitspringer mit zu betreuen. Der Umzug kam sehr überraschend. Erst mussten wir in Bad Blankenburg schnell unsere Sachen zusammenpacken, und dann fuhren wir schon mit Peter Heins Lada nach Jena. Dieser Wechsel war etwas ganz Besonderes für uns.

Jena – damit verbanden wir sehr viel. In Jena zu sein bedeutete, zu den Großen zu gehören. In Jena trainierte die Weltspitze, jedenfalls ein Teil davon. Und nun sollten wir dazugehören. Trotzdem befürchteten wir, dass die schönste Zeit nun vorbei sein würde. In Bad Blankenburg war es gemütlich und ruhig zugegangen. Man hatte sich leicht heimisch und vertraut fühlen können. All dies wurde nun von einer großen Unsicherheit verdrängt. Im Nachhinein mussten wir feststellen, dass das folgende halbe Jahr unser schönstes gewesen war.

Der Sportklub war in das Sportforum integriert, das sich auf halber Strecke zwischen Jena-Stadt und Jena-Neulobeda zwischen den Kernbergen befand. Zu diesem Sportforum gehörten das Stadion, die Lauf- und Sprunghalle, andere Sporthallen mit Duschen und Umkleidekabinen, das Erwachseneninternat (soweit sie nicht in Jena eine Wohnung hatten), ein Speisesaal, eine Physiotherapie und eine neu gebaute Schule. Im Stadion wie auch in der Laufhalle gab es eine Tartanbahn. Für uns war das etwas Besonderes, denn bis dahin waren wir fast nur auf Aschenbahnen gelaufen.

Da wir von Bad Blankenburg ab und zu nach Jena zum Training gefahren waren, kannten wir die Stadt schon ein bisschen. Etwas unglücklich verlief mein erster Kontakt mit der Laufhalle. Unser Trainer hatte uns vor der Halle bereits instruiert, beim Hineingehen vorsichtig zu sein. Und prompt lief ich geradewegs in die Bahn eines Sprinters, der Tiefstarts aus dem Startblock trainierte. Der Sprinter stolperte, und ich sah nur noch seine Brille fliegen. Natürlich habe ich mich ganz schön für meine Tolpatschigkeit geschämt. Es war schließlich nicht das erste Mal, dass mir so etwas passierte, und der Trainer rügte mich streng.

Spannend war, dass ich nun tatsächlich eines meiner Vorbilder persönlich in Augenschein nehmen konnte: Rolf Beilschmidt. Er, von dem ich viele Bilder in mein Buch geklebt hatte, lief tatsächlich in dem für ihn typischen, fast wippenden Gang vor mir her. Ich konnte es kaum fassen. Selbst in meinen kühnsten Träumen hatte ich nicht daran gedacht, ihm einmal beim Training zusehen zu können. Ganz nebenbei bemerkte ich, dass mein Idol sehr humorvoll und amüsant war, ein ganz normaler Mensch noch

ICH HAB'S GESCHAFFT!

Sydney 2000, die Krönung

DAS WAR ICH, UND DAS BIN ICH

MEINE ERSTEN UNSICHEREN SCHRITTE

Mutti gibt Halt

Wir drei Geschwister Daute

MEINE HEIMATSTADT GERA

*Auf dem Marktplatz und in der Leninstraße
vor dem Gemüseladen. Brüderchen Uwe ist mit
von der Partie*

WO DIE KINDERWELT AM SCHÖNSTEN WAR

Da konnte ich es mir gut gehen lassen:
auf dem Rummel, meist am 1. Mai,
und auf dem Bauernhof in Wünschendorf.
Und da stand ich nun auf meinen
zwei Beinen – ein bisschen anders als
die Anderen

MEINE ZWEITE HEIMAT – BAD BLANKENBURG

*In Gera gut abgesprungen, in der Kinder- und
Jugendsportschule gut gelandet – im Kurort, der ein Industriestandort
geworden war*

MEIN STARKER RÜCKHALT – DIE GROSSELTERN

Opa Ernst drückte im Stadion nicht nur die Daumen

ALS WIR KEINE KLEINEN KINDER MEHR WAREN

*Esther – immer in meiner Nähe. Beim Schulausflug
in Jena, wir beide in der ersten Reihe, und auch in der
Jugendorganisation fast unzertrennlich*

MEINE ERSTE AUTOGRAMMKARTE

Gewidmet Oma und Opa, wem sonst?

dazu. Ich fand seine Art sehr anziehend, besonders im Hinblick auf meine eigene Zurückhaltung und Scheu. Rolf war für mich der klassische Hochspringer, ähnlich wie Carlo Thränhardt oder Dietmar Mögenburg, immer lässig, locker und humorvoll, eben eine besondere Spezies in den Reihen der Leichtathleten. Beinahe schockiert nahm ich zur Kenntnis, dass Rolf rauchte. Für mich war das noch völlig undenkbar: Spitzensport und Rauchen. Auch Dietmar Schauerhammer, der als Zehnkämpfer begann und später zum Bobsport wechselte, war sehr entspannt und witzig. Mit den Männern kamen wir insgesamt gut klar. Man quatschte und flirtete auch gern mal.

Besonders berühmt war Jena aufgrund der Sprinterinnen und Speerwerferinnen, darunter so bekannte wie Marlies Oelsner-Göhr, Bärbel Eckert (bzw. Wöckel) und Ingrid Auerswald. Gemeinsam gewannen sie, damals noch mit Silke Gladisch und Marita Koch, fast jeden Staffellauf bei internationalen Wettkämpfen. Marlies Göhr war daneben auf der 100-Meter-Strecke nahezu unschlagbar und eben deshalb eines meiner Vorbilder. Manchmal konnte man auch Renate Stecher, die Veteranin des Sprints, beobachten und natürlich Ruth Fuchs, die geniale Speerwerferin. Sie war, obwohl wir nie viel mit ihr zu tun hatten, immer sehr nett zu uns, was uns unglaublich wichtig war. Schließlich wünschten wir uns, dass die Sportler zu dem Bild, das wir von ihnen im Kopf hatten, passten. Damit stieg auch die Motivation. Im Gegensatz dazu hatten wir über Jahre hinweg ein geradezu kühles Verhältnis zu den Sprinterinnen. Man sagt tatsächlich, dass Springer gut mit Werfern auskommen, nicht aber mit Sprintern. Warum das so ist, ist nicht zu klären. Jedenfalls kamen wir mit ihnen nie über eine belanglose Begrüßung hinaus. Im Nachhinein bin ich sicher, dass sie sich selbst damit keinen Gefallen getan haben, aus welchen Gründen auch immer. Trotzdem war es spannend zu sehen, wie sie trainierten und mit ganz kurzen Schritten gebückt aus den Startblöcken schossen. Äußerst intensiv wurde die Staffelübergabe trainiert. In dem eingespielten Siegerteam saß jede Bewegung. Wir Anfänger schwebten inmitten der Berühmtheiten natürlich über dem Boden. Das Training machte in Jena doppelt so viel Spaß, und die Motivation war auf höchstem Niveau. Selbst der Weg zum Stadion war aufregend, denn man kam an den Fußballplätzen vorbei, wo der FC Carl Zeiss Jena trainierte. Fußballer hinterließen damals einen größeren Eindruck bei uns als beispielsweise Ringer. Einen Fußballer als Freund zu haben, war der Knüller. Deshalb waren wir auch hoch erfreut, dass die Fußballer der Jugendmannschaft im Internat gegenüber untergebracht waren. Die Gebäude befanden sich in Neu-Lobeda, dem Neubaugebiet von Jena. Und eigentlich handelte es sich bei der Unterbringung nicht mehr um Internate, sondern um eine normale Neubausiedlung. Ich teilte mir eine Wohnung mit vier Mädchen. Esther und ich hatten ein Zweibettzimmer, die anderen drei lagen nebenan in einem Zimmer. Es gab ein Bad und eine Toilette, und uns gegenüber wohnten – wie gesagt – die Fußballer.

Meine Beziehung zu Esther wurde in dieser Zeit vertrauter und enger, denn vorher waren wir nicht logischerweise enge Freundinnen gewesen. Jede hatte ihre eigenen Freundinnen. Aber sowohl meine Freundin Kerstin Stolze als auch alle anderen aus dem engeren Kreis waren in Bad Blankenburg geblieben. Esther und ich waren wieder mehr aufeinander angewiesen, denn wir teilten nicht nur das Zimmer, sondern waren in unserer neuen Schulklasse auch die einzigen Mädchen. Der restlichen acht oder neun Schüler waren Ringer. Fußballer bildeten eine eigene Klasse. Damals gab es an der Jenaer Sportschule insgesamt nur sehr wenige Mädchen, neben uns noch ein paar Fechterinnen.

Abends, wenn wir im Bett lagen, redeten wir noch lange im Dunkeln. Viele Probleme waren leichter im Dunkeln gesagt, und es gab außer uns ja keine nächtlichen Zuhörer mehr wie in Bad Blankenburg. Vor allem ich öffnete mich mehr und konnte meine Wünsche und Ansprüche besser formulieren. Wir waren inzwischen vierzehn Jahre alt und begannen langsam, über viele Dinge anders nachzudenken. Mit Esther konnte ich mich wunderbar unterhalten und Meinungen austauschen. Es gab mir jedes Mal ein gutes Gefühl, wenn wir ein Gespräch geführt hatten. Tatsächlich wurden diese Gespräche zu einer wichtigen Lieblingsbeschäftigung.

Auch an den Wochenenden in Gera trafen wir uns inzwischen häufig. Esther war gern zu Hause bei ihren Eltern und ihren vier Schwestern, von denen zwei ältere bereits seit ein paar Jahren studierten. Manchmal saßen wir mit Etshers Familie zusammen. Da aber alle außer Esther irgendeinen Bezug zum Theater hatten, wurden uns die Gespräche immer schnell langweilig, so dass wir uns zurückzogen und spazieren oder in ein Café gingen. Unser Leben bestand aus Sport, und darüber unterhielten wir uns auch ständig.

Es war üblich, dass man in der Vorbereitung auf die Jugendweihe ein ehemaliges Konzentrationslager besuchte, aber Esthers und mein Schulwechsel fiel so unglücklich, dass unsere alte Klasse noch nicht da gewesen war, die neue den Besuch aber bereits hinter sich hatte. So verpassten wir leider einen Besuch in Buchenwald, denn obwohl wir Bilder aus den Lagern kannten und mit sozialistischer Propaganda überhäuft worden waren, waren wir bei weitem nicht so abgestumpft, diesen Besuch als lästige Pflicht zu sehen.

Natürlich berieten Esther und ich auch unsere Kleiderwahl für die Jugendweihe, denn wir wollten beide gut aussehen – für uns neben den Geschenken fast das Wichtigste an diesem Tag. Wir wurden für die Übergabe der Urkunde, des Buchs und der Blumen als Gruppe mit den Turnern, die alle kleiner waren als wir, auf die Bühne gerufen. Wie auf einer Kette aufgereiht, gingen wir der Größe nach auf die Bühne – ganz hinten Esther und ich als größte: das doppelte Schneewittchen und die sieben Zwerge. Die Feierlichkeiten waren schon irgendwie aufregend und erhebend, aber eigentlich kam die Jugendweihe uns als Anlass für Geschenke, besonders Geldgeschenke, sehr gelegen. Mit der Jugendweihe war man so gut wie in den Kreis der Erwachsenen aufgenommen und konnte nun beispielsweise mit Sie angesprochen werden. Es war aber kein Muss. Aber erhebend war das schon etwas, prinzipiell war mir jedoch, wie auch all den anderen, der materielle Grund wichtiger. Es ging bei uns damals das Gerücht um, dass einer von den Fußballern – ganz offensichtlich aus einer reichen Familie – ein Auto geschenkt bekommen hatte. Ich dagegen hatte immerhin dreihundert Mark zusammenbekommen, was damals sehr viel Geld war. Natürlich erfuhren wir später von den anderen, was jeder bekommen hatte. Dabei zeigte sich sehr wohl, dass sich auch im Arbeiter- und Bauernstaat die soziale Schere auftat. Auch bei anderen Gelegenheiten bekam man die Unterschiede zu spüren. Esther zum Beispiel bekam von ihrer Großmutter in Westdeutschland öfter Kleider, Mäntel und Geld geschickt. Das hob sie natürlich weit über den DDR-Schick hinaus. Meine Großmutter in Westdeutschland dagegen bevorzugte meinen Bruder Uwe derart, dass wir Mädchen kaum beachtet wurden, was uns nicht gerade für sie einnahm.

Es hatte übrigens vor der Aufnahme in die Sportschule in Bad Blankenburg noch einen weiteren Test gegeben, von dem wir damals aber nichts gewusst hatten, den so genannten Westverwandten-Test. Die Familien der zur Aufnahme bereitstehenden Schüler wurden befragt, ob und wie intensiv sie Westkontakte pflegten. Natürlich wurde auch meine Mutter einer solchen Befragung unterzogen. Aber da meine Großmutter sowieso meinen Bruder bevorzugte und wir sie kaum kannten, gab es da keine Schwierigkeiten. Unsere Lehrer hatten ihre Besuche aus Westdeutschland beim Direktor der Schule zu melden, und diese Besucher durften nicht in die Schule kommen. Trotzdem gab es immer wieder auch relativ entspannte Kontakte. Esther hatte beispielsweise zu ihrer Großmutter, die öfter in die DDR zu Besuch kam, eine wirklich gute Beziehung.

Zurück zu meiner äußeren Erscheinung bei der Jugendweihe. Ich wollte vor allem einem Fußballer – ein Jahr älter als ich – imponieren, der in der Jugendmannschaft des FC Carl Zeiss Jena als Torwart trainierte. Immer donnerstags hatte er rote Socken an. Wieder wurde im Speisesaal Blickkontakt aufgenommen, und wir kicherten, wenn wir ihn sahen, und riefen ihm hinterher: »Heute ist Donnerstag, da hat er wieder seine roten Socken an!« Natürlich war ich nicht viel mutiger als beim ersten Mal und musste erneut jemand anderen vorschicken, um ihn um eine Verabredung zu bitten. Und dann gingen wir Hand in Hand stundenlang durch Jena. Mit der Frage »Willst du mit mir gehen?« begann die Beziehung zu Andreas Drechsler, meinem späteren Mann. Seine Eltern kannte ich auch. Irene Drechsler war zu der Zeit Zeichenlehrerin an der Sportschule, und Erich Drechsler betreute Rolf Beilschmidt als Trainer.

Nach einem der ersten Rendezvous kam Andreas, der in Jena mit seinen Eltern zusammenwohnte, zu spät nach Hause und bekam dafür etwas Ärger mit seinem Vater. Am nächsten Tag kam Erich Drechsler mit einem verschmitzten Lächeln zu mir, nahm mich in den Arm und fragte: »Du gehst also mit meinem Sohn?« Es war mir total peinlich, aber er schien ganz stolz zu sein und drückte mich. Dabei vergaß er aber nicht, mich an die kommende Spartakiade

69

zu erinnern und dass man dafür ausreichend Schlaf brauchte.

Das zweite Jahr war also schon vorbei, denn diesmal stand ein noch größerer Höhepunkt auf dem Programm: die Kinder- und Jugendspartakiade der DDR in Berlin. Esther und ich starteten wieder im Fünfkampf und im Weit- und Hochsprung. Offensichtlich hatte mir meine Beziehung mit Andreas nicht geschadet, denn damals schrieb die *Geraer Volkswacht*: »Ihren Erfolg im Fünfkampf der AK 14 holte sich die Jenaerin Heike Daute in allen Disziplinen mit persönlichen Bestleistungen. Die 1,71 Meter im Hochsprung und die 5,95 Meter im Weitsprung sowie die Gesamtpunktzahl stellen Spartakiadebestleistung dar.« In einem anderen Artikel stand: »Und bei diesem großartigen Einsatz offenbarte sich in den gut besetzten Teilnehmerfeldern ... so manches Talent, dessen Weg vielleicht einmal zum Olympiasieg oder Europameistertitel finden kann. Heike Daute ... kann in diesem Zusammenhang genannt werden.« Oder: »... kann man sie [gemeint war ich] zur Ausnahmeerscheinung der ersten Leichtathletikentscheidung in Berlin zählen.«

Klar, dass ich sehr stolz war, zumal ich in den Zusammenhang mit Olympiasiegen und Europameistertiteln gebracht wurde. Es war ein erhebendes Gefühl. Dieser Erfolg war für mich ein entscheidender Moment. Zum ersten Mal stand ich im Interesse der Öffentlichkeit. Ich musste Interviews geben und konnte Artikel über mich in den Zeitungen lesen. Mein Talent wurde bestätigt, was mir sogar schulisch unglaublich gut tat. Ich trat selbstbewusster auf und obwohl ich immer noch nicht zu den Musterschülern zählte, hatten sich meine Leistungen doch enorm verbessert. Selbst in der Traningsgruppe, in der mich manche nie beachtet hatten, wurde ich nun ernst genommen.

Zur gleichen Zeit setzte bei mir eine Metamorphose ein,

die Esther mit der Verwandlung vom unscheinbaren hässlichen Entlein in den jungen, stolzen und schönen Schwan verglich. Ich begann, mir die Augenbrauen zu zupfen, und ließ mir eine erste Dauerwelle verpassen.

Diese Verwandlung nahm mitunter auch komische Züge an. Zum Beispiel wollte ich unbedingt, obwohl es rein körperlich wahrlich nicht nötig gewesen wäre, einen BH tragen. Den entwendete ich kurzerhand an einem Wochenende aus dem Schrank meiner Mutter. Da der Verschuss jedoch kaputt war, steckte Esther ihn mit einer Sicherheitsnadel fest, und schon hielt der BH hervorragend. Mitten im Unterricht schrie ich dann, wie von einer Tarantel gestochen, auf. Esther wusste natürlich sofort, was passiert war, aber wir – ich mit einigen Schmerzen – mussten das Ende des Unterrichts abwarten, um den Schaden auf der Toilette beheben zu können.

Ein anderes Mal wollte ich mir mittels einer Wundercreme, dem Selbstbräunungsmittel »So Braun«, einen wunderschönen gebräunten Teint verschaffen. Am Abend schloss ich mich im Bad ein, trug die Creme üppig auf und hüpfte dann schnurstracks ins Bett, unter den erstaunten Blicken von Esther, die so eine Geheimniskrämerei von mir nicht gewohnt war. Am nächsten Morgen ging ich an ihr vorbei ins Bad, und sie guckte mich an, als hätte ich eine ansteckende Krankheit. Tatsächlich sah ich aus, als wäre ich gerade vom Kugelstoßen mit einer ganz besonders verschmutzten Kugel zurückgekommen. Alles war ungleichmäßig verteilt und fleckig. Um den Normalzustand der Haut wiederzuerhalten, brauchte es eine ganze Weile Geduld.

In einem Bericht meines Trainers über mich und meine Entwicklung, die er bei der Leitung des Sportklubs abgeben musste, hieß es unter anderem:»Anfänglich war Heike verschüchtert und unsicher, weil sie in ihrer Persönlichkeitsentwicklung zurückstand. Deswegen wurde sie zuerst von den Leistungsstärkeren nicht als gleichwertig anerkannt. Um diesen Umstand zu verändern, wurden mit den Übrigen Gespräche geführt. Entscheidend für die Anerkennung waren die zunehmend besseren sportlichen Leistungen. Es gab eine enge Zusammenarbeit mit den am Erziehungsprozess Beteiligten. Dazu gehören die Eltern, Großeltern, die Freundin Esther, ihr Freund Andreas ...«

Zu Beginn der neunten Klasse waren wir wenig begeistert darüber, dass nun auch die restlichen Schülerinnen aus Bad Blankenburg nach Jena kamen. Es zwang uns, unseren angenehmen Sonderstatus als besonders begehrte Mädchen aufzugeben, denn nun war die Auswahl viel größer. Wir hatten kein Interesse daran, dass die anderen Mädchen ähnlich gute Beziehungen zu den Jungen knüpfen konnten.

Die Sportschule in Bad Blankenburg wurde als solche aufgelöst und in die Zentralschule »Artur Becker« des DTSB umgewandelt. Dort wurden nun, so der Direktor Erich Krauss 1984 in *Sport,* »... Leistungskader des DTSB ausgebildet. Funktionäre aller Leistungsebenen, Übungsleiter und Trainer sowie Kampf- und Schiedsrichter erhalten hier ... Fähigkeiten, um den Sport in unserer Republik attraktiver und leistungsfähiger zu gestalten«.

Esther und ich konnten noch vor allen anderen das neu gebaute Internat beziehen. Unser Zimmer, die Nummer 138, lag auf der Rückseite des Hauses zur wenig befahrenen Landstraße nach Jena mit Blick auf die Kernberge. Vor unserem Fenster war ein großer Bausandhaufen, der mir noch gute Dienste leisten sollte.

Mit Andreas hatte ich inzwischen eine feste Beziehung, und auch zu seinen Eltern hatte ich ein gutes Verhältnis. Ich hatte das Gefühl, dass sie mich gern mit ihrem Sohn zusammensahen. An Andreas' Geburtstag, einem Freitag, wollten wir gemeinsam etwas länger ausgehen. Den dazu benötigten Ausgangsschein hatte ich nicht, und so musste ein anderer Weg an den Erzieherinnen vorbei gefunden werden.

Andreas fuhr mit seinem Moped S50 hinter das Gebäude, wo ich meinen ganzen Mut zusammennahm und in meiner – anschließend nicht mehr ganz so – hellen Kordhose aus dem ersten Stock direkt in den Sandhaufen sprang. Mit dem Moped düsten wir dann so schnell wie möglich davon. Die Nacht verbrachte ich bei Andreas, dessen Eltern verreist waren. Die Großmutter, die im Haus war, bemerkte wohl, dass jemand unerlaubt im Haus war, aber wir hatten ihr nichts gesagt, so dass sie nicht ahnen konnte, dass ich es war. Morgens um fünf Uhr fuhr Andreas mich zurück ins Internat. Ich schlich mich rein, frühstückte mit den anderen und ging dann wie üblich in die Schule. Mein Ausflug war unbemerkt geblieben – Esther hatte natürlich dicht gehalten.

Am folgenden Tag kam Erich zu Andreas und mir und machte uns Vorwürfe. Die Tatsache, dass ich bei Andreas übernachtet hatte, interessierte ihn dabei nicht so sehr wie die Heimlichtuerei. Die Großmutter litt nämlich unter Angstzuständen. Damals waren Andreas und ich bereits ein Jahr zusammen.

Im Allgemeinen mussten wir uns im Internat nur noch an wenige Regeln halten. Wenn wir abends Ausgang haben wollten, mussten wir ihn bei der Erzieherin beantragen. Einmal in der Woche durften wir statt wie üblich bis 21.30 bis 22.30 Uhr ausbleiben. Wir nutzten die Zeit, um in die Stadt zu fahren, ins Kino oder in die Disco zu gehen. An trainingsfreien Nachmittagen ging ich abends mit Esther in den Kernbergen spazieren. Dann deckten wir uns vorher im Speisesaal mit Getränken und etwas Kuchen ein und wanderten, Blumen pflückend und redend, in die schöne Umgebung von Jena. Hatten wir Gedichte für die Schule auswendig zu lernen oder auf eine Prüfung zu lernen, nahmen wir eine Decke und unsere Schulsachen mit und machten es gemeinsam. In unserem Speisesaal standen immer eine Kanne mit Tee und der übrig gebliebene Kuchen vom Nachmittag für uns bereit. Das Essen im Internat war überhaupt sehr gut und immer ziemlich reichlich. Um Südfrüchte essen zu können, mussten wir nicht wie die normalen DDR-Bürger ewig anstehen. Die unterschiedlichen Sportarten und Leistungsgruppen waren in unterschiedliche Essensstufen eingeteilt. Ich war zum Beispiel in Stufe sechs und Esther in Stufe drei. Dadurch wurde ich mit mehr Fleisch versorgt als Esther, was verschiedene Gründe hatte. Ein Grund war, dass ich groß und sehr schlank war und eine ziemlich gute Verbrennung hatte, während Esther klein war und mehr auf ihr Gewicht achten musste. Auch die Leistungsstärke trug dazu bei, in höhere Stufen eingeteilt zu werden. Natürlich wurde bei der Essensausgabe kräftig manipuliert. Esther aß zum Beispiel Hähnchen, ihren geliebten »Broiler«, wahnsinnig gern, aber sie bekam regelmäßig nur einen kleinen Schenkel und ich dagegen eine halbes Hähnchen. Also stellten wir uns bei der Essensausgabe so in der Reihe auf, dass ich Esther meine Marke hinter dem Rücken weiterreichen konnte und sie auch statt dem Schenkel ein halbes Hähnchen bekam. Manchmal stand beim Frühstück das kalte Fleisch, zum Beispiel Leber, vom Vortag auf dem Büffet, was wir liebend gerne schon morgens aßen.

DER SPRUNG IN DIE JUNIORENMANNSCHAFT

Normalerweise wurde man mit sechzehn oder siebzehn Jahren in die Juniorenmannschaft aufgenommen, von der aus man eventuell den Sprung in die Nationalmannschaft schaffen konnte. Mein Erfolg bei der Spartakiade war kein Zufall gewesen, denn die Trainingstestwerte und Wettkampfergebnisse wurden immer besser. Als ich fünfzehn Jahre alt war, sprang ich über den magischen Punkt von sechs Metern hinaus. Und so kam ich bereits mit fünfzehn Jahren in die Juniorenmannschaft. In meiner Trainingsgruppe war ich zwar nicht mehr die Jüngste, denn aus der siebten und achten Klasse kam Nachwuchs dazu, aber ich sprang bereits genauso weit oder weiter als die Juniorinnen und Erwachsenen in meiner Gruppe. Das war schon eine ungewöhnliche Situation für mich.

Die Gefahr bestand also darin, dass mir der Erfolg zu Kopf steigen könnte. Schließlich war meine Entwicklung sehr extrem gewesen, die Leistungs- wie auch die Persönlichkeitsentwicklung. Peter Hein zum Beispiel hatte Bedenken, dass meine Weltklasseleistungen mit der persönlichen Entwicklung nicht mithalten könnten. Er achtete ganz besonders darauf, dass Anwandlungen wie Überheblichkeit und Selbstzufriedenheit bei mir gar nicht aufkamen. Dazu schraubte er seine Erwartungen an meine Leistungen immer höher und erreichte, dass ich mich nie unterfordert fühlte. Aber da dieses Leistungsvermögen da war, musste ich mit Sportlern zusammengebracht werden, die in der Leistung ähnlich waren. Und das waren die Erwachsenen. Peter Hein entschied also, dass ich im Januar 1980 bei den DDR-Hallenmeisterschaften der Erwachsenen mitmachen sollte.

In Vorbereitung auf diese Meisterschaften fuhr ich mit einigen anderen zu meinem ersten Trainingslager im Ausland, im sozialistischen wohlgemerkt. Es ging nach Bulgarien auf die Belmecken. Ich sollte danach noch mehrmals in dieses Trainingslager fahren, wo mich immer wieder die wunderschöne Landschaft für sich einnahm. Alle Sportler vor Ort, nicht nur deutsche, deckten sich mit Lewa-Hemden ein, äußerst beliebte, blau-weiß gestreifte Baumwoll-T-Shirts, die man in der DDR nicht kaufen konnte.

Mit meinen ersten DDR-Meisterschaften als »Erwachsene« verbinde ich vor allem den Geruch von Currywurst, die dort verkauft wurde und deren Duft die ganze Halle beherrschte. Aber im Vordergrund standen natürlich die Wettkämpfe. Ich trat bei den Wettkämpfen an in dem Bewusstsein, sehr stark zu sein. Damals kristallisierte sich bereits die große Kämpferin in mir heraus. Ich war entspannt und locker, während mein Trainer, gerne auch Panik-Peter genannt, auch äußerlich sehr beteiligt und aufgeregt wirkte. Trotzdem meinte ich zu spüren, dass die Kampfrichter sehr vertraut mit den Älteren umgingen, und ich bildete mir ein, dass sie den anderen den Sieg mehr gönnten als mir. Dabei konnten sie wahrscheinlich nur mit mir jungem Hüpfer nicht so viel anfangen, weil sie mich nicht kannten. Heute kommen die Kampfrichter auch auf mich zu, schütteln mir die Hand und freuen sich über meine jahrelange Präsenz – das freut mich sehr.

Ich sprang 6,47 Meter und belegte den dritten Platz. Etwas später, immer noch mit fünfzehn Jahren, gewann ich mit 6,42 Metern bei den DDR-Juniorenmeisterschaften. Neben der aufregenden und tollen Erfahrung, so gut und erfolgreich zu sein, gab es auch die ersten negativen Begleiterscheinungen. In meiner Trainingsgruppe kam Neid auf. Lange Zeit hatte man mich nicht wirklich ernst genommen, und nun musste dieser Leistungssprung den anderen wie eine Ohrfeige vorgekommen sein. Beim Training richtete sich Peter Heins Aufmerksamkeit nun mehr auf mich, und das schürte zusätzlich die Missgunst. Außerdem fuhr ich jetzt immer öfter ohne die anderen ins Trainingslager, begleitet nur von Peter Hein. Während dieser Zeit erhielten die Zurückgebliebenen Trainingsprogramme, die sie entweder allein oder aber meistens bei einem Ersatztrainer zu absolvieren hatten. Das entspannte die Situation nicht gerade, weder für mich noch für die anderen.

Esther hatte mit Sicherheit die größten inneren Kämpfe zu bestehen. Schließlich war sie als große Hoffnung an die Schule gekommen und stand jetzt vor einem Entwicklungsstopp. Ihre größten Erfolge hatte sie in der siebten Klasse bei den DDR-Meisterschaften, und seit diesem Zeitpunkt stagnierte ihre Leistung. Als große Kämpferin gab sie nie die Hoffnung auf, irgendwann doch nochmal den Anschluss zu finden. Sie gab sich alle erdenkliche Mühe, weiterzumachen und gute Leistungen zu bringen, trainierte hart und ehrgeizig, aber der Erfolg wollte sich nicht einstellen. Ich dagegen, die ich so große Startschwierigkeiten gehabt hatte, sprang nun Weiten, von denen sie träumte. Ihrer unglaublichen Charakterstärke ist es zu verdanken, dass sie ohne Neid weiter zu mir hielt. Das war wirklich keine Selbstverständlichkeit. Sie akzeptierte und tolerierte, dass ich immer besser wurde. Auch Peter Hein meinte, dass es mit Sicherheit nicht so einfach gewesen war, die eigene Freundin sportlich an sich vorbeiziehen zu sehen. Er ist sicher, dass ich, wenn ich eine andere Freundin als Esther, die mich so unterstützt hat, gehabt hätte, mich anders entwickelt hätte. Esther war in der schwierigen Phase der ruhende Pol.

Esther hatte zwar innere Kämpfe auszutragen, aber wie sie selbst sagt, ging es dabei nicht so sehr um mich als um die Tatsache, dass sie die Leistungen, die sie erreichen wollte, nicht mehr schaffte. Offensichtlich hatte ich manchmal erste Anwandlungen von Überheblichkeit, denn es gab Situationen, in denen ich vom Trainer für einen schlechten Sprung kritisiert wurde und selbstbewusst zurückgab: »Der Sprung war doch sehr gut.« Dann gab es Diskussionen mit Esther, ob ich nicht doch langsam etwas abheben würde. Das hat geholfen, mich am Boden zu halten. Als später feststand, dass Esther von der Schule abgehen würde, machte ich mich Peter Hein zum ersten Mal gegenüber für sie stark. Ich forderte ihn auf, sie beim Training, an dem sie bis zum letzten Tag teilnahm, nicht zu ignorieren – sogar mit etwas Erfolg.

Ich hatte nie das Gefühl, dass Esther neidisch war, eher dass sie stolz darauf war, wie ich mich entwickelt hatte und dass ich ihre beste Freundin war. Einige andere sahen es natürlich ganz anders. Sie meinten, ich müsste für diese Leistungen nicht viel tun und hätte die körperlichen Voraussetzungen und die Statur, die es mir ermöglichten, ohne intensives Training weit zu kommen. Das stimmte so natürlich nicht.

Ich war wahrlich kein Ausdauertyp, sondern eben eine Kämpfernatur. Andere Sportler können stundenlang monotone Programme, die notwendig sind, durchziehen, aber dazu fehlte mir anfangs der Antrieb.

Spätestens der schulische Alltag brachte mich wieder auf den Boden der Realität. Zur Schulausbildung gehörte auch der so genannte Einsatz in der sozialistischen Produktion (ESP). Mehr als zehn Tage mussten wir bei Zeiss arbeiten, was bedeutete, dass wir um 5.30 Uhr morgens aufstehen mussten, von sieben bis 11.30 Uhr arbeiteten und anschließend zum Training gingen. Zu unseren Aufgaben gehörten in dem einen Jahr so spannende Dinge wie die Herstellung und Verlötung von Hochfrequenzkabeln und die Verzinnung von Adaptern, im anderen die Arbeit an Bohr- und Drehmaschinen. Es stellte sich nicht unbedingt als mein Traum heraus, den ganzen Tag in einer Werkhalle zu stehen.

Mehr Spaß brachte uns da schon der Tanzunterricht in unserem Speisesaal. Wir sollten tanzen lernen, und dazu mühte sich ein Tanzlehrerehepaar vier Monate lang damit ab, uns Foxtrott, Swing, Walzer und den Travolta-Schritt in die Beine zu zaubern.

Man wollte uns das Leben im Internat so abwechslungsreich wie möglich gestalten. Die Vielseitigkeit hing von unseren Lehrern und Erziehern ab, und mit Frau Mertel hatten wir wirklich Glück, denn sie war unsere sehr unternehmungslustige und kulturinteressierte Klassenlehrerin. Sie organisierte Theaterabende und versuchte unermüdlich, unser Interesse an Musik, Literatur und Theater zu wecken. Ein Ausflug führte uns beispielsweise nach Rudolstadt ins Theater, wo eine musikalische Variante von Oscar Wildes *Bunbury* geboten wurde. Die Musik ging uns ewig nicht aus dem Kopf. Ein anderes Mal wanderten wir nach Großkochberg zum Haus der Frau von Stein. Vorher kehrten wir in die Rudolstädter Kirche ein, wo unsere Lehrerin auf der Orgel üben durfte. Während sie so spielte, stibitzten wir den Messwein, der hinter dem Altar stand, und tranken ihn aus. Frau Mertel erzählte uns viel später, dass es sich bei dem Messwein um geweihten Wein handelte, der, wenn er nicht mehr gut war, nur auf geheiligtem Boden ausgeschüttet wurde.

Bei Esther verfehlten die Theaterabende nicht ihre Wirkung. Ihr Interesse an Musik, Literatur und vor allem dem Theater nahm immer mehr Gestalt an. Endlich schien sich das Familienblut durchzusetzen. Seit die sportlichen Erfolge ausblieben, schien ihr im Internat die Decke auf den Kopf zu fallen. Der Gesprächsstoff ging ihr aus, denn langsam verabschiedete sie sich vom Sport als ihrem Lebensinhalt. So besuchte sie immer häufiger, wenn ich mit Andreas zusammen war, die Studentenklubs in Jena, wo sie ganz andere Menschen kennen lernte und neue Themen aufgriff.

DIE JUGENDWETTKÄMPFE DER FREUNDSCHAFT IN KUBA

An den Wettkämpfen in Kuba, zu denen wir angereist kamen, nahmen alle sozialistischen Länder bis auf Rumänien teil. In unserer Juniorenmannschaft war eine ausgelas-

79

sene und unbeschwerte Stimmung, denn es ging einfach noch nicht um so viel. Wir hatten zwar alle einen Leistungsauftrag, den wir erfüllen sollten, erhalten, aber trotzdem blieb das Klima sehr entspannt im Gegensatz zu den späteren Wettkampfreisen mit der Nationalmannschaft. In der Juniorenmannschaft war ich selbst sehr lustig und für jeden Spaß zu haben. Das änderte sich in der Nationalmannschaft völlig.

Wir waren in einem Hotel in Santiago de Cuba untergebracht, das aus Baracken oder Gartenhäusern bestand. Statt Fenster gab es nur Jalousien, so dass sich Schlösser in den Türen eigentlich erübrigten. Vor allem für Tiere waren die scheibenlosen Fenster eine willkommene Einladung, mal ins Innere zu schauen. Eines Morgens – wir lagen zu mehreren in Doppelstockbetten im Zimmer – wurden wir durch einen Aufschrei geweckt. Über dem Kopfende eines Bettes hing eine Eidechse, die zwar nicht sehr groß war, aber auf uns dermaßen sonderlich wirkte, dass wir nicht gelassen darauf reagieren konnten. Auch weniger Exotisches machte sich in unserem Zimmer zu schaffen. Ein Dieb klaute alle Wertsachen und Medaillen, nur mein Eigentum blieb unbeschadet. Der Dieb hatte wohl angesichts der Tatsache, dass in meinen Sachen immer ein riesiges Chaos herrschte, nichts finden können oder es gar nicht erst versucht. Zum ersten Mal fanden Esther und ich uns in unserer Unordentlichkeit bestätigt. Schließlich prangte in unserem Zimmer in Jena schon lange ein Schild mit der Aufschrift:»Wer Ordnung hält, ist nur zu faul zum Suchen!«

Im Wettkampf ging es heiß her – im wahrsten Sinne des Wortes. An solche Temperaturen waren wir nicht gewöhnt, und wir überschütteten uns selbst bei den Siegerehrungen regelmäßig mit kaltem Wasser, das überall in Tonnen bereit stand. Mir schien das tropische Klima eigentlich sehr gut zu tun. Ich gewann sowohl den Fünfkampf als auch den Weitsprung. Danach konnten wir uns Kuba und die fröhlichen Menschen dort anschauen und das erste Bad in der Karibik genießen. Überall lag Musik in der Luft, und die Menschen wirkten stets, als seien sie kurz davor zu tanzen. Als Mitbringsel nahm ich Rumbarasseln, Fächer und Kokosnüsse mit nach Hause. Erstaunlicherweise wurde der Rum, den der Zoll in meiner Tasche entdeckte, nicht konfisziert, so dass ich ihn zurück in Gera gemeinsam mit meiner Familie verkosten konnte. Im neuen Schuljahr wurde ich um einen Vortrag über die Wettkämpfe in Kuba gebeten. Ich hatte mir fest vorgenommen, frei zu sprechen und nicht vom Blatt abzulesen, aber das Vorhaben misslang gehörig. Meine Aufregung, vor meiner eigenen Klasse zu sprechen, war so groß, dass ich kaum ein Wort sagen konnte. Da stand ich und stotterte und stammelte, suchte nach dem Faden und fand ihn nicht. Zum Glück eilte mir Frau Mertel zu Hilfe, indem sie mir Fragen zum Thema stellte, ich antwortete und so in die Geschichte hineinfinden konnte. Hätte mir damals jemand gesagt, dass ich irgendwann ganz entspannt frei reden könnte, hätte ich das mit Sicherheit nicht geglaubt.

In unserem letzten Schuljahr begannen wir uns Gedanken über unsere Zukunft zu machen. Eigentlich war schon damals mein Wunsch, mit Kindern zu arbeiten. Mir schwebten Berufe wie Lehrerin oder Erzieherin vor, aber für Sportler nach Abschluss der zehnten Klasse in Jena gab es nur zwei Alternativen: Entweder ging man weiter bis zum Abitur auf die Schule, oder man begann nach der zehnten Klasse bei Zeiss mit einer Lehre als Fein- oder Elektromechaniker. Trotz gestiegenem Selbstbewusstsein und stabileren Leistungen traute ich mir das Abitur nicht zu. Also entschied ich mich für die Lehre, zumal der Aspekt des Geldverdienens nicht unwichtig war.

Vor allem während der zehnten Klasse hatte ich verstärkt Einzelunterricht, denn die Trainingslager raubten zu viel Zeit für einen regelmäßigen Schulbesuch. Der Einzelunterricht ermöglichte mir, viel intensiver zu lernen. Wenn möglich, nahm ich natürlich am Unterricht meiner Klasse teil, aber auch die zentral vorgegebenen Prüfungen legte ich gemeinsam mit den anderen ab und bestand sogar mit »Gut«. Auch während der Lehre und des Studiums erhielt ich weiter Einzelunterricht. Aber fürs Erste war die Schule zu Ende.

Zu unserer Abschlussfeier organisierten wir ein Programm. Unter anderem studierte Esthers Mutter, eine ehemalige Tänzerin, mit den größten und kräftigsten Jungen meiner Klasse ein Ballett ein. Ganz klassisch im Tutu schwebten sie zur Musik »Tanz der kleinen Schwäne« von Tschaikowski über die Bühne. Es stellte sich als der Hit des Abends heraus.

Meine Mutter dagegen, gerade mit Constanze schwanger, genoss an diesem Abend im Hotel in Jena ein Bad, denn zu Hause musste sie dafür erst den Ofen vorheizen. In ihrer Begeisterung meinte sie es aber offensichtlich zu gut mit sich und legte sich in derart heißes Wasser, dass sie – zum Glück nicht lang andauernde – leichte Wehen bekam.

Für diejenigen Sportler, die weiterhin zur Schule gingen und im Leistungssport trainierten, mussten die Klassenlehrer Beurteilungen hinsichtlich der schulischen, sportlichen, gesellschaftlichen und kulturellen Entwicklung schreiben. Natürlich durften dabei Phrasen über die Beziehung des Beurteilten zum Staat, zur Partei und zur Sowjetunion nicht fehlen. Gerade im Zusammenhang mit der Vergabe der Studienplätze waren diese Floskeln ungemein wichtig, und so flossen sie auch regelmäßig – weniger aus Überzeugung als aus Notwendigkeit – mit ein. Viel weniger Interesse wurde den Schülern entgegengebracht, die

die Schule beendeten und sozusagen zurück ins normale Leben gingen.

Esther entschloss sich, Journalistin zu werden, und nahm Kontakt zur *Geraer Volkswacht* auf, wo sie sich bereits jetzt für ein Volontariat nach dem Abitur bewarb. Durch den Journalisten Ullrich Erzigkeit bekam sie schon früh einzelne kleine Aufträge. So sollte sie in Vorbereitung auf die DDR-Meisterschaften in Berlin Sportler aus unserem Klub vorstellen und durfte im Sommer bei den Meisterschaften im Stadion als Korrespondent für die Leichtathletikdisziplinen für die Geraer Zeitung fungieren. Auch ich musste für ein langes Interview herhalten, und sicherlich war es für die Zeitung nicht schlecht, jemanden mit diesen Verbindungen für sich schreiben zu lassen. Esther verdiente also schon ihr erstes Geld.

Die letzten Wochen an der Schule waren geprägt durch die Aufregung vor den Abschlussprüfungen, die Freude über das nahe Ende der Schulzeit, die Vorbereitung auf die DDR-Meisterschaften und Junioren-Europameisterschaften (JEM) und den Abschied von Esther. So oft wie möglich verkrochen wir uns in unserem Zimmer und tranken bei Kerzenschein eine – streng verbotene – Flasche Wein. Dabei versprachen wir, unsere Freundschaft erhalten zu wollen und uns häufig zu treffen. Tatsächlich haben wir es trotz teilweise extrem unterschiedlicher Entwicklungen und großer Entfernungen geschafft, den Draht zueinander zu erhalten und die enge Freundschaft zu pflegen. Am meisten fehlten mir natürlich die Gespräche mit ihr. Zwar konnte ich auch mit Andreas über alles offen reden. Trotzdem hätte ich mich auch gern mit ihr weiter so intensiv ausgetauscht.

Unser erstes Wiedersehen fand gleich nach den Sommerferien statt, als ich meine Lehre und sie ihr nächstes Schuljahr begann. Für Esther bestand wohl eine der größten Schwierigkeiten darin, dass die Lehrer an der Erweiterten

Oberschule (EOS) der Meinung waren, sie als ehemalige Sportlerin sei schulisch nicht ganz auf der Höhe. Esthers Ehrgeiz und Wille belehrten sie eines Besseren. Außerdem war es schwer zu verarbeiten, das leistungsorientierte Training an unserer Sportschule gegen den ordinären Sportunterricht einer normalen Schule einzutauschen.

Dritter Teil

EIN HEISSER SOMMER

Mein Erfolg im Sommer 1981, so stellten es später die Zeitungen dar, sollte der Durchbruch sein. Auch Peter Hein hatte den Eindruck, dass der Titel, den ich bei den Meisterschaften der Erwachsenen errungen hatte, damals für mich das Größte war. Ich brachte damit sogar eine der besten Weitspringerinnen des Landes zum Weinen. Der Anspruch meines Trainers, die Erwartungen an mich höher zu schrauben und mich mit Gleichwertigen zu messen, ließ auch meine Leistungen höher schnellen. Mit 6,91 Metern sprang ich Juniorenweltrekord. Von da an war klar, dass ich es bis an die Weltspitze schaffen würde.

Der Weg dorthin führte über die Junioren-Europameisterschaften in Utrecht. Für Reisen dieser Art wurden vorab Sportlerschulungen durchgeführt. Dabei sprach der Trainer mit den Sportlern sowohl über politische als auch methodische Dinge, aber wir haben diese Schulungen nie sehr ernst genommen. Der Trainer musste auf Fragebögen bestätigen können, dass der Sportler, also der Reisekader, reif genug war, um ins kapitalistische Ausland zu reisen. Ironie des Schicksals war, dass Peter Hein, mein Trainer, nicht mit mir ausreisen durfte. Offensichtlich war er politisch nicht reif gewesen, da er sich bis zuletzt trotz massiver Avancen immer gegen eine Parteizugehörigkeit entschied. Erst 1983 durfte er mit mir zu einem Trainingslager in Vorbereitung auf die Weltmeisterschaften in Helsinki mitfahren. Bis dahin musste ich bei den Wettkämpfen mit fremden Trainern klar kommen. Dass ich in Utrecht mit 7,02 Metern – mit etwas zu viel Rückenwind – gewann, erfuhr er bei der Arbeit in seinem Garten.

Wahrscheinlich war ich schon aufgeregt vor meiner ersten Reise in den Westen. Erinnern kann ich mich aber mehr an einzelne Dinge wie das unglaubliche Frühstück, bei dem es die unterschiedlichsten Sorten Brot gab, allesamt wahnsinnig lecker – besonders das Rosinenbrot, von dem ich Unmengen aß. Wir waren in einem kleinen gemütlichen Hotel, rustikal, mit einem Kamin und viel Holz, in Ede untergebracht. Gemeinsam besuchten wir einen Zoo, durch den man mit dem Bus gefahren wurde und in dem die Tiere frei herumliefen. Alles, was geplant war, wurde gemeinsam unternommen. Und als sich einer tatsächlich abseilte – ein so genannter Geher –, wurden wir noch strenger als ohnehin schon beobachtet. Außerdem trafen wir uns zu einer Versammlung, auf der die Vorgänge ausgewertet wurden und der Geher offiziell als Verräter beschimpft wurde.

Das Stadion in Utrecht kam mir sehr behelfsmäßig vor. Eingelaufen haben wir uns auf einer Kuhweide daneben, und weil im Stadion so viel Wind herrschte, wurde mein 7,02-Meter-Sprung nicht als regulärer Rekord gewertet.

Abends wurden Discos in einer Turnhalle organisiert. Doch jedesmal, wenn wir gerade anfingen, jemanden kennen zu lernen, mussten wir uns bereits wieder gemeinsam zurückziehen. Auch im Hotel waren wir immer separat von den Sportlern aus den kapitalistischen Ländern untergebracht, obwohl uns die Briten und die Franzosen lieber gewesen wären als die altbekannten Russen oder Tschechen.

Nach diesem Wettkampf wurde ich überall herumgereicht. Gemeinsam mit zwei weiteren Juniorenathleten fuhr ich mit der DDR-Nationalmannschaft als Ersatz zum

Weltcup nach Rom. Es war meine erste Reise mit der Nationalmannschaft. Erstmal musste ich mich aufgrund der ungewohnten Hitze im römischen Flughafen auf der Toilette übergeben. Diesmal bekam mir das Klima wohl nicht so gut. Beim Wettkampf durfte ich doch tatsächlich die Speere und Kugeln unserer Sportler tragen! Das war für mich eine richtige Auszeichnung. Außerdem musste ich jederzeit darauf vorbereitet sein, in jeder Disziplin eingesetzt zu werden. Dafür sollte ich auf dem Aufwärmplatz zur Verfügung stehen. Da ich mir aber auch die Wettkämpfe anschauen wollte und das von dort nicht konnte, bin ich ständig abgehauen, was einigen Ärger nach sich zog. Als Jüngste hatte ich sowieso das unangenehme Gefühl, dass alle auf mich aufpassen mussten.

Aus der ganzen Welt waren sehr viele bekannte Sportler an den Starts, zum Beispiel Edwin Moses oder Greg Foster. Das war für mich als Sechzehnjährige besonders spannend zu erleben. Ich startete zwar nicht in meiner Disziplin, hatte aber bereits einen anderen Sport zum Zeitvertreib gefunden, indem ich von allen Autogramme sammelte. Leider habe ich den Zettel mit den Unterschriften irgendwann verloren. Heute wäre es ein ganz besonderes Andenken an diese Zeit.

Wie bereits erwähnt, sind wir als Nationalmannschaft aus »Sicherheitsgründen« immer gemeinsam aufgetreten. Egal wo wir waren, konnten wir immer alle wichtigen Sehenswürdigkeiten besichtigen. In Rom war es beispielsweise das Kolosseum. Und als noch Geld im Budget übrig war, gingen wir ins Kino. Wir konnten zwischen zwei Filmen wählen, und ohne Überlegung schloss ich mich einer Gruppe an und landete in einem humorvollen, leichten Sexfilm.

Nach dem Weltcup in Rom fuhren wir nach Rieti zu einem Meeting, das es auch heute noch gibt. Der Organisator Sandro Giovanelli ist bis heute dabei. Es war zwar kein Weitsprung angesetzt, worüber ich etwas enttäuscht war, aber ich wurde mehr als entschädigt, denn ich durfte erstmals gegen Evelyn Ashford antreten. Obwohl ich nicht wirklich eine Chance hatte, lief ich eine sehr gute Zeit.

Ich war bei diesem Meeting die einzige Frau neben sechs Männern in unserer Mannschaft. Nach dem Wettkampf wollten mich die Männer zu einem weiteren Kinobesuch überreden, aber ich lehnte ab. Am nächsten Morgen meinten sie doch allen Ernstes: »Sei froh, dass du nicht mit gekommen bist, denn wir waren in einem Sexfilm!«

Dieser Wettkampfsommer hatte eine besondere Wirkung auf mich. Ich stellte fest, dass ich aufgrund meiner sportlichen Leistungen mit ins westliche Ausland reisen durfte und neue Sportler, nicht die altbekannten, die einem bei jeder DDR-Meisterschaft wieder begegneten, kennen lernen konnte. Außerdem machte ich Bekanntschaft mit der internationalen Weltspitze. Diese Gedanken waren ungeheuer motivierend für meinen sportlichen Ehrgeiz. Ich wollte unbedingt in die Nationalmannschaft als vollwertiges Mitglied aufgenommen werden.

DIE NATIONALMANNSCHAFT

Auch diesmal bargen meine überdurchschnittlichen Leistungen einige Stolpersteine. Zwar spürte ich nicht mehr diesen belastenden Neid von den anderen Athleten, dafür war aber meine Zeit in der Juniorenmannschaft bereits vorüber. Wenn man es recht bedenkt, hatte ich eigentlich keine richtige Juniorenzeit, denn mit sechzehn Jahren zählte ich sportlich bereits zu den Erwachsenen. Gestärkt durch meine Erfolge und ein stetig größer werdendes Selbstbewusstsein, konnte mein Einstieg in die Nationalmannschaft bei einem richtig großen und bedeutenden Wettkampf wirklich nicht besser sein. Doch allein die körperlichen Voraussetzungen mitzubringen, um bei den Erwachsenen mitspringen zu können und den Leistungsauftrag zu erfüllen, genügte nicht, wie ich im Mai 1982 zum ersten Mal zu spüren bekam. Ein weiterer wichtiger Teil waren die psychischen Voraussetzungen.

Für die Hallen-Europameisterschaften in Mailand hatte ich mir sehr hohe Ziele gesteckt. Außerdem erwarteten auch andere von mir, dass ich einen der Medaillenplätze erreichen würde. Der Erfolg blieb aus – wahrscheinlich hatte ich mir zu viel vorgenommen und war verkrampft. Bei den Wettkämpfen bis zu den Jugend-Europameisterschaften war ich geradezu unbefangen im Wettkampf gewesen. Die Leistungen anderer oder gar ihre großen Namen flößten mir keinen sonderlichen Respekt ein. Mit zunehmender Leistungserwartung und Anteilnahme der Öffentlichkeit waren meine Wettkämpfe von größerer Nervosität gekennzeichnet. Die Wettkämpfe gingen offensichtlich mit einem zu großen Verschleiß an Nerven einher.

Ich bin schrecklich eingebrochen und von allen Gestarteten nur die Letzte geworden. Es war so hart für mich, dass ich heulte. Sabine Everts, eine westdeutsche Mehrkämpferin, nahm mich in den Arm und tröstete mich. Ich hab ihr wohl sehr leid getan und war ihr sehr dankbar, dass sie sich in diesem Moment um mich kümmerte. Natürlich blieb nicht aus, dass ich mich von unseren Funktionären fragen lassen musste, wie ich mich denn von einer Westdeutschen habe trösten lassen können!

Der Druck und die Umstellung in der Nationalmannschaft waren nicht spurlos an mir vorbeigegangen. Ich war neu und hatte noch keinen guten Kontakt zu den anderen etablierten Sportlern. Die Springer waren von Beginn an freundlich und aufgeschlossen, aber zu den anderen fehlte mir der Draht, und ich meinte wiederum Neid und Missgunst spüren zu können. Dass aus meinem Jahrgang noch einige andere in die Nationalmannschaft aufstiegen, machte mein unwohles Gefühl nicht wett. Die meisten Sportler waren älter und reifer als ich und hatten andere Interessen. Obwohl ich nicht isoliert war, kam ich mir zu jung für die Mannschaft vor, und mir fehlten meine Freunde aus der Juniorenmannschaft. Mit dem Eintritt in die Nationalmannschaft ging es quasi um den Ernst des Lebens und auch darum, wofür man jahrelang hart trainiert hatte. Nun wurde erwartet, dass ich immer gleichbleibend hohe Leistung zeigen würde. Der Druck kam vor allem von den Verbandsfunktionären.

Vor den Saisonhöhepunkten eines Jahres waren wir zur unmittelbaren Wettkampfvorbereitung ein, zwei oder auch mehrere Wochen im Trainingslager in Kienbaum nahe Berlin. Es diente auch der Zusammenführung der Mannschaft. In der Regel bestritten wir in Berlin dann noch einen Wettkampf und flogen von dort zum Wettkampfort. Einen Tag vor der Abreise gab es jeweils ein Treffen aller Sportler, Trainer und Funktionäre, bei dem jedem Sportler seine Zielsetzung, der Leistungsauftrag, genannt wurde. Der damalige Generalsekretär des Leichtathletikverbandes, Heinz Zerwinski, sprach von den »schönen großen Aufgaben«. Am Ende des Wettkampfes wurden alle Medaillen zusammengezählt und über Planerfüllung gesprochen. Bei Erfüllung des Leistungsauftrages erhielt man die Auszeichnung »Meister des Sports«. Bei den Junioren war das ganz anders gewesen, lockerer, unbeschwerter und mit viel mehr Spaß. Das Klima innerhalb der Mannschaft war entspannter, freundlicher und persönlicher gewesen. Es hatte dieser Konkurrenzdruck gefehlt. Damals hatte ich immer den Eindruck einer wirklich zusammengehörenden Mannschaft. In der Nationalmannschaft empfand ich den Umgang miteinander teilweise sogar eisig, gerade zwischen den verschiedenen Disziplinen. Am Anfang kümmerten sich Jutta Kirst und Sigrid Ulbricht um mich Küken und teilten meistens das Zimmer mit mir. Sie passten ein bisschen auf mich auf, und trotzdem waren sie eben etwas älter, in einem Alter, wo schon ein oder zwei Jahre Unterschied deutlich zu spüren sind.

BÜCHSENFLEISCH MIT SCHWARZBROT

Im Sommer 1982 fanden in Athen die Europameisterschaften statt. Zuvor musste ich meine so genannte Nationalmannschaftstaufe bestehen, traditionell für jedes neue Mitglied. Die Aktion war nicht »von oben« vorgegeben, sondern wurde von den Athleten organisiert. Trainer und Funktionäre waren dabei nur Zuschauer. In der Regel fand die Taufe mit einem abendfüllenden Programm in Kienbaum statt.

In der Mannschaft gab es eine Art Ältestenrat oder Rat der Götter, der aus den Olympiasiegern und Weltrekordlern wie Ruth Fuchs, Udo Beyer, Marita Koch oder Ulf Timmermann bestand. Die erste Aufgabe für die Täuflinge war, Kostüme aus Bettlaken, Gardinen, Tischdecken und anderem für diese Götter zu entwerfen und zu basteln. Der Ältestenrat übernahm die Patenschaft für die Täuflinge, saß am Kopfende der Tafel, ließ sich von ihnen bedienen und stellte ihnen teilweise gemeine Aufgaben. Man musste an Bäumen hochklettern, manchen wurde Eis in die Hose gesteckt und man musste sich gegenseitig mit verbundenen Augen füttern. Schließlich wurde jeder einzeln vorgerufen und musste aus vier Wörtern einen Vierzeiler dichten. Vor dieser Taufe hatte manch einer mehr Angst als vor einem Wettkampf. Man wurde über ein Thema ausgefragt, das man selbst als eher unangenehm empfand, jedenfalls als öffentliches Gespräch. Ich wurde zu Andreas befragt. Alles in allem war es sehr spaßig. Wenn die Prozedur überstanden war, wurde in die Runde gefragt:»Wollen wir sie taufen?« – »Ja!« – »Wie viele Kellen?« – »Fünf!«. Aus diesen Kellen musste man ein scheußlich schmeckendes Getränk hinunterwürgen, bestehend aus so ekligen Kombinationen wie Essig mit Senf und Marmelade. Danach wurde man in den See oder in eine Wanne geworfen und bekam einen Orden um den Hals gehängt. Der kennzeichnete den Neuzugang als solchen und musste bei jeder Gelegenheit, außer bei den eigentlichen Wettkämpfen, getragen werden. Doch damit nicht genug. Man hatte von nun an Regeln zu befolgen, die vor allem den Etablierten entgegenkamen. Grundsätzlich musste der Neue den Anderen beim Einsteigen in den Bus den Vortritt lassen, die Türen aufhalten, das Gepäck tragen und mit der Platzwahl beim Essen warten, bis alle saßen. Mit dem Orden um den Hals musste man sich erst einmal Respekt verschaffen, und wenn der erarbeitet war und auch die sportlichen Leistungen gut waren, nahm der Taufpate den Orden in einer so genannten stillen Stunde nach einem Wettkampf ab und man hatte die Taufe endgültig bestanden. Meine Taufpatin war damals die Hochspringerin Jutta Kirst gewesen.

Einmal wurde diese Taufe entgegen der üblichen Gewohnheiten in Athen an einem öffentlichen Platz vollzogen. Es wurde eine Speerwerferin getauft. Man stelle sich vor. Da tanzte unser Ältestenrat vor den Augen der Griechen in seinen außergewöhnlichen Kostümen an.

In der gesamtdeutschen Nationalmannschaft war und ist so etwas unvorstellbar. Man versteht sich zwar gut, aber abgesehen davon unternimmt man nicht viel gemeinsam. Wenn ich eine solche Taufe vorschlagen würde, hieße es leider ziemlich sicher:»Ach ihr mit euren DDR-Traditionen.«

In Kienbaum war viel Abwechslung geboten. Es wurden Kabarettabende, Dia-Abende und Discos veranstaltet, oder wir fuhren nach Berlin zu einer Ausstellung. Die Dia-Abende hatten meistens das Land zum Thema, in das es zum nächsten Wettkampf ging. Wir erfuhren Wissenswertes über Land und Leute, das Klima, die Kultur und Besonderheiten. Man konnte neben dem Sport auch kulturell dazulernen.

Einmal fand unser Trainingslager in Algerien statt. Das Essen bekam mir gar nicht, denn ich mochte das ständig angebotene Lammfleisch nicht, aber wir hatten von zu Hause Büchsenfleisch und Schwarzbrot mitgenommen, so dass wir uns retten konnten. Eine Sportlerin musste aufgrund einer Salmonellenvergiftung nach Hause zurückfliegen.

In Algerien, wie auch in anderen Ländern, wurden wir in die DDR-Botschaft eingeladen. Von dort wurden Busrundfahrten mit einheimischen Reiseführern organisiert, die uns ihr Land etwas näher bringen konnten. Es stellte sich heraus, dass die Eltern einer mitgereisten Sportlerin in dieser Botschaft arbeiteten. Genauso zufällig stellte ich fest, dass die Mutter dieser Sportlerin eine Schulfreundin meiner Tante Britta gewesen war. Sie lud mich zu sich nach Hause ein, wo wir den Nachmittag bei Kaffee und Kuchen verbrachten. Ausnahmsweise durfte ich allein dorthin, wo wir doch normalerweise mindestens zu zweit sein mussten und auch dann noch von Funktionären beobachtet wurden.

Trotzdem hatten wir den Eindruck, uns relativ frei bewegen zu können. Im Mexiko zum Beispiel, wo wir zu einem weiteren Trainingslager waren, hatten mein Trainer und ich eine ähnlich private Verbindung zur Botschaft. Dieser Mann führte uns ein bisschen im Land herum und zeigte uns einen Indianermarkt, den ich sehr beeindruckend fand. Mit ihm besuchten wir auch ein Theater.

Unsere Nationalmannschaftstrikots waren immer nur Leihgaben, die wir nach einem Wettkampf dreckig, wie sie waren, wieder abgaben. Vorher kam jemand mit einem großen Sack und teilte relativ wahllos die Sachen aus. Es war ein komisches Gefühl, die bereits getragenen Sachen von anderen zu benutzen, zumal die blauen Hemden, die ich von der Farbe her ganz hübsch fand, und die Frotteehosen so schon nicht schön aussahen.

Die Trikots waren von Adidas, jedoch ohne Streifen und Werbeemblem. Wie uns Manfred Ewald 1983/84 erklärte, durfte wir ab da aus wirtschaftlichen Gründen Werbung machen. Erst nach der Wende begann ich Trikots aufzuheben, die ich mit bestimmten Erfolgen verband. In Zürich wurden wir zum Beispiel vom Veranstalter ausgestattet, und da ich dieses Meeting schon immer als das beste Leichtathletik-Meeting empfand, haben diese Trikots einen ganz besonderen Wert für mich.

In Athen gab es eine Neuheit für mich. Wir wohnten in einem Hotel, auf dessen Dach sich ein Swimmingpool befand. Da es sehr heiß war, haben wir unsere freie Zeit vorwiegend dort oben sonnenbadend, planschend und entspannend verbracht.

Beim Wettkampf – es waren schließlich die Europameisterschaften – ging ich diesmal nicht unter. Ich trat gegen einige Rumäninnen an und belegte am Ende den vierten Platz. In meinem Leistungsauftrag war der erste Platz als Ziel ausgewiesen, obwohl mir von offizieller Seite angedeutet wurde, dass es bereits etwas Besonderes sei, als Siebzehnjährige hier überhaupt mitspringen zu können. Trotzdem war man von meinem vierten Platz etwas enttäuscht. Ich fühlte mich wie ein gerade aufgestiegener Stern, der bereits wieder am Sinken war. Der Held in unserer Mannschaft war damals Lutz Dombrowski, der einen neuen Europarekord gesprungen war. Ich hätte es ihm gerne nachgemacht und war mir sicher, dass ich hätte gewinnen können, wenn ich den Absprungbalken genau getroffen hätte. Es war nicht das nicht ausgeschöpfte Leistungspotenzial, ich hatte technische Probleme mit dem Anlauf. Immerhin fand ich 6,71 Meter aber nicht so schlecht.

KONTROLLIERTE KONTAKTE

Ganz nebenbei ist auch jeder Sportler ein Mensch, der sich gerne unterhält, etwas erleben und Spaß haben möchte, gerade auch wenn man bei den Wettkämpfen ständig mit vielen interessanten Menschen aus ganz unterschiedlichen Kulturen zusammentrifft. Natürlich haben wir in Athen gemeinsam die Akropolis besucht. Die Abschlussfeiern, für mich immer der Höhepunkt eines Wettkampfes, fanden diesmal in einer Art Kongresshalle statt. Es gab ein tolles Büffet, und wir kamen ganz locker in Kontakt mit anderen Sportlern, tanzten, flirteten und lachten miteinander. Von offizieller Seite war uns jeder Kontakt mit den Westeuropäern untersagt. Abgrenzung war vorgegeben. Trotzdem fanden wir immer wieder einen Weg, uns nach den offiziellen Feiern mit den Menschen, mit denen wir feiern wollten, wieder zu treffen. Das offizielle Programm diente uns zum Kennenlernen und das private zum Vergnügen. Man durfte sich nur nicht von den Funktionären erwischen lassen. Unser größtes Interesse galt übrigens nicht den Westdeutschen, die uns gegenüber teilweise etwas arrogant auftraten, wir waren vielmehr an Kontakten mit den Franzosen und Briten interessiert.

Peter Hein hatte manchmal, wie er später gestand, Angst, dass die Funktionäre mich abstraften. Bei den Kontaktverboten waren sie ziemlich verbissen auf die Einhaltung der

Regeln aus. Er erfuhr zum ersten Mal als mein Trainer in Budapest davon, dass ich von irgendeinem Menschen eine Tafel Schokolade bekommen hatte, was bereits als politische Verfehlung galt. Das nächste Mal traf ich in Helsinki 1983 mit einem Ungarn zusammen, eigentlich ganz harmlos, schließlich stammte der Betreffende ja aus einem so genannten sozialistischen Bruderland. Doch als wir uns von den Gebäuden entfernten, folgte uns gleich eine ganze Schar von Funktionären. Natürlich bekam Peter Hein als mein Trainer auch einiges zu hören. Und er war sich sicher, dass ich, wäre ich nicht schon Weltmeisterin gewesen, nicht mehr so leicht hätte ins Ausland fahren dürfen. Es gab schließlich einige Athleten, die auf einmal einfach nicht mehr international auftauchten. Ich spürte, dass Peter Hein immer ein bisschen Angst um mich hatte, weil ich so unbekümmert und spontan war und so die Funktionäre gegen mich aufbrachte.

Ein anderes Mal waren wir im Trainingslager in Tunesien. Im Hotel strich ein Westdeutscher Stühle an. Er lud mich und eine weitere Sportlerin eines Tages zu Kaffee und Eis ein, was wir nur zu gerne annahmen. Der Ärger hinerher war um so größer, als wir auch noch zu spät ins Hotel zurückkamen.

Obwohl unser damaliger Verbandstrainer uns gut gesonnen war, konnte man die Sache nicht einfach vergessen. Der Trainer musste wie immer einen Lehrgangsbericht schreiben und hatte dabei diesen Vorfall erwähnt. Hätte er ihn unter den Tisch fallen lassen, hätte er später Schwierigkeiten bekommen. Da er mich aber nicht aus dem Verband ausschließen wollte und noch weniger konnte, musste eine andere Bestrafung gefunden werden. Also wurde ich aus dem so genannten Lehrgangsaktiv (LA) ausgeschlossen, was bedeutete, dass ich beispielsweise nicht mehr an der Organisation von Mannschaftsfeiern teilnehmen konnte.

Damit bin ich sicher noch gut weggekommen, aber die Warnung war wirklich ernst zu nehmen, denn es hätte der Rauswurf aus der Nationalmannschaft folgen können. Also wurde ich in der Folgezeit vorsichtiger und hielt mich noch mehr zurück, da ich davon ausgehen musste, jetzt erst recht unter strenger Beobachtung zu stehen. Meine Leistungen haben mich letztendlich gerettet.

Solche Fehltritte wurden in der Nationalmannschaft mit einer gewissen Schadenfreude beobachtet. Je besser und erfolgreicher man war, desto kälter schlugen einem Neid und Missgunst entgegen. Es gab Futterneid und Streitereien untereinander, und man gönnte sich nichts, jedenfalls nichts Gutes. Wenn jemand wie ich also erwischt wurde, war die Freude groß.

UMSTELLUNG AUF DIE LEHRE

Meine Ausbildung (als Präzisionstechnikerin) in Jena war eine hervorragende Schule für mich. Ich habe mir viele Fähigkeiten, vor allem im Umgang mit Werkzeugen, angeeignet. Ich habe in diesem Beruf mitbekommen, was es heißt, sorgfältig und vor allem termingerecht zu arbeiten.« Diese Stellungnahme stammt aus einem Interview der *Jungen Welt* vom Dezember 1985. Die Lehre bestand aus zwei Jahren in der Schule und einem Jahr Praktikum, und die Lehrlinge waren in Sonderklassen untergebracht. Neben Arbeiten wie Schleifen, Fräsen, Gewindedrehen, Bohren und Feilen gehörte zur Ausbildung auch, Winkelberechnungen anzustellen und sich in Werkstoffkunde auszukennen. Die Drehmaschinen waren sehr alt, eine, erstaunlicherweise die genaueste und beliebteste, sogar aus dem Jahr 1934. Das Praktikum absolvierte ich in der Brigade »Galileo Galilei«, Gruppe GF27, einer Astro-

Abteilung mit älteren Männern, die allesamt sehr sportbegeistert waren. Als einzige Frau wurde ich sehr verwöhnt, obwohl ich nur stundenweise mitarbeiten musste. Vor der Arbeit wurde erst zusammen gefrühstückt, weshalb es in der kleinen Halle nicht nach Maschinenöl, sondern eher nach Kaffee roch. Ich bemühte mich, mit meinem Einsatz nicht hinter den Anderen zurückzustehen. Teilweise gelang es, denn technische Zeichnungen anzufertigen und lesen zu können, beherrschte ich schon gut. Bis ich jedoch den Dreh raus hatte, wie man einen Bohrer in einem bestimmten Winkel anschleift, mussten einige Bohrer dran glauben. Natürlich konnte man nicht davon sprechen, dass dies mein Traumberuf war, ganz im Gegenteil bedeutete es für mich eine große Umstellung, den ganzen Tag in einer Werkhalle zu stehen. Trotzdem hatte ich Spaß daran und spürte auch eine gewisse handwerkliche Begabung. Mir war klar, dass diese Lehre nur ein Zwischenschritt sein würde.

Vorerst fand ich mich mit dem für mich ungewöhnlichen Lebensrhythmus ab. Ich wollte ja etwas lernen und freute mich auch über mein Lehrgeld, das nicht berauschend viel war. Am unangenehmsten empfand ich das frühe Aufstehen. Um sechs Uhr begann für mich der Tag, und wie alle anderen fuhr ich mit dem Bus zur Arbeit. Halb schlafend gab ich mich auf der Fahrt meinen Gedanken hin, meistens landeten sie irgendwann bei Esther. Sie war inzwischen entschlossen, es mit der Schauspielerei zu versuchen, und ich fragte mich, ob sie auch so früh aufstehen musste. Ich schrieb ihr, dass ich es besser fände, wenn sie bei der Journalistik bleiben würde, zumal sie da besser verdienen würde und eventuell eine Karriere anstreben könnte, die bei der Schauspielerei eher unwahrscheinlich war. Aber sie blieb dabei. Die Wende war wohl schon eingetreten, nachdem sie von den Meisterschaften in Berlin, wo sie als Berichterstatterin gearbeitet hatte, zurückgekehrt war. Ganz offensichtlich hatte sie sich ihren Beruf so nicht erträumt. Also entschloss sie sich, in die Fußstapfen ihres Vaters zu treten, und bestand die Aufnahmeprüfung an der Leipziger Theaterhochschule. Bei der *Geraer Volkswacht* wollte man sie nicht gerne gehen lassen und war enttäuscht darüber, sie als Mitarbeiterin zu verlieren.

Vierter Teil

Nachdem ich bei den Jugend-Europameisterschaften mit unzulässigem Rückenwind 7,02 Meter gesprungen war, erreichte ich am 4. Juni 1983 in Bratislava mit zulässigem Rückenwind eine Weite von 7,14 Metern – neuer Juniorenweltrekord und neuer DDR-Rekord. In dem Länderkampf gegen die Amerikaner in den USA, der ein paar Tage später stattfand, herrschte eine eisige Stimmung. Schließlich befanden wir uns immer noch mitten im Kalten Krieg, und wir bekamen keinen richtigen Eindruck von Land und Leuten. Ganz im Gegenteil gab es sogar einige nicht ganz korrekte Aktionen gegen unser Team. Der amerikanische Hochspringer Dwight Stones sagte beispielsweise vor dem Wettkampf: »… in diesem Jahr werden wir die DDR-Sportler anzünden und im nächsten Jahr verbrennen.« Es gab anschließend Diskussionen, ob wir überhaupt an den Start gehen sollten. Und wir starteten tatsächlich erst, nachdem diese Äußerung ganz offiziell zurückgenommen und uns eine Entschuldigung entgegengebracht wurde. Trotzdem gab es auch im Wettkampf keine Entspannung.

Als wir ein anderes Mal noch einmal bei einem Länderkampf gegen die USA antraten, war buchstäblich die Hölle los. Der Austragungsort war Karl-Marx-Stadt, das heutige Chemnitz. Da hier zwei hervorragende Mannschaften aufeinander trafen, waren alle Menschen in der DDR sehr gespannt darauf. Das Stadion war brechend voll, obwohl noch viele versuchten, Karten zu bekommen. Eigentlich war die Stimmung wie bei der Austragung eines spannenden Fußballspiels. Vermutlich waren die Menschen in der DDR regelrecht ausgehungert und belohnten uns entsprechend mit dieser tollen Atmosphäre. Die Ergebnisse sind mir nicht mehr im Gedächtnis, bis auf die Tatsache, dass ich gegen Carol Lewis, die Schwester von Carl Lewis, persönliche Bestleistung sprang.

Ich hatte einige sehr starke Gegnerinnen im Weitsprung, zumal im eigenen Land. Unter den ersten zehn Springerinnen der Welt befanden sich zu der Zeit sechs DDR-Sportlerinnen: Sabine Möbius, Ramona Neubert, Brigitte Wujak, Christine Schima, Helga Radtke und ich. Daneben gab es weitere gute Springerinnen wie Sigrid Ulbricht, Sabine Paetz und Ulrike Behmer in der DDR, und international trat ich an gegen die bereits erwähnte Carol Lewis, gegen Valeria Ionescu, die Russin Galina Tschistjakowa und die Rumänin Anisoara Cusmir.

In Bratislava, wo ich immerhin 7,14 Meter gesprungen war, erzählte man mir, dass Anisoara Cusmir bereits eine Weite von 7,43 Metern übersprungen hatte. Das war für mich damals unvorstellbar, dass eine solche Weite überhaupt von einer Frau erreicht werden konnte. Diese Information ließ mich nicht mehr los, und während der Vorbereitungsphase für die Weltmeisterschaften habe ich mich ständig mit dieser Weite auseinander gesetzt. Beim Training markierte ich einen Punkt bei 7,40 oder 7,50 Metern, um zu sehen, wie weit das war. Erstaunlicherweise hatte ich keinen Respekt vor der Weite, wie man annehmen könnte. Ganz im Gegenteil dachte ich ständig darüber nach, wie schnell ich laufen musste, um diese Weite zu erreichen. In meinem Kopf gab es jedenfalls keine Grenzen, und vermutlich deshalb bin ich irgendwann so weit gesprungen. Fürs erste war ich über die Weite der Rumänin ziemlich erstaunt.

Die Spannung in mir nahm vor den Weltmeisterschaften in Helsinki 1983 zu, denn nun hatte ich Anisoara Cusmir als direkte Konkurrentin. Da ich in den letzten Jahren Anlaufschwierigkeiten bei den großen Wettbewerben hatte, titelte eine Zeitung den Artikel über die Weltmeisterschaften »Die Präzisionsarbeit am Balken«, vielleicht auch ein Wortspiel in Bezug auf meine Ausbildung als Präzisionstechnikerin.

Für uns Leichtathleten waren die Wettkämpfe in Helsinki die ersten Weltmeisterschaften überhaupt, und deswegen natürlich auch von besonderer Bedeutung. Aber es herrschte finnisches Klima. Es war kühl.

Der Weitsprung war als letzte Disziplin angesetzt. So gehörte ich zu den ersten, die anreisten, musste aber bis zum Schluss ausharren. Helma Knorrscheidt, mit der ich ein Zimmer teilte, gewann gleich zu Beginn im Kugelstoßen die Silbermedaille und reiste früh wieder ab, so dass ich sogar allein im Zimmer war. Das gefiel mir gar nicht, obwohl ich mich eigentlich gerne durch das Zuschauen bei den anderen Wettkämpfen motivieren lasse und spüre, wie die Spannung in mir wächst. Andererseits ist es angenehm, wenn man seinen Wettkampf bereits hinter sich hat und den anderen Entscheidungen gelassen und in aller Ruhe zuschauen kann. Dagegen kann das Warten schon manchmal entnervend sein.

In Helsinki musste ich also bis zum Schluss warten, und mir fehlte die Muse, mit den anderen Mitgliedern der Mannschaft in die Stadt oder in ein Museum zu gehen. Ich wollte keinen Fehler in der Vorbereitung machen und verzichtete lieber auf diese Annehmlichkeiten.

Zuerst überstand ich die Qualifikation, und ich wurde etwas entspannter. Bewusst war ich in der Qualifikation vorsichtig herangegangen, denn es hätte ja auch hier schon etwas schief gehen können. Die Nacht vor dem entscheidenden Wettkampf schlief ich nur ein paar Stunden, denn ich musste ständig an den Absprungbalken denken. Im Gegensatz zur Qualifikation musste ich nun genau treffen, um eine reelle Chance zu haben. Ich hatte schließlich lange genug mit meiner Anlaufgenauigkeit und dem Absprung, beides Trainingsschwerpunkte, zu kämpfen. Da manchmal nur wenige Zentimeter den Sieger vom Zweitplatzierten trennen, ist die Genauigkeit am Balken entscheidend. Peter Hein, inzwischen in den Reisekader beordert, saß am Balken. Es war sehr wichtig, dass er als mir vertraute Person von dort zusah. Da er mich gut kannte, konnte er sofort reagieren, wenn er einen Fehler beim Anlauf entdeckte. Außerdem war er mein gewohnter langjähriger Trainer, und das gab mir Selbstvertrauen und Sicherheit. Ich wusste, ich konnte mich auf ihn verlassen, und fühlte mich nicht mehr ganz so allein. Natürlich war man nie wirklich allein, denn es gab ja noch die anderen Springerinnen. Aber je wichtiger ein Wettkampf war, um so kleiner war der Kontakt untereinander. Man widmete sich gegenseitig nicht so viel Aufmerksamkeit, um Energie zu sparen. Sicherlich versuchte man gerade den eigenen Athleten zu helfen und sie zu motivieren, aber letztendlich war der eigene Wettkampf der wichtigste. Alles Störende wurde abgelegt, und man konzentrierte sich nur auf sich selbst. In so einem Moment nimmt man nichts mehr wahr, auch die Zuschauer und die Konkurrentinnen nicht.

Erstaunlicherweise war ich bei meinem Wettkampf total gelöst. In dem Bewusstsein, dass Anisoara Cusmir im Vorfeld der Weltmeisterschaften nie wieder annähernd an die 7,43 Meter gesprungen war, traf ich den Balken präzise, und das zahlte sich aus. Gelöst und gleichzeitig gespannt sprang ich meine Versuche. Anisoara Cusmir lag zuerst vorn, doch ich näherte mich mit jedem Sprung weiter an, bis ich sie mit meinem letzten Versuch, meiner persönlichen Bestleistung von 7,27 Meter, vom ersten Platz verdrängte. Der Rekord wurde zwar wegen des starken Rückenwindes nicht als DDR-Rekord anerkannt, aber ich war eine insgesamt sehr gute Serie gesprungen und selbst beeindruckt davon, dass ich einen Wettkampf mit so starken Konkurrentinnen psychisch so gut durchgehalten hatte.

Nach dem Wettkampf musste man sich innerhalb einer Stunde zur Dopingkontrolle melden. Wenn man zwischendurch noch eine Siegerehrung hatte, wurde man aus Sicherheitsgründen von einem ständigen Begleiter überwacht, um Unregelmäßigkeiten auszuschließen. Die Trainer begleiteten ihre Schützlinge gern zur Dopingkontrolle, wo sie kostenlos Bier trinken konnten. Ich trinke auch meistens Bier wegen der treibenden Wirkung, und so feierten Peter Hein und ich meinen Erfolg dort schon ein bisschen. Prompt war ich auf der anschließenden Pressekonferenz etwas alkoholisiert.

Natürlich musste ich viele Pressetermine wahrnehmen, die vorher aber beim Verband angemeldet werden mussten. Unsere Nationalmannschaft war stets sehr abgeschottet bei den internationalen Wettkämpfen. Und Interviews bekam nur, wer sich der DDR gegenüber positiv verhielt, zumindest empfand ich es oft so. Auf diese Interviews wurden wir nicht vorbereitet. Es war uns selbst überlassen, was wir sagen wollten. Trotzdem gab es natürlich Formulierungen, bei denen man vorsichtig sein musste. Man durfte sich nicht zu offen zeigen, und selbstverständlich lobte man nicht den Klassenfeind und hielt Abstand zu den Westdeutschen. Aus der Angst heraus, etwas Falsches zu sagen, waren wir ziemlich verschüchtert. Wenn man von Journalisten befragt wurde, wirkte man eher wortkarg, um Fehler zu vermeiden.

Da die DDR-Nationalmannschaft aus sehr vielen guten Sportlern bestand und viele Medaillen gewonnen wurden, ging es nie um den Einzelnen. Stars gab es nicht. Niemand wurde besonders gefeiert für einen Erfolg, nur die Gruppe als Ganzes wurde bejubelt. Offensichtlich versuchte man, die Einzelnen nicht zu selbstbewusst werden zu lassen und sie lieber in der Menge der guten Sportler untergehen zu lassen.

Für mich war dieser Sieg wie der Durchbruch in meiner Karriere. Nicht nur, was die Weite betraf, war ich stabiler geworden. Ich hatte mich vor allem mental durchsetzen können. Und auch meine Mutter hielt ihn für den schönsten und wichtigsten. Sie erzählte mir, wie die ganze Familie in Gera vor dem Fernseher erst gesessen und die Daumen gedrückt und dann wie verrückt gebrüllt und geheult hatte. Zu der Zeit sah ich meine Familie sehr selten, da ich die Wochenenden eher gemeinsam mit Andreas verbrachte, als nach Gera zu fahren. Um so größer war die Freude meiner Mutter, mich im Fernsehen sehen zu können. Schließlich schrieb ich nicht gern Briefe, und wir besaßen beide kein Telefon. Die Verbindung war also eher locker, und auf die Frage, warum ich nicht öfter schreiben würde, antwortete ich nur lapidar: »Wenn ich nicht schreibe, geht es mir gut.«

EINE PRIVILEGIERTE ACHTZEHNJÄHRIGE

Es ging mir tatsächlich gut, denn ich kam jetzt in den Genuss eines Privilegs. Wie jeder Achtzehnjährige in der DDR konnte ich einen Antrag auf eine eigene Wohnung stellen, und als Auszeichnung für meinen Weltmeistertitel bekam ich sie zügig. Der Klub verfügte über ein gewisses Kontingent an Wohnungen in Jena, und ich fragte einfach beim Klubvorsitzenden Wehrstedt nach, ob nicht zufällig eine Einraumwohnung frei sei. In der DDR war es nicht so einfach, eine eigene Wohnung zu erhalten, schon gar nicht alleinstehend – mindestens verheiratet musste man schon sein. Ohne mir dessen bewusst zu sein, musste ich mich mit diesem für andere junge Menschen in der DDR so leidigen Problem nicht weiter auseinander setzen.

Ich habe Privilegien nie als Motivation für meinen Sport gesehen. Ausgenommen die Auslandsreisen. Das Wichtigste waren für mich immer der Spaß und die Freude am Sport. Durch die Siege erhielt ich Anerkennung, und ich wurde im Klub mehr beachtet. Wenn ich Probleme hatte, versuchte der Klub, sie für mich schnell zu lösen – auch mittels Beziehungen. Als andere sich ein Haus erbaten, blieb ich in meiner Plattenbauwohnung in Neu-Lobeda, wo ich mich sehr wohl fühlte. Natürlich waren diese Privilegien im Prinzip nicht akzeptabel in einem Staat, in dem alle gleich gestellt sein sollten. Aber so funktionierte es eben nicht. Beziehungen gehörten zum Alltag, zum Schaden derjenigen, die keine hatten. Und es kam natürlich darauf an, wie man damit umging. Da ich meinem Land ja etwas eingebracht hatte – Prestige und Devisen –, glaube ich, dass ich diese Wohnung verdient hatte.

Für Weltmeisterschaftstitel erhielt man Auszeichnungen und Prämien – in Ostmark. Bei den Auszeichnungen herrschte eine Rangfolge.»Meister des Sports« und»Verdienter Meister des Sports« waren die untersten in der Rangfolge und keine staatlichen Auszeichnungen. Als Steigerung erhielt man den»Vaterländischen Verdienstorden«, den es in Gold, Silber und Bronze gab, und hatte man all diese Auszeichnungen bereits erhalten, blieb einem noch der»Stern der Völkerfreundschaft«. Der Trainer war stets an den Auszeichnungen in Form einer Prämie beteiligt.

Bei anderen Wettkämpfen, zum Beispiel dem Olympischen Tag, wurden neben Medaillen statt Geldprämien Wertgegenstände wie geschliffene Vasen oder Teppiche verschenkt. Ab 1986 erhielten wir so genannte Forumschecks, mit denen wir in den Intershops einkaufen konnten. Diese Schecks waren aber nur den Allerbesten, den Medaillengewinnern, als Belohnung und Motivation vorbehalten. Wir Athleten kannten unseren finanziellen Wert nicht. Die Startgelder, die der Staat zum Beispiel bei Grand-Prix-Wettbewerben erhielt, wurden in der Hierarchie weiter oben ausgehandelt, und wir bekamen davon nichts. Lediglich ein tägliches Taschengeld im Wert von fünfundzwanzig DDR-Mark, meistens ausgezahlt in D-Mark, Schweizer Franken oder US-Dollar, bei Wettkämpfen und zehn Mark im Trainingslager standen uns zur Verfügung.

Ein weiteres Privileg war mein erstes Auto, ein Dacia, den ich mir nach dem Erhalt meiner Fahrerlaubnis leistete. Der Dacia endete an einer Stadionmauer, als ich einmal völlig entnervt nach einem Streit mit einer Sprinterin vom Trainingsgelände fuhr und nicht aufpasste. Da man damals nicht einfach in ein Autohaus gehen konnte, um sich spontan ein neues Auto zu kaufen, leistete ich mir nach einer Weile einen gebrauchten Trabant.

1986 bestritt ich einen Wettkampf in Brüssel. Von vorhergehenden Wettkämpfen kannten wir den Verantwortlichen Winfried Meert, der wusste, dass wir unsere Startgelder nicht ausbezahlt bekamen. Deshalb wollte er uns das Geld in Form von Sachgegenständen zukommen lassen und fragte mich nach meinen Wünschen. Als ich aus Verlegenheit nichts sagte, schlug er mir einen Farbfernseher vor, den ich gern annahm. Natürlich konnte ich ihn nicht im Gepäck mit nach Hause nehmen, und so dauerte es eine Weile, bis ich ihn endlich in Jena benutzen konnte. Der Fernseher wurde per Deutrans nach Halle an der Saale geliefert, wohin ich zum Abholen fahren musste. Leider fehlte mir das wichtigste Dokument, der Auslieferungsschein. Unverrichteter Dinge musste ich wieder wegfahren, und als der Fernseher schon fast wieder zurückgeschickt werden sollte, nahm ich bei einem Sportlerfest meinen ganzen Mut zusammen, sprach einen der politischen Funktionäre an und bat ihn unter Aufbringung meines ganzen zur Verfügung stehenden Charmes um Mithilfe – ein freundliches Lächeln und Nicken, und schon hatte ich das wichtige Papier und konnte meinen Farbfernseher nach Hause bringen.

AMÜSANTE FANPOST

Inzwischen erhielt ich von den unterschiedlichsten Altersgruppen und aus den verschiedensten Himmelsrichtungen Fanpost. Von vielen habe ich über Jahre hinweg immer wieder aufwändige und liebevolle Briefe erhalten, teilweise nach jedem Wettkampf. Dazu gehört auch Hilde Wehner aus Schmölln, die mir sogar Gedichte schrieb. Als ich ihr auf einen Brief antwortete, erhielt ich prompt eine hoch erfreute Reaktion von ihr. Sie sei nun in der ganzen Stadt bekannt, da der Postbote meinen Namen als Absender gelesen hatte und diese Neuigkeit in ganz Schmölln verbreitet hatte.

Auch Kurt Heyne aus Rötha gehörte zu meinen treuesten Fans. Auf jeder Karte, die ich von ihm erhielt, prangte ein selbstgemaltes Herz mit einem vierblättrigen Kleeblatt. Durch einen Zeitungsartikel über ihn erfuhr ich, dass er bereits seit 1920 Autogramme sammelte. Den letzten Brief schrieb er mir im Alter von 94 Jahren.

Auch aus Westdeutschland erhielten wir zu DDR-Zeiten Fanpost. Sie kam allerdings nicht direkt zu uns nach Hause, sondern wurde in Berlin beim DVfL gesammelt und mit folgendem Begleitschreiben an uns weitergeleitet: »Werter Sportfreund! Bitte ohne Kommentar die Autogrammfotos zusenden.« Einer dieser Briefe war von Carlo Thränhardt, der mich um ein Autogramm für seine Nichte Caroline bat.

Ich erhielt auch Briefe zum Beispiel von meinem Schulgartenlehrer, der mich daran erinnerte, wie ich mit ihm im Sand gebuddelt hatte. Außerdem schrieben mir viele Kinder und auch ein angehender Offizier der Handelsflotte: »Entschuldige meine Klaue, aber Marx und Einstein hatten auch eine. Aber jetzt zur Sache. Erst mal wollte ich schreiben, dass Du so ziemlich die Größte für mich bist. Ich bin sonst nicht für solche Ausdrücke ... Meine Fresse, ich muss wetzen wie ein Hase, dass ich bei 100 Metern eine 2 kriege und Du stellst Weltrekorde auf ...«

Viele Briefeschreiber beschäftigten sich in ihren Briefen mit sich selbst in Relation zu mir, teilweise auf eine wirklich rührende Art: »... Ich selbst kann nicht von mir behaupten, besonders sportlich zu sein. In der Schule war es ganz schlimm. Damals hatte ich mehrere Kilogramm Übergewicht. Keine Hose wollte mir passen, Kinder beschimpften mich mit hässlichen Worten und behandelten mich wie einen Aussätzigen. Schließlich war ich selbst davon überzeugt, Abschaum zu sein. Auch von den Erwachsenen hatte ich keinen Schutz oder Verständnis zu erwarten ... Wenn andere Kinder in kurzen Hosen und luftigen Hemden miteinander spielten, konnte ich nur verdrossen zuschauen ... Meinen Eltern war ich egal. Sie bemühten sich kein bisschen, mich auf das Leben vorzubereiten. Abends schwor ich mir, dass ich es eines Tages allen zeigen würde. Ich war mir sicher, für irgend etwas wert zu sein. Sportler, wie Sie es sind, haben mich stets dazu angetrieben, nicht aufzugeben. Wenn ich durchtrainierte und vor Anspannung verzerrte Gesichter der Athleten sah, wusste ich, dass ohne Arbeit und Geduld keine Leistung möglich ist. Heute habe ich zwar auch noch ein paar Pfunde zu viel auf den Rippen, doch keine Furcht mehr vor den Menschen. Sollte ich mal

Kinder haben, verspreche ich Ihnen, werde ich versuchen, ein guter Vater zu sein und viel Sport mit ihnen zu treiben.«

ZURÜCK INS NORMALE LEBEN

Der Alltag holte mich wieder ein. Schließlich war meine Lehre noch nicht beendet, und nach Trainingslagern und Wettkämpfen saß ich abends mit Andreas zusammen und lernte. Das Unterrichtsmaterial musste ich mir bei den Lektoren zusammensammeln. Und obwohl ich immer Unterlagen zum Lernen mit ins Trainingslager nahm, begann der eigentliche Stress nach meiner Rückkehr nach Jena. Alles musste aufgearbeitet werden, und dabei kamen Erinnerungen an die Zeit mit Esther auf, mit der ich nach wie vor in Kontakt stand. Ich gab mir große Mühe, unsere Freundschaft zu pflegen, obwohl das durch die vielen Reisen und meine Lehre nicht immer leicht war. Dazu kam, dass ich geradezu schreibfaul und froh war, zu Hause nichts dergleichen tun zu müssen. Damit blieb mir nur ein sehr kleiner Kreis, zu dem ich Kontakt hielt und den ich immer wieder sah. Natürlich kannte ich auch die Freunde von Andreas aus seiner Fußballmannschaft. Doch deren Freundinnen wiederum erschienen mir häufig etwas überdreht, so dass ich mich mit ihnen nie richtig wohl fühlte. Außerdem hatte ich Probleme, über meine Erlebnisse im Ausland zu sprechen, denn meine vielen Reisen waren ja die große Ausnahme. Man hätte mich vielleicht als arrogant empfunden. Also redete ich eigentlich nur, wenn ich gefragt wurde, immer aus Angst, als Protzer dazustehen. Ich konnte mich dort nicht so geben, wie ich es mir gewünscht hätte.

Meine Freunde waren überall verstreut. So hatte ich mich zum Beispiel mit der Weitspringerin Christine Schima, die leider nicht in Jena wohnte, angefreundet. Trotzdem vermisste ich nichts, denn meine wenige Freizeit verbrachte ich mit Andreas, und darüber war ich glücklich. Es gab in meinem Sportlerleben nur wenig Platz für Freundschaften. Meine Aufenthalte in Jena oder auf Reisen waren ja stets zeitlich begrenzt, so dass meine Freizeit sehr strikt geregelt war. Aber ich suchte auch keine neuen Freunde, denn ich fühlte mich in meinem kleinen Umkreis, so wie er war, sehr wohl. Später kam meine Jugendfreundin Kristin als Physiotherapeutin nach Jena. Sie arbeitete in der Sportmedizin an der Sportschule, wurde meine Physiotherapeutin, und von da an suchte ich sie beinahe täglich auf, um mit ihr zu reden und in die Disco oder ins Kino zu gehen. Unsere Freundschaft setzte sich dort fort, wo wir sie sieben Jahre zuvor liegen gelassen hatten.

Esther hatte nun ihrerseits immer weniger Zeit für mich, da sie mitten in ihrem Studium an der Theaterhochschule »Hans Otto« in Leipzig steckte. In dieser Zeit begann auch ihr Gauklerleben, in dem sie alle zwei bis drei Jahre umzog. Irgendwie konnte sie es aber doch immer wieder arrangieren, nach Jena zu kommen und mich zu besuchen. Dann saßen wir ganze Abende zusammen und redeten über unsere Erlebnisse der vergangenen Zeit. Unsere Treffen zeichneten sich dadurch aus, dass man das Gefühl hatte, man hätte sich erst am Abend zuvor zuletzt gesehen. Es war stets vertraut und offen, egal wie groß die Abstände zwischen unseren Treffen waren. In gewisser Weise konnten wir immer sagen »Du hast dich überhaupt nicht verändert!«, obwohl das natürlich relativ zu betrachten ist. Auf unsere Freundschaft traf es auf jeden Fall zu. Ich schrieb ihr von allen meinen Auslandsreisen Karten, und wenn es ganz besonders langweilig wurde wie manchmal in den Trainingslagern, brachte ich es bis zu einem Brief. Aus Kienbaum schrieb ich ihr einmal einen Brief mit folgendem bedeutungsvollem Inhalt: »Ich musste für Andreas kochen. Am

ersten Tag gab es Mischgemüse, Kartoffeln und Rostbratwurst. 2. Tag: Bohnengemüse, Kartoffeln, Kotelett. 3. Tag:
Mischgemüse, Kartoffeln, Rostbratwurst. Am vierten Tag
gab es Fisch aus der Büchse. Aber Andreas hat es ge-
schmeckt.« Wenn das nicht das Wichtigste ist!

Esther fand es immer schwer, eine Verbindung zwischen
mir und den Ländern, aus denen sie die Postkarten erreichten, herzustellen. Ihre Schwester, die nach einem Fluchtversuch im Kofferraum eines Autos für ein Jahr im Gefäng-
nis gesessen hatte und freigekauft worden war, lebte
inzwischen in West-Berlin, also in der Welt, aus der meine
Postkarten unter anderem kamen und die für Esther unerreichbar war. Esther malte sich aus, wo ich die Briefmarke
gekauft haben könnte, ob ich in einem Park sitzen und
Cola trinken würde, ob ich einen »West«-Stift benutzt hatte
und so weiter. Sie konnte anhand meiner Postkarten ihrer
Phantasie freien Lauf lassen.

Für mich waren die Auslandsreisen zwar noch nicht zur
Gewohnheit geworden, aber ich empfand sie lange nicht
mehr so aufregend wie am Anfang. Natürlich ging ich mit
großen Augen durch die Straßen, sah in die Auslagen der
Geschäfte und sog alles in mich auf, denn kaufen konnte
ich mir nicht viel. Und obwohl das Bummeln großen Spaß
machte, war ein Wehrmutstropfen, dass ich mir ständig
überlegen musste, was ich mir leisten konnte. In Zürich lief
ich zu verschwenderischer Hochform auf. Ich wanderte vor
einem Friseurgeschäft auf und ab und träumte von einer
richtigen Dauerwelle. Die anderen Mannschaftsmitglieder
sparten ihr Geld, und ich gab tatsächlich siebzig Schweizer
Franken aus, um eine Dauerwelle zu bekommen, der man
das Geld nicht wirklich ansah.

Bei diesem Trainingslager in Zürich hatten wir wie immer
einen Lehrgangsorganisator dabei, diesmal ein Psychologe
mit einer merkwürdigen Angewohnheit. Jeden Morgen

nach dem Frühstück sammelte er die kleinen unbenutzten Marmeladengläschen ein. Vermutlich verschwanden sie in seinem Gepäck.

DER BESONDERE AUFTRAG

In Vorbereitung auf die Olympischen Spiele bekam unser Klubvorsitzender offensichtlich einen besonderen Partei-auftrag. Er sollte alle Mitglieder der Nationalmannschaft, die noch nicht in der Partei waren, dazu auffordern einzu-treten. Deshalb kam er unter anderem auf mich zu, doch ich fühlte mich noch zu jung. Außerdem hatte ich kaum Bezug zur Partei und zum politischen Leben. Da man mich aber wiederholt dazu aufforderte, gab ich meinen Wider-stand schließlich auf und wurde Kandidat der SED. Meinen Trainer Peter Hein hatte man vergeblich zum Parteieintritt aufgefordert, er hatte sich wohl besser widersetzen können. Allerdings war er ständig in Gefahr, vom Training der Spit-zensportler ausgeschlossen zu werden. Letztendlich kam es nie so weit. Im Spaß zog er mich von nun an damit auf, dass ich ihm politisch überlegen sei.

Ich hatte das Gefühl, dass meine politische »Karriere« von Anfang an von den Funktionären im Klub und in der Partei geplant und genau durchdacht war. Als Jugendliche musste ich das »Abzeichen für gutes Wissen« machen. Dazu wurden die besten Sportler des Landes nach Kienbaum ge-laden, um neben dem Training an einer Schulung teilzu-nehmen. Mein Wissen reichte nur für das Abzeichen in Bronze, meine Faulheit kam mal wieder durch.

In die Partei bin ich aber trotz allem nicht kopflos einge-treten. Ein wesentlicher Grund, weshalb ich letztendlich dem Beitritt zustimmte, war mein Glaube an dieses System. Mich beschäftigten die Fragen, ob ich in einem anderen, einem kapitalistischen Land die gleichen Möglichkeiten und Aufstiegschancen gehabt hätte. Dabei wusste ich natürlich nur, was die Funktionäre uns dazu gesagt hatten, denn ein Kontakt nach Westdeutschland bestand ja nicht. Vielleicht glaubt man tatsächlich irgendwann, was man ständig auf Fragen zu hören bekommt. Bei den Wettkämpfen war ich nie mutig genug, mich mit den westdeutschen Sportlern über die Bedingungen bei ihnen auszutauschen. Ich bin auch heute noch der Meinung, dass der DDR-Sport perfektioniert und unsere ganze Ausbildung optimal verlaufen war. Für mich war der Parteieintritt auch eine Art Dankbarkeitshaltung meinem Staat gegenüber, in dem ich als Kind völlig durchschnittlicher Eltern diese große Chance und Förderung bekommen hatte. Man ließ uns in dem Glauben, dass dergleichen in Westdeutschland, wenn überhaupt, nur für Kinder aus reichen Elternhäusern möglich wäre. Insofern fühlten wir uns privilegiert.

Sicher ist heute die Frage interessant, ob ich derlei Erklärungen wirklich glaubte oder ob man es mich glauben machte, indem alles um mich herum so organisiert war, dass ich gar nicht in die Verlegenheit kam, an etwas anderes zu glauben oder das Bestehende zu hinterfragen. Aber mir ging es gut, ich genoss Vorteile, hatte mit keinen echten Schwierigkeiten zu kämpfen und war mit meinem Sport vollauf beschäftigt. So hielt man jemanden wie mich bei Laune, zufrieden, das ausüben zu können, was man wollte, und vor allem hinnehmend und ohne Fragen zu stellen. Es funktionierte.

In meiner Familie gab es keine Verwandten in Westdeutschland, die mir vielleicht ein anderes Bild hätten vermitteln können. Meine Mutter, eine einfache Frau, war nie in der Partei gewesen und war viel zu sehr mit sich und ihrer Welt beschäftigt, um das große Ganze zu hinterfragen. Genauso bin ich erzogen worden. Nichts wurde hinterfragt.

Ich wollte meine kleine Welt, meinen Spaß und einfach leben. Politik spielte keine Rolle, und ich habe mich, obwohl ein DDR-Leben von der Geburt bis zum Tod quasi durchorganisiert war, nie wirklich schlecht gefühlt in der DDR. Natürlich bin ich geleitet und geführt worden, und mit dem Eintritt in die Partei wurde ich auch politisch aktiv. Ich bin schlicht benutzt worden, um zu repräsentieren, denn ich war jung und hatte durch meine Leistungen eine gewisse Ausstrahlung auf andere junge Menschen. Damit sollte wahrscheinlich erreicht werden, dass sich mehr junge Menschen politisch engagierten. Trotz allem empfand ich es nicht als negativ und ließ mich bereitwillig von diesem Staat leiten. In meiner Welt war ja alles in Ordnung.

Ich war schon immer eher zurückhaltend und regte mich lieber im Stillen auf. Mir war klar, dass wir im Ausland unter Kontrolle waren, und es war kein schönes Gefühl, aber wenn ich mich lautstark darüber aufgeregt hätte, hätte ich mit Sicherheit meinen Sport nicht mehr professionell ausüben können. Solche Konsequenzen schreckten mich ab.

Sicherlich war ich damals völlig unreif, politisch anders zu denken, besonders weil ich zu sehr in diesem System verwurzelt war, aber auch weil ich mit meinem Sport eine besonders intensive Beschäftigung hatte, die kaum Raum für andere Dinge ließ. In vielerlei Hinsicht war ich naiv. Wenn es um Politik ging, rollte alles immer auf mich zu. Nie habe ich mich aus eigenem Bedürfnis engagiert, andere forderten mich zu einem Parteibeitrag auf. Erst viel später begann ich darüber nachzudenken.

Der Parteieintritt hatte mich ja nicht automatisch verändert, sondern kam als ein weiterer Aspekt meines Lebens hinzu. Selbst Esther, die aufgrund des Fluchtversuchs ihrer Schwester und ihren Erfahrungen damit allen Grund gehabt hätte, sah kein Problem in meiner Parteizugehörigkeit. Und obwohl man mich als »Kämpfer für den Sozialismus in erster Front« auserkoren hatte, war ich alles andere als ein heißer Verfechter des Sozialismus. Ich habe mitgemacht.

Peter Hein hatte damals die Verhandlungen mit einem sehr hohen Funktionär geführt, als es darum ging, mich in die Volkskammer zu wählen. Es war erwünscht, dass gewisse Sportlerpersönlichkeiten als Repräsentationsfiguren für den Staat herhielten. Zuvor war ich schon in den Zentralrat der FDJ gewählt worden. Ich wusste gar nicht so recht, wie ich zu all dem kam. Ich wurde von der Partei regelrecht in diese Position geschoben. Peter Hein wollte nicht, dass ich an diesen Sitzungen teilnehme und Reden halte, denn er hielt mich für überfordert, aber das wurde nun von mir verlangt. Da wir viel unterwegs waren und kaum Zeit erübrigen konnten, sagte er zu den Funktionären: »Heike muss trainieren und keine Reden halten. Basta!«

Ich sah meine Reden auch als Chance, mich vor so vielen Menschen anders als mit meinem Sport zu beweisen. Das tat meiner persönlichen Entwicklung und meinem Selbstwertgefühl gut. Trotzdem empfand Peter Hein die Belastung als zu groß, weil ich sowieso schon überall herumgereicht wurde und er Angst hatte, dass ich überreizt würde.

Letztendlich war es mir nicht unrecht, dass Peter Hein mich von diesen Aktivitäten etwas zurückgehalten hatte. Insgesamt war ich nur bei einer Sitzung der Volkskammer anwesend, nämlich als ich in den FDJ-Ausschuss der Volkskammer gewählt wurde. Es wurde trotz der Einwände von Peter Hein von mir erwartet, dass ich Reden in der FDJ-Fraktion beim Zentralrat der FDJ halten würde. Diese Reden, die ich zum Teil heute noch habe, habe ich unter Mithilfe von Andreas und seiner Familie selbst geschrieben, aber sie wurden zensiert. So wurde zum Beispiel ein Teil gestrichen, in dem ich die Meinung vertrat, Sport solle nichts mit Politik zu tun haben, dass Sport grenz- und politikübergreifend sei. In einem Interview der *Jungen Welt* vom 6. Dezember 1985 antwortete ich beispielsweise auf die Frage, welche Spitzenleistungen ich zum XI. Parteitag der SED beitragen wolle: »Ich will in der Hallen-Saison dabeisein und endlich auch mal die sieben Meter bezwingen. Das wäre kein schlechter Beitrag zum ›XI.‹ – und bis zur Weltbestleistung von 7,25 Metern ist es ja dann auch nicht mehr weit ...«

Nach unseren regelmäßigen Mannschaftsbesprechungen durften grundsätzlich nur noch die Parteimitglieder im Raum bleiben. Die anderen wurden rausgeschickt und hatten keine Ahnung, was in der verbleibenden Zeit besprochen wurde. Als Parteimitglied blieb ich also im Raum – nun ging es um die »richtige Einstellung« gegenüber dem genannten Klassenfeind. Den »Genossen« wurde nahe gelegt, andere von einer Parteimitgliedschaft zu überzeugen. Diese Art der Missionierung empfand ich als lächerlich, weshalb ich mich nie darum bemühte.

Über die Sportler wurden alle zwei Jahre streng vertrauliche Berichte angefertigt, geschrieben von unseren Trainern. Darin ging es vor allem um die gesellschaftliche, politische und ideologische Entwicklung. Es musste erklärt werden, welche Bedeutung der jeweilige Sportler der Freundschaft zur Sowjetunion beimaß, welches Verhältnis er zum proletarischen Internationalismus hatte und wie er das klassenmäßige Auftreten in der ideologischen Auseinandersetzung insbesondere mit der Bundesrepublik Deutschland einschätzte. Außerdem wurde das Verhältnis zum Elternhaus beschrieben, das Verhalten bei Auslandsreisen und ob es Probleme oder Schwierigkeiten gab. Peter Hein hätte zum Beispiel nie über meine Beziehungen zu Westdeutschen oder zu Esther schreiben dürfen, die ein paar Jahre später einen Ausreiseantrag stellte. Das wäre sowohl für ihn als auch für mich fatal gewesen. Er musste also viele Dinge ausweichend beschreiben. Der Witz an diesen Berichten war, dass diejenigen, die hinter den Berichten standen, in der Regel über die privaten oder politischen Verhältnisse der Sportler besser informiert waren als unsere Trainer. Trotzdem mussten die Trainer diese Zeit raubenden Berichte verfassen.

DAS FLITTERWOCHEN-SCHIFF

Ziel der Funktionäre war, die Sportler von Jahr zu Jahr immer mehr trainieren zu lassen, getreu dem Motto »Viel hilft viel«. Grundsätzlich war nichts dagegen einzuwenden, aber man vergaß dabei sowohl, dass man es mit Menschen zu tun hatte, als auch, dass es um völlig unterschiedliche Sportarten ging. Durch die Trainingszeiten der Kanuten und Ruderer wurde zum Beispiel die Stundenzahl nach oben geschraubt. Ich bin sicher, dass ich, wenn ich damals so trainiert hätte, wie uns vorgegeben wurde, nicht über diesen langen Zeitraum hätte erfolgreich sein können. Also manipulierten wir die Protokolle und schrieben mehr Stunden auf, als wir tatsächlich absolvierten. Inhaltlich mogelten wir dabei nicht. Alle wirklich erfolgreichen und erfahrenen Trainer und Sportler verfuhren derart und trainierten nicht mehr unbedingt zweimal am Tag. Schließlich lagen wir nicht auf der faulen Haut, sondern arbeiteten hart an uns. Und auch die Sprinter hatten eine eigene Taktik. Sie brachten stets eine sehr hohe Qualität, so dass man sich das eine oder andere abgucken konnte. Dumm war nur, dass unsere Protokolle an der Deutschen Hochschule für Körperkultur und Sport (DHfK) in Leipzig ausgewertet wurden, wo dann nach unseren verallgemeinerten Angaben die neuen Trainingspläne entwickelt wurden, die noch höhere Trainingsziele hatten.

Wir waren wieder einmal in einem Trainingslager zur Olympia-Vorbereitung. In der einen Woche hatten wir sehr viel trainiert, und so waren viele Stunden zusammengekommen, weshalb wir in der darauf folgenden Woche lockerer trainierten. Offensichtlich hatte ich zu diesem Zeitpunkt noch nicht gemogelt und meine Trainingsprotokolle gewissenhaft ausgefüllt. Prompt erhielten mein Trainer und ich Besuch von einem Funktionär, an den die Protokolle weitergeleitet worden waren, der sich empörte, dass unsere Trainingsmoral einem Olympiaboykott gleichkäme.

Als hätte dieser Funktionär es damals bereits geahnt, lasen wir einige Zeit später folgende Pressemeldung: »... die Hetze und Verleumdungen gegen die Sportler der sozialistischen Länder nehmen ständig zu. Zahlreiche organisierte Gruppen, die sich zusammengeschlossen haben, kündigen Bedrohungen, politische Demonstrationen und Meetings gegen die Sportler der UdSSR und anderer sozialistischer Länder an und bereiten sie vor. Es gibt keine Garantie für die Sicherheit der Teilnehmer ... Es gibt keine verbindlichen Zusagen ... bezüglich der Unterbringung der Olympiamannschaft ... für Trainingsmöglichkeiten der Sportler ... Das NOK der DDR hat daher in Wahrnehmung der Verantwortung für den Schutz der Ehre, der Würde und des Lebens seiner Sportler ... entschieden ... nicht an den XXIII. Olympischen Spielen 1984 in Los Angeles teilzunehmen. Diese Entscheidung richtet sich weder gegen die Bürger noch gegen die Sportler der USA ...«

Das war ein wirklicher Schlag vor den Kopf. Das Jahr 1984 hatte mit einem klaren Ziel vor Augen begonnen: die Olympischen Sommerspiele. Und nun diese deprimierende Nachricht! Schließlich war ich gut in Form und sprang Hallenweltrekord. Außerdem wären es meine ersten Olympischen Spiele gewesen, weshalb ich besonders enttäuscht war. Andere, ältere Sportler waren aber weit mehr als nur enttäuscht, da sie teilweise die Olympischen Spiele als krönenden Höhepunkt oder gar Abschluss ihrer sportlichen Karriere geplant hatten. Von uns Sportlern wurde in dieser Situation auch noch erwartet, dass wir uns an die Presse wenden und die Entscheidung und Haltung unseres Staates verteidigen sollten. Und da wir die Entscheidung überhaupt nicht verstehen konnten, gaben wir in der Öffentlichkeit ein völlig falsches Bild ab.

Um den Unmut der Sportler etwas zu besänftigen, organisierten die Funktionäre eine Konkurrenzveranstaltung, die zumindest für die Leichtathleten in Prag stattfand. An den Wettkämpfen nahmen alle sozialistischen Staaten außer Rumänien teil, und die Leistungen, die dort erbracht wurden, wurden mit denen verglichen, die in Los Angeles erreicht wurden. Demnach war ich mit einem Sprung über 7,15 Meter, der weiter war als der der Olympiasiegerin, für die Funktionäre und Trainer die eigentliche Olympiasiegerin.

Im selben Jahr fand in Tokio der Acht-Nationen-Cup statt, und da wir nicht an den Olympischen Spielen teilgenommen hatten und entsprechend heiß auf einen internationalen Wettkampf waren, freuten sich die japanischen Sportler ganz besonders auf uns.

In diesem Sommer verbesserte ich auch meinen DDR-Rekord mehrmals. In Jena sprang ich am 13. Mai eine Weite von 7,29 Metern, verbesserte den Rekord eine knappe Woche später in Dresden auf 7,34 Meter und landete am 26. Juli, zwei Tage vor meiner Hochzeit, nach einem 7,40-Meter-Sprung in der Dresdner Sandgrube.

Andreas und ich heirateten. Bereits im Dezember 1982 hatten wir uns verlobt, am selben Tag hatten seine Eltern Silberhochzeit gefeiert. Wir hatten uns in einem noblen Hotel einquartiert, Sekt zum Frühstück getrunken und uns einmal wie Millionäre gefühlt. Unsere Eheringe hatten wir durch Esthers Schwester, eine Goldschmiedin, bekommen, denn Gold galt als Mangelware und war nur über Beziehungen zu kriegen.

Es war eine Liebesheirat im klassischen Sinne. Dass zu einer Ehe auch Verpflichtungen gehörten und man sich für den Rest seines Lebens band beziehungsweise binden sollte, war uns nicht wirklich bewusst. Wir liebten uns, und alle freuten sich mit uns und unterstützten unsere Hochzeitspläne. Letztendlich waren wir vorwiegend neugierig auf das Gefühl, verheiratet zu sein. Trotzdem war der Zeitpunkt unserer Hochzeit etwas vorgeschoben, wie auch die Hochzeiten einiger anderer Sportler. Da die Olympischen Spiele für uns nicht mehr zur Diskussion standen und die Veranstaltung in Prag kein adäquater Ersatz gewesen war, war man auf den Gedanken gekommen, den erfolgreichen Teilnehmern der Prager Wettkämpfe eine Reise auf einem Schiff zu schenken. Ich durfte und wollte unbedingt mit, aber nicht ohne Andreas. Es konnten aber nur Ehepartner mitfahren, und so kam diese wahre Hochzeitswelle zustande.

ERFÜLLTE WÜNSCHE

In Sommer 1984 beendete ich meine Lehre als Präzisionstechnikerin. Und plötzlich eröffnete sich für mich die Möglichkeit, einen Beruf anzustreben, der mir weit mehr lag. Die Sprinterin Bärbel Wöckel hatte sich bei den Verantwortlichen durchgesetzt und begann ein Studium als Unterstufenlehrerin, und ich klinkte mich einfach ein. Darüber war ich überglücklich und hatte das Gefühl, endlich meinen Traumberuf anstreben zu können. Das Pädagogikstudium – Sport und Werken waren meine Hauptfächer – fand in Krossen statt. Ich musste täglich zwanzig Minuten mit dem Auto fahren, war Studentin und sehr stolz darauf.

Aber ich hatte wieder Einzelunterricht und fühlte mich ziemlich ausgegrenzt aus dem normalen Studentenleben. Tatsächlich beneidete ich die anderen Studenten sogar ein bisschen, obwohl mir stets bewusst war, dass alles, was ich bereits erlebt hatte, unter normalen Umständen nicht möglich gewesen wäre. Dieser Gedanke entschädigte mich immer.

Zu Beginn des Jahres 1985 fand in Berlin eine Veranstaltung statt, bei der Erich Honecker Sportler, Trainer und Funktionäre auszeichnete. Ich erhielt den »Vaterländischen Verdienstorden in Gold« und musste eine Rede halten: »... Ich selbst konnte mich in diesem Wettkampfjahr in meiner Spezialdisziplin, dem Weitsprung, von 7,14 Meter auf 7,40 Meter steigern. Das ist eine bessere Weite, als die Olympiasiegerin von Los Angeles, Anisoara Cusmir, erreichte. Damit stehe ich nur noch drei Zentimeter vor dem Weltrekord, und ich hoffe, dass ich diesen bereits im Wettkampfjahr 1985 zu uns in die DDR holen kann ...« – Sprach's und sprang's!

Im Vorfeld des Weltpokals in Australien bestritten wir am 22. September 1985 in Berlin einen Wettkampf. 25 Disziplinen wurden in zweieinhalb Stunden absolviert, und unter den Resultaten waren drei neue Weltrekorde. Ulf Timmermann erreichte mit einer Weite von 22,62 Metern im Kugelstoßen die erste um 15.05 Uhr. Eine Stunde später erlief sich Sabine Busch über 400 Meter Hürden in 53,56 Sekunden die zweite, und zwanzig Minuten nach ihr sprang ich in meinem letzten Versuch 7,44 Meter. Ich war überglücklich, denn ich hatte eine gute Serie gehabt: 7,15 Meter – 7,24 Meter – ungültig – 7,18 Meter – ungültig – 7,44 Meter. Helga Radtke, die bereits den Beinamen »Ewige Zweite« hatte, sprang immerhin 7,19 Meter. Ein paar Tage später befanden wir uns bereits auf dem Weg nach Australien.

Nach 36 Stunden Flug und zwei Tagen Erholung nahmen

wir an unserem ersten Vorbereitungswettkampf in Sydney teil. Uns klebte praktisch der Flugsitz noch am Hintern, und so kam es, dass einige aus unserer Mannschaft nicht so gut abschnitten. Bei den Funktionären löste das eine Diskussion aus, die uns wiederum ärgerte, denn wie sollten diese Funktionäre, allen voran der Vizepräsident für Leistungssport des DTSB Köhler, denn unsere Leistungen unter diesen Bedingungen beurteilen können. Zuerst waren wir nur erschöpft und dann auch noch wütend, aber ziemlich schnell waren wir derart gefangen genommen von der außergewöhnlichen Tier- und Pflanzenwelt, dass wir uns gut erholten. In Sydney selbst sahen wir, obwohl unser Hotel dort lag, nur sehr wenig, da wir ständig mit dem Bus zwischen Hotel, Stadion und einem Park, in dem wir unsere Einlaufarbeit absolvierten, pendelten.

Nach dem Wettkampf fuhren wir weiter nach Canberra zum Weltcup. Dort wohnten wir wie in einem olympischen Dorf und konnten entsprechend guten Kontakt zu den anderen Athleten halten. Es war Oktober und Frühling. Die Vögel, die gerade ihre Nester bauten, waren regelrecht frech. Sie flogen teilweise im Sturzflug auf uns herunter und nervten uns sogar beim Laufen, womöglich weil sie es auf unsere Haare als weiches Nestpolster abgesehen hatten. Also setzten wir von da an Mützen auf, um uns zu schützen. Außerdem begegneten wir zum ersten Mal Känguruhs, und wir waren begeistert.

In Canberra wurden wir wie üblich von der Botschaft eingeladen. Der Botschafter betonte bei dieser Gelegenheit, von welch großer Bedeutung unser Auftritt hier war, da die DDR in Australien kaum bekannt war, jedenfalls im sportlichen Bereich. Durch unsere Anwesenheit beim Weltcup fielen einige Ergebnisse zu unseren Gunsten aus. Ich besiegte beispielsweise eine meiner ärgsten und darum liebsten Rivalinnen Galina Tschistjakowa mit 7,27 Metern.

Neben meiner Spezialdisziplin, dem Weitsprung, begann ich in dieser Zeit auch noch 100-Meter- und 200-Meter-Lauf zu trainieren. Nach zehn Jahren Leistungssport, bei dem man trotz des vielseitigen Trainings vor allem auf eine Disziplin konzentriert war, brauchte ich neue Reize und neue Motivation. Die fand ich im Sprint. Peter Hein und ich kamen auf die Idee, es mal in einem Wettbewerb damit zu versuchen, was die Sprinterinnen in meiner Mannschaft nicht gerade freute, da ich mich entschloss, bei den Europameisterschaften in Stuttgart sowohl im Weitsprung als auch im 200-Meter-Lauf anzutreten.

Im Vorfeld bestritten wir verschiedene Wettkämpfe, als ersten einen Länderkampf gegen die UdSSR. Dort verbesserte ich meinen Weitsprungrekord um einen Zentimeter. Acht Tage später lief ich bei den DDR-Meisterschaften über 200 Meter 21,71 Sekunden und stellte damit den Rekord von Marita Koch ein. Nur vier Tage danach egalisierte ich beim Olympischen Tag in Dresden meine Weite von 7,45 Meter und lief anschließend in Oslo über 100 Meter 10,80 Sekunden – leider mit zu viel Rückenwind. Natürlich freuten mich diese Ergebnisse enorm, aber unsere Mannschaft war schon immer mit Rekorden verwöhnt, so dass man nicht so leicht aus der Masse herausragte. Da also alle sehr gute Leistungen zeigten, setzte ich mich noch mehr unter Druck, um noch besser als die anderen sein zu können und vielleicht doch ein bisschen individueller beachtet zu werden. Innerhalb von zwölf Tagen gelang mir das.

Die Europameisterschaften in Stuttgart 1986 waren traumhaft schön, sowohl was die Organisation anging als auch die ganze Atmosphäre. Zudem war ein großer Vorteil, dass ausnahmsweise mal Deutsch gesprochen wurde, so dass es keine Verständigungsschwierigkeiten gab. Wir waren in einem großen Studentenwohnheim, einem Hochhaus, untergebracht, wo es leckeres Eis gab. Ich musste mich vor meinem Wettkampf allerdings zurückhalten, und hinterher gab es leider kein Eis mehr.

Im Stadion spürte man die Aufgeschlossenheit der Zuschauer gegenüber unserer Mannschaft. An der Weitsprunganlage kam eine unglaubliche Stimmung auf, und viele Menschen riefen bei meinem Siegsprung über 7,27 Meter meinen Namen. Als ich über die 200 Meter erneut den Weltrekord einstellte, waren die Zuschauer restlos begeistert – Jubel im gesamten Stadion. Diese Atmosphäre hat mich richtiggehend mitgerissen, und da ich gewonnen hatte, konnte ich das alles auch wirklich genießen.

In gewisser Weise war Westdeutschland Neuland für mich, aber mit diesem Wettkampf und meinen gezeigten Leistungen hatte ich viele Sympathien gewonnen – wie Peter Hein meinte, aber nicht nur, weil ich so erfolgreich war, sondern auch weil ich mich so gut verkaufen konnte. Die Funktionäre versuchten mich so weit wie möglich abzuschirmen, aber Peter Hein bestand darauf, dass ich mich so natürlich wie möglich geben sollte, was mir unheimlich gut getan hat. Schließlich war ich inzwischen reif genug, mit verschiedenen Situationen umzugehen, war spontan und konnte mich ganz unbeschwert über meine Erfolge freuen. Nach meinen Wettkämpfen war ich so gefragt, dass Peter Hein und ich vor den Fans regelrecht fliehen mussten.

Wie ich erst später erfuhr, war ich damals zum Aktuellen Sportstudio im ZDF eingeladen, aber das war von den Funktionären abgelehnt worden. Ich hatte im Nachhinein das Gefühl, dass die Ablehnung mit Angst zu tun hatte, vielleicht weil man befürchtete, ich würde in Westdeutschland als Star gefeiert, was man in der DDR ja immer vermeiden wollte. Dagegen hatten wir erstaunlich gute Kontakte zu westdeutschen Sportlern, und in dem Haus, in dem wir untergebracht waren, hatten wir westdeutsche Ansprechpartner bei Problemen. Ungewöhnlich war auch, dass wir nicht wie sonst mit dem Bus zum Stadion fuhren, sondern mit der S-Bahn. Dabei wurden wir von vielen sportinteressierten Menschen angesprochen. Letztendlich hätten wir, wenn wir gewollt hätten, jederzeit hier bleiben können, nur dass es mir nie in den Sinn gekommen wäre.

Im Stadion sprach mich Heide Rosendahl an, weil sich bei ihr eine Frau Daute, meine Großmutter aus Hohenstein im Taunus, gemeldet hätte und mich unbedingt sprechen wolle. Aber da sie genau die Großmutter war, die sich immer nur für meinen Bruder interessiert hatte, und all diese Kindheitserinnerungen an die Enttäuschungen für meine Schwester und mich, wenn sie mal wieder nur an ihn gedacht hatte, hoch kamen, lehnte ich ein Treffen ab. Ich führte ihr Interesse an mir nur auf meine Bekanntheit zurück und wollte ihr durch diese Zurücksetzung spät meine Wut deutlich machen. Heide Rosendahl war natürlich etwas erstaunt, aber ich glaube auch nicht, dass ein Treffen ohne Unannehmlichkeiten akzeptiert worden wäre.

Unser Hauptsponsor war Adidas. Dadurch hatten wir Kontakt zu Mitarbeitern, die speziell für unsere Betreuung durch die Firma verantwortlich waren. Mein »Verantwortlicher«, der heute bei Puma arbeitet, steckte uns immer wieder etwas zu, einen Rucksack oder Kleidung etwa, oder verabredete sich mit uns in unserem Zimmer, um uns heiß begehrte Dinge zu bringen. Es war bei Adidas ja bekannt, dass wir als Sportler nichts davon hatten, die Firma als Sponsor zu haben. Natürlich waren wir alle immer sehr dankbar. Einzig erwischen lassen durfte man sich nicht, aber wir waren ja nicht dümmer als die Funktionäre.

EIN FAST FAMILIÄRES VERHÄLTNIS

Grob geschätzt waren wir ein Drittel des Jahres auf Reisen, 1988 sogar die Hälfte – aufgeteilt zwischen Trainingslagern und Wettkämpfen. Obwohl ich regelmäßig den Winter quasi verpasste, war ich gern unterwegs. Meistens waren wir im Dezember sogar die gesamte Adventszeit unterwegs und verbrachten nur Weihnachten und Silvester mit unseren Familien. Januar und Februar waren durch Wettkämpfe geprägt, und wenn wir im März das nächste Mal auf Reisen gingen, hatten wir in der Regel nur eine kurze kalte Phase in Jena erlebt und verließen die Stadt noch grau und kahl. Bei der Rückkehr – angekündigt durch Peter Heins ostentativ wiederkehrendes »Willkommen zu Hause!« – waren wir immer wieder aufs Neue erstaunt, wie sehr sich die Stadt mit dem Blühen der Blumen verändert hatte. Leider wussten wir, die den Winter ja nicht erlebt hatten, den Frühling nicht so recht zu genießen und würdigten das Wiedererblühen der Pflanzen nicht entsprechend.

Trotz allem kam jedes Mal eine besondere Stimmung bei der Rückkehr auf. Scherzhaft galt »Erst den Koffer abstellen!«, wenn wir nach wochenlanger Trennung unsere Männer, die uns in diesem Moment am wichtigsten waren, wiedersahen. Danach erst fanden die Familie oder Freunde Beachtung. Die Zeit zu Hause war sehr wertvoll, jede Minute davon. Esther lebte inzwischen in Karl-Marx-Stadt, dem heutigen Chemnitz, wo sie ein Engagement am Theater hatte und noch studierte. Dort verliebte sie sich in einen Schauspieler, der Beginn einer schwierigen Zeit für unsere Freundschaft, da wir uns nun nicht mehr nur räumlich voneinander entfernten.

Esther und ich hatten als Jugendliche einmal verabredet, zur gleichen Zeit schwanger zu werden, praktisch unsere

Kinder als Freunde aufwachsen zu sehen. Aber sie kam mir zuvor. Problematisch war, dass sie plante, den Vater ihres Kindes gleich nach ihrem Diplom 1987 zu heiraten und mit ihm – er hatte bereits einen Ausreiseantrag gestellt – nach Westdeutschland auszureisen. Einerseits brachte ich der Entscheidung Verständnis entgegen, aber andererseits traf mich die Aussicht, meine Freundin nahezu unerreichbar weit weg zu wissen, sehr.

Ein paar Tage vor meinem Geburtstag im Dezember 1986 lud Andreas einen Mann, einen Fotografen und großen Sportfan, zu uns nach Hause ein. Ich kannte Bergner bereits aus dem Stadion, und er schenkte mir ein paar Fotos. Außerdem trainierte sein Sohn als Hochspringer bei meinem Schwiegervater. Da er sehr sportinteressiert war, trafen wir uns immer öfter, und ich war dankbar über diese Bekanntschaft, die sich entwickelte und sich trotz der vielen Reisen hielt. Andreas und Bergner trafen sich auch während meiner Abwesenheit häufig, und es entstand mit seiner Familie eine herzliche Beziehung und ein enges Vertrauensverhältnis. Bald pflegten wir einen engen, später fast familiären Kontakt.

Im Januar 1987 begann die neue Saison wie üblich mit einem Trainingslager. Für den Winter standen die Hallen-Weltmeisterschaften bevor, und ich hatte mir vorgenommen, sowohl im Weitsprung als auch über 200 Meter anzutreten. Bevor die Wettkämpfe losgingen, lud Bergner Andreas und mich ein, gemeinsam bei einem Freund von ihm zu essen. Er wollte mit uns auf meine erneute Wahl zur »Sportlerin des Jahres« anstoßen. Im Verlauf des gemütlichen Essens brachte Bergner das Gespräch auf eine sehr erfolgreiche Jenaer Sprinterin. Ihn interessierte besonders, wie ich mit einer so erfolgreichen Sprinterin auskäme, die ja im eigenen Klub als Konkurrenz lief. Dass er ausgerechnet nach dieser Frau, mit der Peter Hein und ich tatsächlich

Probleme hatten, fragte, wunderte mich. Genau genommen hatte ich eigentlich gar keine Beziehung zu ihr. Ich mochte sie nicht und sie mich wahrscheinlich auch nicht. Es lag sicher auch daran, dass ich als Springerin nun auch im Sprint erfolgreich war und im Klub die Konkurrenz deutlich zu spüren war. Ich brachte schnellere Zeiten als die Sprinterinnen auf die Bahn. Dass das nicht nur Freude auslöst, ist klar. Im Klub gab es zwei Größen, Trainergrößen. Das waren der Sprint- und der Speerwurf-Trainer. Die hatten die Sportler zu betreuen, für die der Klub bekannt war und die international sehr erfolgreich waren. Und nun kam jemand wie ich, die da nun auch mitmischen wollte. Mein Trainer zum Beispiel oder auch Erich, mein Schwiegervater, waren zu Beginn eher kleine Lichter innerhalb der Trainerliga und in der Rangordnung weit unten. Als Erich Drechsler Rolf Beilschmidt mit einer Bestmarke von 2,02 Meter übernahm und diese auf 2,20 Meter steigerte, änderte sich sein Rang sicher genauso, wie sich der von Peter Hein änderte, als ich von Erfolg zu Erfolg zog. Aber Freundschaften, die es unter den Lehrern an der Sportschule durchaus gab, kannte man unter den Trainern nicht. Es herrschte Konkurrenz. Und während ich als Springerin noch akzeptiert wurde, kamen die Schwierigkeiten als Sprinterin. Ich gehörte ja nicht zu *der* Sprintgruppe unter *dem* Sprint-Trainer. Wir trainierten getrennt, im Stadion eigentlich immer auf der entgegen gesetzten Bahn.

Um den Klubintrigen aus dem Weg zu gehen, gingen Peter Hein und ich den Sprinterinnen gegenüber einfach auf Distanz. Jener Sprinterin, nach der ich von Bergner befragt wurde, brachte ich aufgrund ihres Alters und ihrer tollen Erfolge ganz offen Respekt entgegen.

Peter Hein sah das nicht anders. Erst später hatte er mir einmal bestätigt, dass wir doch leider viele Feinde, und Neider, in den eigenen Reihen hatten. Er meinte: Hätten wir uns nur auf den Weitsprung konzentriert, hätten wir unsere Ruhe gehabt. Aber wir funkten bei den Sprinterinnen dazwischen, und später haben wir sogar offen gelassen, ob ich noch einmal im Mehrkampf an den Start gehen würde. Prompt hatten wir auch noch die Mehrkämpferinnen als Feinde. Alle spürten, dass ich, wenn ich einmal ernst machte, auch gute Leistungen bringen konnte.

Da das Thema bei dem gemeinsamen Essen mit Bergner immer wieder zur Sprache kam, spürte ich, dass es mir gut tat, mir ein bisschen von meinem Kummer und Ärger von der Seele zu reden. Bergner, der die Angelegenheit von außen betrachtete, sah gewisse Dinge aus einem anderen Blickwinkel und nicht so emotional wie ich. Damit half er mir, den Ärger zu überwinden. Das Problem beschäftigte mich natürlich trotzdem weiter, frustrierte und bedrückte mich. Es tat gut, mich jemandem öffnen zu können, und da wir privat und unter Freunden zusammensaßen, musste ich auch nicht auf Formulierungen achten und meine Emotionalität verbergen, wie ich es in der Öffentlichkeit mit Sicherheit getan hätte.

Die Auseinandersetzungen im Klub belasteten das Klima dort und in der Nationalmannschaft ein bisschen. Peter Hein und ich waren stets darauf bedacht, uns rauszuhalten und uns auf die Aufgaben zu konzentrieren. Es war verständlich, dass die Sprint-Trainer die eigenen Schützlinge bei den Startmöglichkeiten vorzogen. Schließlich steckten sie genauso viel Mühe in ihre Arbeit und sahen es nicht gerne, wenn man als Außenstehende einen der begehrten Reiseplätze ins Ausland ergatterte. Als Sprinterin nahm ich einer anderen Sprinterin den Platz weg, und irgendjemand musste also zu Hause bleiben – nicht gerade ein Szenario für Freundschaften.

Peter Hein und ich hielten gut zusammen. Als guter Psychologe half er mir, mental mit diesen Querelen umzugehen, was mir zum Glück nie besonders schwer fiel. Auf dem Weg zu den Hallen-Weltmeisterschaften in Indianapolis konnte ich diesen Ärger auch nicht gebrauchen. Aus beiden Wettkämpfen ging ich als Siegerin hervor, und dass ich über die 200 Meter auch noch Hallenweltrekord lief, bereitete mir eine gewisse Genugtuung gegenüber den giftenden Sprinterinnen. Manchmal denke ich, der Ärger im Klub hat mich noch zusätzlich motiviert. Ähnlich stellte ich später fest, dass ich auch private Sorgen meistens in Ehrgeiz und Leistung ummünzen konnte.

Neben den Siegen und dem Weltrekord konnte ich 1986 noch etwas ganz Besonderes feiern: meine Wahl zur Weltjahressportlerin. Um die Auszeichnung, den goldenen Oscar, entgegenzunehmen, fuhr ich, nur in Begleitung des Cheftrainers unseres Klubs – als Aufpasser und Empfänger meiner Geldprämie – nach San Remo. Obwohl er für mich verantwortlich war, folgte er mir nicht den ganzen Abend, so dass ich mich frei bewegen konnte. Das Kleid, das ich mitgenommen hatte – mein schönstes –, erschien den Veranstaltern offensichtlich als nicht gut genug, denn ich wurde von einer Hostess in verschiedene Geschäfte ausgeführt. Obwohl ich von der tollen Auswahl begeistert war, kam für mich bei einem Tagessatz von 25 Dollar keines der Kleider in Frage. Und als wir auch in einem Ausleihservice nicht fündig wurden, entschied ich mich doch für mein eigenes.

Dass mit der Übergabe eine Geldprämie von 6000 Dollar verbunden war, hatte ich zwar gehört, aber ich musste nicht darüber nachdenken, wie ich das Geld einsetzen könnte. Wahrscheinlich hatte das der Cheftrainer längst in seinem Koffer verstaut. Selbst die hundert Dollar Taschengeld, die mir der Veranstalter noch zusicherte, kamen nie bei mir an. Den Oscar allerdings durfte ich behalten.

Zu der Veranstaltung kamen zahlreiche große Sportlerpersönlichkeiten wie Diego Maradona, Sergej Bubka, Evelyn Ashford, Pelé, Nelson Piquet und Ayrton Senna. Boris Becker, der auch an der Veranstaltung teilnahm, wurde eigens mit einem Hubschrauber eingeflogen und verschwand damit nach dem Ende sofort wieder. Ich saß mit einigen bekannten Sportlern am Tisch und brachte kaum ein Wort heraus. Einerseits sprach ich nicht fließend Englisch, andererseits war ich furchtbar beeindruckt und eingeschüchtert. Also wartete ich ziemlich zurückgezogen auf meinem Stuhl ab, ich konnte mir ja noch nicht einmal ein Getränk an der Bar selbst kaufen, denn ich hatte kein Geld. Natürlich wurde ich eingeladen, und diese Tatsache war mir unangenehm. Zwar hatte ich diesen Titel verliehen bekommen, war aber nicht in der Lage, mit meinem eigenen Geld zu bezahlen.

In anderen sozialistischen Ländern schien die finanzielle Frage besser gelöst zu sein. Beispielsweise wurde ich von der Hochspringerin Stefka Kostadinowna gefragt, welches Auto ich besitze. Als ich ihr wahrheitsgemäß von meinem Dacia erzählte, blickte sie mich etwas mitleidig und merkwürdig schräg an. Sie wunderte sich über diese jämmerliche DDR-Normalität. Selbst Sportler aus Bulgarien konnten sich von dem, was sie verdienten, ein großes Auto wie einen Mercedes leisten. In solchen Momenten empfand ich mich selbst als entmündigt, schämte mich und war auch gekränkt.

Zu Hause in Jena empfingen mich Andreas und Bergner mit einer kleinen privaten Feier, bei der mich Bergner mit einem Geschenk überraschte. Als Anerkennung für den Oscar und meine Leistungen wollte er mir eine Freude machen und überreichte mir einen Ring, der sehr kostbar aussah und echt zu sein schien. Obwohl ich etwas peinlich berührt war, freute ich mich sehr über das Geschenk.

Bergner war immer für eine Überraschung gut. So statteten Andreas und er mir 1987 einen spontanen Besuch im Trainingslager in Zinnowitz ab, wo ich mich auf den Europapokal und die Weltmeisterschaften in Rom vorbereitete. Mit Andreas hatte ich gerechnet, aber dass auch Bergner die lange Fahrt für einen Tag auf sich nahm, empfand ich als besonders toll und auf die enge Freundschaft zurückzuführen. Mitunter schlichen Kristin, die auch dabei war, und ich uns vom Trainingsgelände, um in der nahe gelegenen Ostseebar tanzen zu gehen. Manchmal tauschten wir dabei auch unsere Kleider – sicherlich lustig für Betrachter, denn schließlich war ich 1,80 Meter groß und Kristin 1,67 Meter.

Als ich im Juni 1987, eine Woche nach dem Europapokal in Prag, wieder in Jena war, erfuhr ich von Esthers Mutter, dass Esther einen Sohn, Felix, bekommen hatte. Da ich ihn selbst sehen wollte, fuhr ich umgehend nach Gera. Esther hatte ich auch sehr lange nicht mehr gesehen. Und als ich Felix im Arm hielt, drängte sich mein Wunsch nach einem eigenen Kind immer mehr in den Vordergrund. Leider war es in meiner Position nicht leicht, einen Kinderwunsch »durchzusetzen«. In meinem Kopf legte ich mir einen Plan zurecht: Olympia 1988 und danach ein Kind.

Für Esther hielt die gemeinsame Freude mit ihrem Freund über die Geburt nicht an, denn ausgerechnet zehn Tage nach der Geburt wurde sein Ausreiseantrag »zufälligerweise« genehmigt, und er wurde umgehend nach Westdeutschland geschickt. Obwohl es ihr dadurch sehr schlecht ging, ließ sie es niemanden merken und biss sich durch. Sobald sie ihre Abschlusspapiere als »Diplomschauspielerin« erhalten hatte, beantragte sie auf dem Standesamt die »Eheschließung mit einem BRD-Bürger«. Nach sechsmonatiger Bearbeitungszeit – heute weiß sie, dass die Entscheidung nach vier Wochen gefallen war – wurde ihr mitgeteilt, dass der Antrag abgelehnt worden sei. Wutentbrannt kamen Esther die verrücktesten Dinge in den Sinn, etwas setzte sich in ihr in Bewegung. Eine Idee war, sich mit Felix auf dem Bauch mit einem Protestplakat auf den Geraer Markt zu setzen, wovon sie aber wieder abkam. Dafür schrieb sie drei Briefe an das Mnisterium des Innern, die ihre Wirkung zeigten. Darin drohte sie, ihren Beruf in dem Maße wahrzunehmen, dass sie auf der Bühne – sie hatte ein Engagement in Annaberg-Buchholz – über die »Problematik der Ablehnung der Eheschließung mit dem Kindesvater« öffentlich sprechen werde. Wie sie später aus ihrer Stasi-Akte erfuhr, beeindruckte diese Drohung sehr. Man stattete der Intendanz ihres Theaters vor der Premiere des nächsten Stücks einen geheimen Besuch ab und kündigte an, dass sie, wenn sie ihren Beruf »ordnungsgemäß und diszipliniert« ausüben und ihre Drohung nicht wahr machen würde, den Vater heiraten und ausreisen dürfe. Disziplin hatte sie gelernt, und so verpflichtete sie sich mit versteinertem Gesicht zu allem, was ihr angetragen wurde. Letztendlich dauerte es ein weiteres halbes Jahr, bis sie ihre Ausreiseerlaubnis erhielt.

Zwar wusste ich von der Ausreise, kannte aber nicht die vorangegangene Geschichte im Detail. Dazu war Esther zu sehr in ihrer Theater- und ich in meiner Sportwelt. Doch wenn Esther heute diese Geschichte erzählt, schäme ich mich sehr, für ein Land gestartet zu sein, das so mit seinen Bürgern umging. Mich macht noch heute nachdenklich, wie wir beide im November 1988 nach den Olympischen Spielen gemeinsam im Palast der Republik in Berlin beim Olympiaempfang saßen. Ich hatte Esther eigens eine Einladung gegeben. Als Silbermedaillen-Gewinnerin saß ich mit Esther am Tisch von Egon Krenz, gleich neben dem Tisch von Erich Honecker, bei dem die Goldmedaillen-Gewinner saßen. Esther in ihrer Wut hätte also ohne weiteres einen von beiden ansprechen können: »Was stellt ihr eigentlich mit Menschen wie mir an? Was bildet ihr euch ein, so mit mir umzuspringen!« Aber sie hielt sich zurück, sonst wäre sie womöglich gleich abgeführt worden und hätte ihren Sohn nicht mehr gesehen. Vier Monate später war sie bereits in Westdeutschland.

Doch bevor das alles passierte, standen für mich die Weltmeisterschaften 1987 in Rom bevor. Bergner lud Andreas und mich zu sich ein. Seine Frau und seinen Sohn kannten wir bereits, nun lernten wir auch die Tochter kennen, die in unserem Alter war. Wir gingen von da an manchmal zusammen in die Disco. Auf sein Fotolabor war Bergner besonders stolz. Beim Essen eröffneten Andreas und ich unsere Pläne, nach den Olympischen Spielen ein Kind haben zu wollen. Bergner reagierte ganz locker. Schwieriger war es, die Funktionäre damit zu konfrontieren. Die zuckten bereits bei Andeutungen zusammen. Aber darüber solle ich mir doch jetzt keine Gedanken machen, meinte Bergner und überreichte mir einen Briefumschlag.

»Du fährst doch jetzt nach Rom. Und ich habe Post aus dem Westen erhalten mit 500 Mark. Das Geld will ich dir geben, weil du es sicher gut gebrauchen kannst, so knapp wie du gehalten wirst.« Ich war mir nicht sicher, ob ich ihn richtig verstanden hatte. Es war mir peinlich, und ich wollte das Geld erst nicht annehmen. Doch Bergner bestand darauf. Ich sollte ihm nur etwas als Empfangsbestätigung unterschreiben: »Schreib einfach: Ich habe heute von einem Mitarbeiter des MfS 500 Mark erhalten. Unterschreibe am besten mit JUMP.«

Es fällt mir nicht leicht, darüber zu schreiben, denn für viele Menschen ist das vielleicht nicht nachvollziehbar und unverständlich. Aber diese Geschichte gehört zu meinem Leben, und ich stehe dazu. Ich war verwirrt, verunsichert und irritiert.

Andreas bedeutete mir mit Blicken, das Geld anzunehmen. Mir kam in den Sinn, dass Irene, meine Schwiegermutter, irgendwann einmal über Bergner im Zusammenhang mit der Stasi gesprochen hatte. Trotzdem konnte ich in dem Moment nicht klar denken, dazu war ich zu verwirrt. Also verdrängte ich meine Unsicherheit und schrieb den vorgegebenen Satz. Ich beruhigte mich damit, dass Bergner ja ein enger Freund war und auch seine Freunde zu unserem Kreis zählten. Daran konnte nichts Schlimmes sein, versuchte ich mich zu rechtfertigen. Sehr lange hielt das schlechte Gefühl auch nicht an. Etwas später hatte ich die ganze Angelegenheit so gut wie vergessen. Sicherlich hätte ich mich damit intensiver beschäftigen müssen, aber nach diesem kurzen Intermezzo konnte ich mich wieder ganz dem widmen, was ich beherrschte: dem Sport. Die Weltmeisterschaften standen kurz bevor, und ich musste meinen Titel verteidigen.

Zur Vorbereitung fuhren wir nach Mexiko ins Trainingslager – gemeinsam mit den Sprinterinnen und den Mehrkämpferinnen! Da ich überall Neider und Feinde hatte, zog ich mich zurück wie ein Einzelgänger und ging meinen eigenen Weg. Meine Fähigkeiten, auch im Mehrkampf, waren mir stets bewusst, und so kam es, dass Peter Hein und ich uns manchmal bissig äußerten, um die Mehrkämpferinnen zu ärgern: »Wenn wir erst einmal im Mehrkampf an den Start gehen, habt ihr keine Chance.« Daraufhin erhielten wir von den Trainern Listen, in denen sämtliche Bestleistungen in den einzelnen Disziplinen aneinander gereiht waren, mit der Aufforderung, uns aus dem Mehrkampf herauszuhalten.

Nur wenige Jahre zuvor hatte ich Esther bewundert, als sie bei der Bezirksspartakiade den Eid gesprochen hatte und wie sie mit ihrer Nervosität umgegangen war. Nun stand ich vor der gleichen Zeremonie – in einem größeren Rahmen: Im Sommer 1987 fanden in Leipzig die XI. Kinder- und Jugendspartakiade und das VIII. Turn- und Sportfest der DDR statt. Es waren diese riesigen Veranstaltungen, für deren Eröffnungsfeier im Stadion die Schulen das ganze Jahr über üben mussten.

Ich vermute, dass Manfred Ewald den Sprecher des Eides zur Eröffnung aussuchte, und in diesem Jahr war ich an der Reihe, weil ich bei dieser Veranstaltung auch einen Wettkampf hatte. Es war eine Auszeichnung für mich, das zu tun. Also saß ich zu Hause und lernte den Text, der zu Musik im Rhythmus gesprochen wurde. An bestimmten Stellen sollte ich Pausen einlegen, um die Musik in den Vordergrund zu bringen. Vor mir standen Tausende von Menschen und hinter mir die gesamte politische Riege der DDR. Entsprechend aufgeregt war ich, hatte ich so etwas ja auch noch nie zuvor gemacht. In diesem Moment konnte ich mich aber nicht mehr vor der Aufgabe drücken. Natürlich verhaspelte ich mich gleich zu Beginn, so dass es sich für den Zuschauer so anhörte, als ob ich »Sturn- und Sportfest« sagen wollte. Das war mir total peinlich, zumal vor den vielen Menschen, die alle auf mich schauten. Zum Glück war ich so konzentriert, dass ich nicht weiter überlegen konnte und einfach zu Ende sprach. Heute würde ich da viel lockerer sein, aber damals war eine solche Aufgabe ein regelrechter Hindernislauf für mich.

Bei den Weltmeisterschaften in Rom 1987 war ursprünglich vorgesehen, dass ich sowohl im Weitsprung als auch über 100 Meter, mit der 4x100-Meter-Staffel und mit der 4x400-Meter-Staffel antreten sollte, eventuell sogar noch über 400 Meter. Vielleicht wollten wir etwas viel, vielleicht hat mich mein Trainer da etwas hineingeschubst. Jedenfalls fügte ich mich, denn ich wusste, wie hart mein Trainer für meinen Startplatz in der Staffel gekämpft hatte.

Schon beim Europacup in Prag war ich in beiden Staffeln gelaufen. Allerdings war mein Einstieg dort nicht gelungen. Meine Staffelwechsel bei den 4x100 Metern waren unsauber, und das bekam ich natürlich zu hören. Die lange Staffel war ich nur gelaufen, um aus rein sportlichen Gründen zu testen, wie ich diese Distanz bewältigen würde. Ich wusste, dass ich gute Zeiten laufen konnte, und man gab mir nach langem Gezerre die vorletzte Position in der 4x400-Meter-Staffel. Dabei lief ich einen schönen Vorsprung heraus, der für den ersten Platz gereicht hätte, wenn nicht die Schlussläuferin so schwach gewesen wäre.

Auch in Rom wollte ich mir nicht das Recht nehmen lassen, in beiden Staffel zu starten. Schließlich hatten meine Leistungen für sich gesprochen. Aber bis kurz vor den Weltmeisterschaften gab es Diskussionen – sogar eine Sitzung –, ob ich nun starten würde oder nicht. Alle, Funktionäre und Sportler, hatten sich dagegen ausgesprochen, und Peter Hein und ich waren sauer. Da ging es offensichtlich um andere Dinge als um die Leistung und den zu erwartenden Erfolg. 1988 schwor ich mir, nie mehr einen Staffelstab in die Hand zu nehmen und mich nur noch auf die eine Disziplin zu konzentrieren, bei der ich einen eigenen Startblock hatte.

Sicherlich war ich nicht die perfekte Staffelläuferin, aber mit der Juniorenmannschaft war ich bereits in Kuba in der Staffel gelaufen, und da lief es gut, weil das Team stimmte. Jetzt musste man den Eindruck gewinnen, dass es um einen Haufen Individualisten ging, aus dem der Trainer das Beste machen musste. Als gutes Team hätten wir sicherlich einen neuen Weltrekord laufen können.

Über die 100 Meter belegte ich in Rom hinter Silke Gladisch den zweiten Platz, ein riesiger Erfolg für mich. Nie zuvor hatte ich in dieser Disziplin, in der ich mich nie richtig wohl gefühlt habe, weil sie immer so schnell zu Ende war, quasi als Gast einen solchen Erfolg gehabt.

Ein paar Tage nach diesem Wettkampf sprang ich bei einem Länderkampf gegen die USA zum ersten Mal gegen die Frau, die für mich während der nächsten Jahre die stärkste Konkurrentin sein sollte und den Wettkämpfen immer eine besondere Spannung verlieh: Jackie Joyner. Ich lernte sie kennen als eine starke Persönlichkeit, sehr nett, obwohl sie auf mich zwar einerseits schlicht, beinahe einfach wirkte, andererseits aber unglaublich stark. Unsere gemeinsamen Wettkämpfe waren für mich immer besonders attraktiv, denn wir konnten uns gut gegenseitig hochschaukeln. Mal gewann sie, mal ich. Unser Leistungsniveau war sehr ähnlich, und es gab zwar noch einige gute Springerinnen, aber vor keiner hatte ich einen solchen Respekt wie vor Jackie. Die Spannung war beim Springen immer sehr groß, und man hatte das Geüfhl, es knisterte richtiggehend zwischen uns. Und erstaunlicherweise war unser Verhältnis trotz der Konkurrenz stets freundlich und respektvoll, man könnte fast sagen, freundschaftlich. Im Lauf der Jahre beschworen die Medien gerne das »Trauma Jackie Joyner« herauf, was jeder Grundlage entbehrte.

Vor dem Weitsprungwettbewerb verletzte ich mich leicht an der Kniekehle, und obwohl ich es wahrnahm und auch zur Behandlung in die Physiotherapie ging, versuchte ich es zu verdrängen. Bei der Qualifikation hatte ich keine Schwierigkeiten, weder spürte ich meine Kniekehle, noch brauchte ich viele Sprünge, um die geforderte Weite zu erreichen. Im Finale aber musste ich im zweiten Versuch aufgeben, denn inzwischen waren die Schmerzen im Knie nicht mehr zu ignorieren. Die Leistung war trotzdem nicht schlecht, denn ich belegte am Ende mit nur zwei Versuchen den dritten Platz, aber mitten im Wettkampf aufgeben zu müssen, war ein schreckliches Gefühl.

Trotz des Stresses in der Staffel genoss ich es sehr, in Rom zu sein, denn ich erlebte die Stadt nun ganz anders als noch vor ein paar Jahren. Inzwischen nahm ich die Eindrücke bewusster auf, denn Rom faszinierte mich mehr als früher und auch mein Interesse an der römischen Kultur war nun größer. Das Marmorstadion ist übrigens eines der schönsten Stadien, die ich kenne.

Da in der Innenstadt stets ein wildes Treiben war, wurden wir zu den Wettkämpfen immer mit Polizeieskorte gefahren. Ein Streifenwagen fuhr mit Blaulicht vor unserem Bus her, um uns auf dem schnellsten Weg von unserer Unterkunft zum Stadion zu bringen. Der römische Verkehr war einfach verheerend und ist es bis heute geblieben. Zu meinem großen Erstaunen waren einige Mitglieder unserer Mannschaft zu einer Audienz beim Papst geladen. Ungewöhnlich für einen Staat, in dem die Kirche eine so geringe Rolle ausfüllte und ihre Bedeutung stets heruntergespielt wurde. Trotzdem haben es sich die Sportler nicht nehmen lassen, diese Audienz wahrzunehmen. Allein die Aussicht, im Petersdom zu stehen, war ein Erlebnis, das auf mich einen sehr großen Eindruck machte. Da ich vorher nie bewusst eine Kirche besucht hatte, war ich überrascht über die Schönheit und die Symbole in der Kirche. Zu Hause bin ich in der Weihnachtszeit häufig an Kirchen vorbeigegangen oder habe mich heimlich unter ein Kirchenfenster gestellt, um der Orgelmusik zu lauschen und einen Blick zu erhaschen. Aber eine Kirche zu betreten war für mich ein eigenartiges Gefühl, das ich möglichst vermied. Ich empfand, dass ich als Parteigenossin nichts in der Kirche zu suchen hatte. Die Richtlinien der Partei, das politische System, der Materialismus (»Das Sein bestimmt das Bewusstsein«) – alles Dinge, die im Widerspruch zur Religion standen. Es war also keine Ablehnung gegenüber der Kirche, sondern eher ein nicht existierendes Verhältnis zur Religion. Meine Mutter hatte mich, obwohl sie selbst streng evangelisch erzogen worden war, nie in eine Kirche mitgenommen und mir deren Bedeutung vermittelt. Selbst das Weihnachtsfest war für uns eine nette Familienfeier, bei der die Geschichte völlig in den Hintergrund trat beziehungsweise uns anfangs sogar nicht bekannt war. Auch in der Schule wurde praktisch nicht über die Bibel geredet, und obwohl man das Wissen um die christliche Religion ja auch aus kulturhistorischen Gründen vermitteln müsste, wurde das bei uns leider versäumt. Heute bin ich überzeugt, dass die Kenntnis des ältesten Geschichtsbuchs der Welt und der Unterschiede zwischen den Religionen schlicht zur umfassenden Bildung gehört. Doch darauf wurde in der DDR kein Wert gelegt, weshalb ich bis heute eigentlich keinen Bezug zur Kirche habe. Dennoch bin ich der Meinung, dass jeder Mensch einen Glauben hat, den nur jeder anders definiert. Ich glaube vor allem an mich selbst als Menschen, was mich aber der Kirche auch nicht näher bringt.

Sich ein Jahr vor den Olympischen Spielen eine Verletzung zuzuziehen, war nicht gerade motivierend, obwohl genug Zeit blieb, diese wieder auszukurieren. Die Knieverletzung von Rom erwies sich als harmlos und war bald schon wieder vergessen. Vielleicht hatte sich zum ersten Mal mein Körper gemeldet, um ein bisschen Ruhe anzumahnen. Zu dem Zeitpunkt hatte ich bereits elf Jahre Leistungssport hinter mir, aber bis zu den Olympischen Spielen 1988 wollte ich unbedingt noch durchhalten. Schon 1985 hatte ich in einem Interview gesagt, ich wolle »wenigstens bis 1988, vielleicht sogar bis 1992« aktiv mithalten.

Um das deutsch-deutsche Verhältnis etwas zu entspannen und um unsererseits Offenheit zu praktizieren, fand vor den Olympischen Spielen in Seoul ein Länderkampf in Düsseldorf statt. Ziel war es, sich etwas näher zu kommen, aber da unsere Mannschaft plötzlich doppelt so groß war – auf jeden Sportler kam ein Beobachter –, konnte man von einer Annäherung kaum sprechen. Bei der Abschlussveranstaltung saß jede Mannschaft in ihrer Ecke und mittendrin die Funktionäre, so dass alles ziemlich zurückhaltend war.

Im Lauf des Abends wurden Geschenke ausgetauscht. Wir hatten eine Kristallschale dabei, die ein Nippel auf dem Deckel zierte – ein DDR-Exportartikel von hoher Qualität. Als wir diese Schale überreichten, fiel der Nippel ab, offensichtlich von der Reise etwas mitgenommen. Alle lachten und riefen: »Na ja, made in GDR!« Wir erhielten im Gegenzug ein widerstandsfähigeres Geschenk: einen Wimpel.

Für die Olympischen Spiele hatte ich mir für sämtliche Disziplinen die Starterlisten genau angeschaut und studiert. Ich setzte mich bewusst vor einem Wettkampf genau mit meiner Konkurrenz auseinander. Manche Sportler machen sich vorher nervlich so fertig, dass sie gar nicht gewinnen können. Sie setzen sich Grenzen im Kopf und sagen sich, sie hätten sowieso keine Chancen, wenn sie in dieser Konkurrenz starten müssten. Ich halte diese Einstellung für den besten Weg zu verlieren.

In Seoul traf ich erstmals auf eine Sportlerin, die das gewisse Charisma, das Charisma der Siegerin, um sich hatte: Florence Griffith-Joyner. Jede Finalteilnehmerin wusste eigentlich, dass es im Sprint nur um die Plätze zwei und drei gehen konnte. Platz eins war bereits vorab vergeben. Trotzdem konnte man mit dieser Einstellung nicht in den Wettkampf gehen, sondern musste sich locker und souverän der Konkurrenz stellen, um noch den Hauch einer Chance zu haben. Auf Außenstehende wirkt diese innere Einstellung oft arrogant, aber es ist das Erscheinungsbild eines Siegertypen.

Es gibt Trainingsweltmeister, die beim Wettkampf versagen, und es gibt echte Sieger. Das ganze Jahr 1988 war mit Zielrichtung Olympische Spiele verlaufen. Insgesamt sechs Monate hatten wir in Trainingslagern verbracht, was mitunter schwierig gewesen war, hatte man doch teilweise vier Wochen lang nur mit Frauen auskommen und sich ein Zimmer teilen müssen. Im Trainingslager in Kienbaum hing eine Wanduhr, die uns die noch verbleibenden Tage bis zu den Spielen angezeigt hatte. Sämtliche Gespräche hatten sich nur noch um die Olympischen Spiele gedreht, und in den Mannschaftsbesprechungen waren wir auf Seoul, auf Klima, Kultur, Essgewohnheiten etc., eingestellt worden.

Es gab unwahrscheinlich hohe Qualifikationswerte, zum Beispiel im Weitsprung 7,00 Meter. Um so erstaunlicher, dass wir viele Springerinnen aufbieten konnten, die diese Weite brachten, da selbst die Mehrkämpferinnen enorm weit sprangen.

Auf dem Weg nach Seoul war ich hoch motiviert. Galina Tschistjakowa hatte zwar kurz zuvor meinen Weltrekord überboten, aber das berührte mich nicht. Immerhin hatte ich ihn zwei Jahre lang gehalten und hielt ja weiterhin den Hallenweltrekord, den ich im Februar 1988 in Wien mit 7,37 Metern gesprungen war.

Es gab einen anderen Umstand, der mich ärgerte. Ich war im Juli desselben Jahres mit 7,48 Metern neuen DDR-Rekord gesprungen, aber ich gewann schnell den Eindruck, dass man diese Leistung von mir erwartet hatte. Bei all der Selbstverständlichkeit konnte ich mich gar nicht richtig freuen. In unserer Mannschaft spürte man ständig den Druck, einen Rekord, der von einem anderen Land gehalten wurde, zu brechen. Von mir erwartete man also, dass ich nun 7,53 Meter springen würde. Ich war zwar glücklich, die 7,48 Meter geschafft zu haben, gleichzeitig aber unzufrieden. Obwohl ich den neuen DDR-Rekord aufgestellt hatte, fühlte ich mich immer noch wie eine unter vielen. Man musste sich ständig beweisen und um Anerkennung kämpfen, als würde man nur mit Weltrekorden glänzen können. Sicher hatte es auch seine Vorteile, in einer derart guten Mannschaft zu trainieren, denn man wurde durch die vielen guten Ergebnisse angespornt. Das war eine gute

Motivation und stimulierte mich, den Erfolgen nicht nachzustehen. Es war praktisch so, dass wir stets unserem Leistungsauftrag hinterherhinkten, und wenn ich beispielsweise zwei Zentimeter unter der geforderten Marke blieb, setzte ich mich selbst unter Druck, den Auftrag noch zu erfüllen. Man sagte sich:»Das musst du jetzt schaffen, das *musst* du!«

In Seoul war ich zum ersten Mal bei den Olympischen Spielen dabei. Es sollten sehr harte werden, denn ich hatte drei Wettbewerbe – 100 Meter, 200 Meter und Weitsprung – vor mir. Das bedeutete, alle Vor- und Zwischenläufe zu bestreiten mit dem Ziel, ins Finale zu kommen. Ich hatte mir ein ähnliches Ziel gesteckt beziehungsweise stecken lassen wie Marion Jones zwölf Jahre später. Aber 1988 war das Jahr der schnellen Florence Griffith-Joyner. Auf ihre Leistungen hatte ich – wie alle anderen auch – schockiert reagiert, denn es war einfach unglaublich, wie man so schnelle Zeiten erreichen konnte. Aber mir kam auch in den Sinn, dass ich vor ein paar Jahren ganz ähnlich über den Weitsprungrekord von Anisoara Cusmir über 7,41 Meter gestaunt hatte, als ich gerade 7,14 Meter erreicht hatte. Später hatte ich diese Weite ja auch springen können, obwohl ich es damals nicht geglaubt hätte. Es gibt einfach große Talente, die so weit springen oder so schnell laufen können, aber Florence Griffith-Joyner war kein Neuling. Und da sie vorher noch nie solche spektakulären Leistungen erreicht hatte, wurde in Seoul natürlich schnell gemunkelt.

Fünf Tage vor meinem ersten 100-Meter-Vorlauf passierte auch etwas Spektakuläres, was aber niemand, weder meine eigene Mannschaft noch andere, mitbekommen sollte. Bei einer lockeren Krafteinheit holte ich mir einen Hexenschuss. Das war ein Schock. Meinem Trainer rutschte das Herz in die Hose. Der einzig wichtige Gedanke war, mich unversehrt und unbeobachtet in die Unterkunft zu

DER BESTE SPRUNG WAR LANDESREKORD

Dresden, 19. Mai 1984:
Mit jedem Versuch kam ich über sieben Meter

BERLINER TAFEL-ANZEIGE

Kein gutes Wetter, aber eine Glanzweite:
Weltrekord im September 1985

IMMER WEITER, IMMER SCHNELLER

Den 200-Meter-Welt-
rekord egalisiert,
im Juni 1986; Zweite
wird Silke Gladisch

Erfolgreich, aber unge-
liebt – mit der DDR-
Sprintstaffel

Linke Seite: Einstellung
meines eigenen Welt-
rekords in Dresden
1986 – 7,45 Meter

Alle Hände voll zu tun
– meine Fans wollen
ein Autogramm

GRÜSSE AUS DER DRITTEN HEIMAT

*Neu-Lobeda in Jena – hier lebte ich in meiner eigenen Einzimmer-
wohnung. Und stolz war ich auf »meine« Kinder während der
Hospitationszeit in der Karl-Liebknecht-Schule. Sie schrieben von
Jena nach Jena ihre Glückwünsche zum Weltrekord*

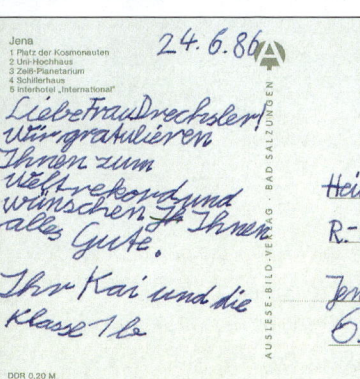

750 Jahre
Stadt Jena
Festumzug
am 7. 10. 1986 14 Uhr

Gruß aus
JENA

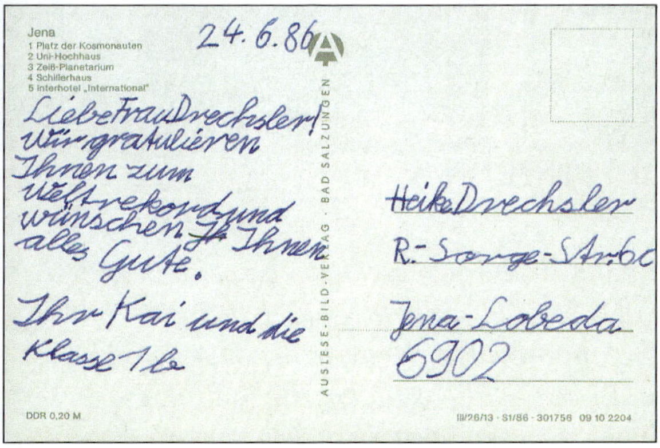

Jena
1 Platz der Kosmonauten
2 Uni-Hochhaus
3 Zeiß-Planetarium
4 Schillerhaus
5 Interhotel „International"

24. 6. 86

Liebe Frau Drechsler!
Wir gratulieren
Ihnen zum
Weltrekord und
wünschen Ihnen
alles Gute.

Ihr Kai und die
Klasse 1 be

Heike Drechsler
R.-Sorge-Str. 6c
Jena-Lobeda
6902

DDR 0,20 M.

III/26/13 · S1/86 · 301756   09 10 2204.

AUSLESE-BILD-VERLAG · BAD SALZUNGEN

DA BIN ICH DIE VORZEIGEATHLETIN

Als Staatspolitik und Sport nahe zusammen rückten – ob beim Besuch der Marine in Zinnowitz an der Ostsee oder einer Brigade, gemeinsam mit Marlies Göhr, ob in der Volkskammer als Vertreterin der Sportler oder bei der Verleihung des Vaterländischen Verdienstordens durch Erich Honecker. Bei Heinz Florian Oertel ging es dagegen immer um den Sport

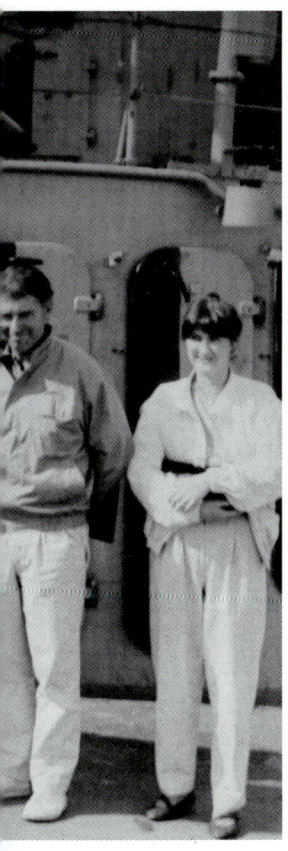

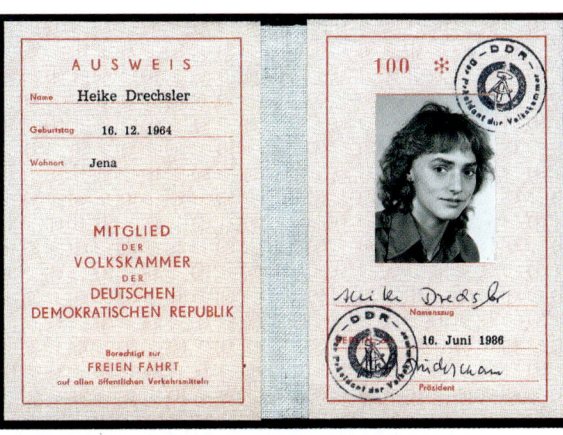

AUSWEIS
Name Heike Drechsler
Geburtstag 16. 12. 1964
Wohnort Jena
MITGLIED
DER
VOLKSKAMMER
DER
DEUTSCHEN
DEMOKRATISCHEN REPUBLIK
Berechtigt zur
FREIEN FAHRT
auf allen öffentlichen Verkehrsmitteln
100
DDR
Der Präsident der Volkskammer
Namenszug
16. Juni 1986
Präsident

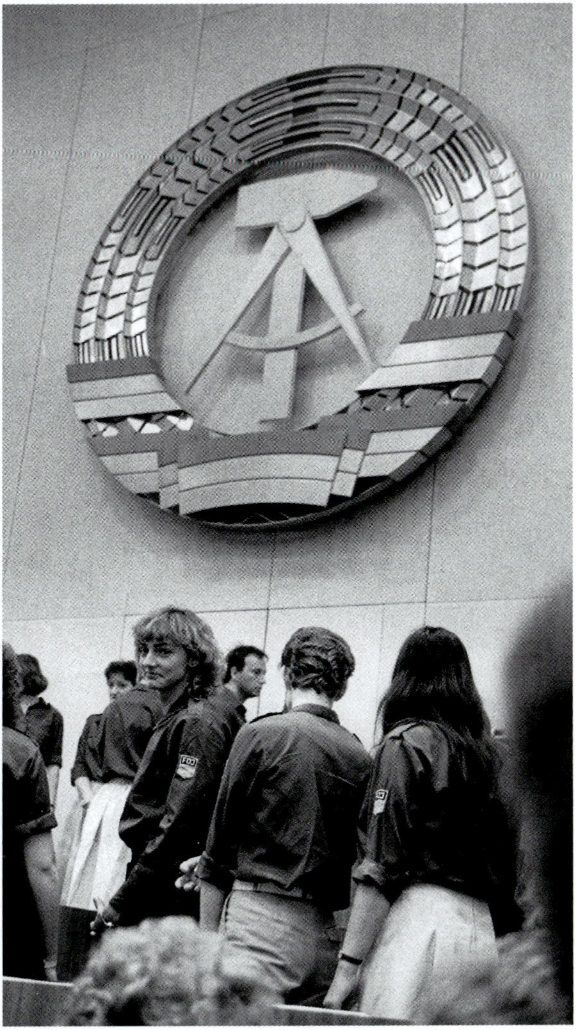

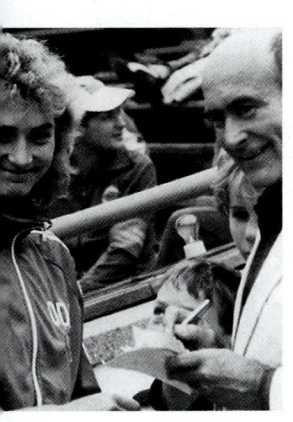

GANZ GROSSE SPORTLICHE BEGEGNUNGEN

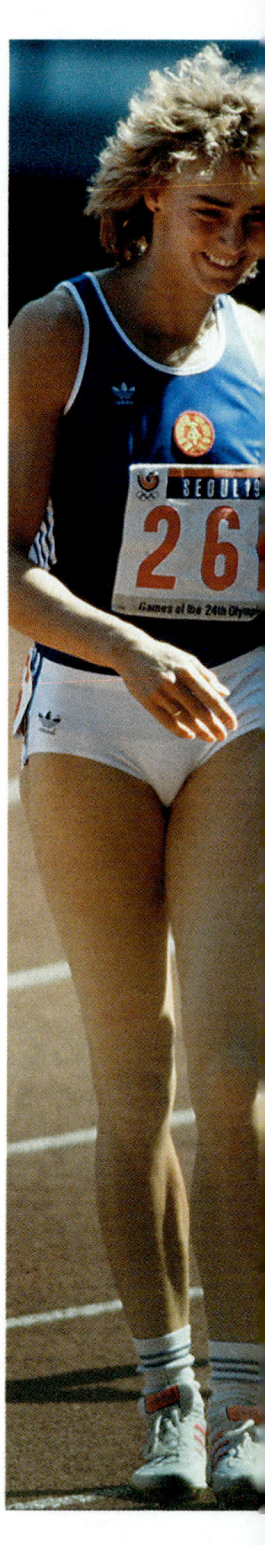

Freundschaftliche Augenblicke mit der Russin Galina Tschistjakowa und dem legendären Stabhochspringer Sergej Bubka; Hand in Hand mit Evelyn Ashford bei den Goodwill Games in Moskau 1986. Und unvergesslich – Olympia in Seoul 1988: Florence Griffith-Joyner war über 100 Meter Weltrekord gelaufen, ich holte Bronze; beim Sprung gab's Silber für mich

WIR GINGEN UNSEREN EIGENEN WEG

Mit meinem Trainer Peter Hein in Jena. Im Hintergrund die Kernberge

MEINE GANZ PRIVATE SEITE

Das Brautkleid war schmuck, das ich 1984 trug. Und als ich Jahre später schwanger »sein durfte«, war mein Glück perfekt. Ich begann sogar zu stricken

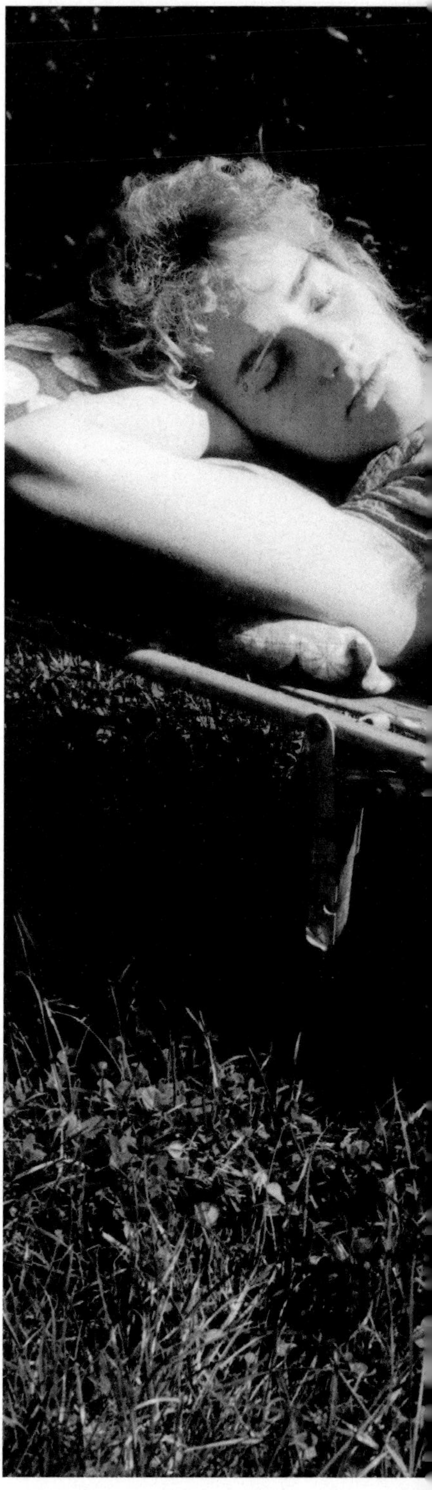

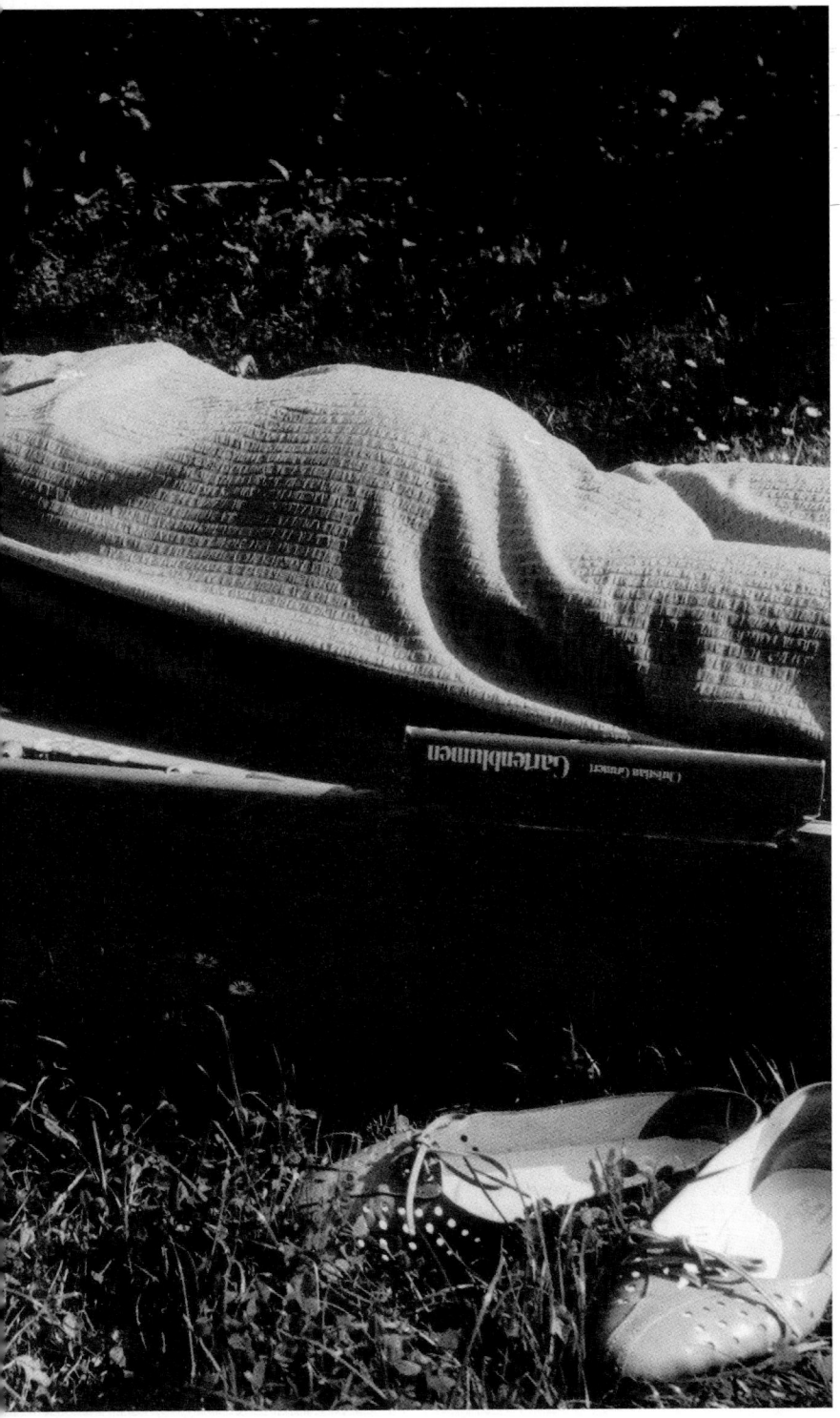

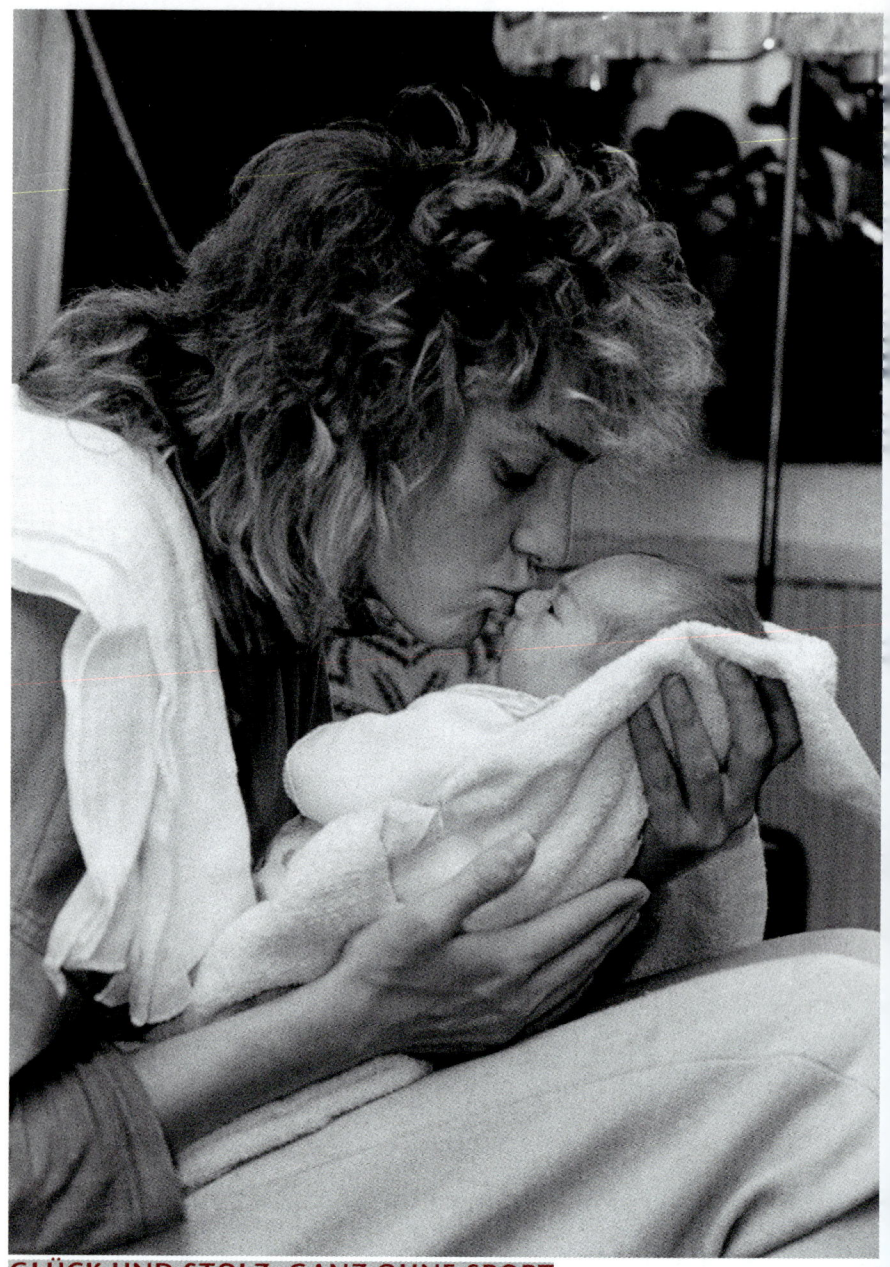

GLÜCK UND STOLZ, GANZ OHNE SPORT

Tony ist da!

bringen. Es wäre ein gefundenes Fressen für meine Konkurrentinnen, aber auch für einige Athleten meiner eigenen Mannschaft gewesen: »Drechsler kaputt und verletzt!« Nicht wenige, vor allem ein paar Sprinter aus den eigenen Reihen, hätten sich darüber gefreut. Ich konnte wirklich kaum die Treppe hoch gehen. Der Weg vom Stadion in die Unterkunft und zum Arzt war eine einzige Qual für mich, denn ich konnte nur schlecht atmen. Die Zeit bis zu meinen ersten Gehversuchen war schrecklich. Ich lag in einem Stufenbett auf Schlamm und Wärme. Unsere Ärzte und Physiotherapeuten haben ganz schön gezaubert, bis ich wieder auf den Beinen stand.

Als ich wieder gehen konnte, musste ich allerdings vor den Vorläufen einen Testsprint für unsere Sportleitung absolvieren. Man wollte kontrollieren, ob ich wirklich wieder topfit war, denn sonst hätte man mich nicht an den Start gelassen. Es war unvorstellbar, mich starten zu lassen und verlieren zu sehen.

Dieser Trainingsausfall hat mir erstaunlicherweise überhaupt nicht geschadet. Ganz im Gegenteil fühlte ich mich frisch und ausgeruht und war in sehr guter Verfassung. Von Lauf zu Lauf kam ich besser in Form, und als der Weitsprungwettbewerb nahte, war der Hexenschuss bereits vergessen.

Ich muss ganz ehrlich zugeben, dass es für mich eine Genugtuung war, als keine andere deutsche Sprinterin ins Finale kam. Das mag gehässig klingen, aber nachdem ich die ganzen Jahre über als Sprinterin immer unterdrückt und isoliert worden war, konnte Schadenfreude einfach schnell aufkommen. Als ich auch noch die beiden Bronzemedaillen gewann, verstummten mit einem Mal die giftigen Seitenhiebe. Viele der Sprinterinnen haben nach den Spielen ihre Karriere beendet. Sie gehörten zu einer Generation, die Schwierigkeiten hatte, die Jüngeren zu akzeptieren.

Beim Weitsprung gewann ich Silber mit sechs guten Sprüngen, der weiteste über 7,22 Meter. Jackie Joyner siegte mit einem Sprung über 7,40 Meter. Statt mich über meinen Erfolg zu freuen, ärgerte mich ihr Ergebnis schon etwas, denn so läuft es. Man braucht nur einen guten Sprung, bei dem alles – Wind, Absprung usw. – stimmt. Bei Marion Jones ist das ähnlich, weshalb sie unberechenbar ist. Wenn sie den Balken richtig trifft, kann sie sehr weit springen.

Während dieser Olympischen Spiele ereignete sich der große Schock für die Leichtathletik: Ben Johnson wurde des Dopingmissbrauchs überführt.

Die kanadische Mannschaft hatte ihr Quartier gegenüber von unserem, und als Ben Johnson die Goldmedaille gewann, war dort natürlich ein riesiger Tumult. Es wurden Plakate aufgehängt mit der Aufschrift »Ben Johnson – the hero«. Außerdem stieg eine große Party. Drei Tage später folgte die Ernüchterung. Im gegenüber liegenden Gebäude wurde es sehr still, die Plakate verschwanden. Überall herrschte Betroffenheit. In unserem Team gab es bei einem Auswertungstreffen die Feststellung: »Seht her, die Kanadier dopen, und das ist ja typisch!« Doping und dieser riesige Skandal waren von nun an die meist diskutierten Themen während der Spiele. Spätestens da merkte man, dass die olympische Idee ins Wanken geraten war.

Natürlich machte der Skandal auch Spekulationen Platz, dass Ben Johnson bei weitem nicht der Einzige gewesen sein soll, der positiv getestet worden war. Man munkelte, es seien auch andere, Florence Griffith-Joyner etwa, überführt worden, aber die Ergebnisse würden verborgen gehalten. Hierbei handelte es sich wirklich nur um Spekulationen, denn bewiesen wurde nichts. Ich bin sicher, dass es Athleten mit einem so großen Talent und mit solchen Leistungen gibt wie zum Beispiel Jackie Joyner. Sie war 1988 sehr stark, stellte im Mehrkampf einen neuen Weltrekord

146

auf und gewann anschließend noch den Weitsprung. Bei solchen Leistungen gerät man automatisch ins Nachdenken. Am Ende bleibt, dass man den Athleten dieses unglaubliche Talent und die Leistungen einfach zugestehen muss.

Tatsache ist, dass nach der Affäre um Ben Johnson hervorragende Leistungen stets mit leisen Zweifeln versehen waren. Florence Griffith-Joyner, nach ihren Siegen in Seoul immer wieder auch auf Ben Johnson angesprochen, reagierte äußerst aggressiv auf solche Fragen, antwortete kurz und sehr scharf und wollte sich nicht näher zu den Vorkommnissen äußern, denn ihre Leistungen wurden häufig damit in Verbindung gebracht.

Seoul ist ein sehr aufregende Stadt. Aufgrund der vielen Vor- und Zwischenläufe hatte ich wenig Zeit, mich umzuschauen, aber die wenige Zeit, die mir blieb, verbrachte ich auf den Märkten. Ich bestaunte ein wirklich arbeitswütiges Volk. Auf den Märkten kaufte ich für meine ganze Familie Lederjacken, da sie nicht besonders teuer und zu der Zeit der letzte Schrei waren. Viele Sportler deckten sich dort mit Lederjacken ein. In Gera wurde ich damit begeistert empfangen, denn in der DDR waren solche Luxusgüter unerschwinglich.

Da ich damals bereits international bekannt war, kamen viele Touristen, unter ihnen einige Westdeutsche, die mich noch von den Europameisterschaften 1986 in Erinnerung hatten, in Seoul auf mich zu und baten um Autogramme. So hatte ich eigentlich immer zu vielen sportinteressierten Menschen aus der ganzen Welt direkten Kontakt.

Bei unserer Rückkehr in Berlin ereilte uns das immer wiederkehrende Prozedere. Nach solchen sportlichen Höhepunkten wurde die Mannschaft stets bereits in Schönefeld auf der Rollbahn des Flughafens von der Staatsführung, mal Erich Honecker, mal Egon Krenz, oder von der DTSB-Führung empfangen. Der Ausstieg aus dem Flugzeug unterlag einem bestimmten Zeremoniell: Zuerst stieg Ewald, der DTSB-Präsident, aus – falls er dabei war. Dann folgten die Goldmedaillengewinner, danach die Silbermedaillengewinner und so weiter. Mit drei Medaillen war ich zwar die erfolgreichste Athletin, hatte aber keine Goldmedaille gewonnen. Und da wir, so weit ich mich erinnern kann, vierzig Goldmedaillengewinner nach Hause brachten, stieg ich relativ spät aus. Zuletzt durften die Trainer herauskommen. Ähnlich ging es auf dem Schiff zu, mit dem die Medaillengewinner auch diesmal wieder als besondere Auszeichnung auf Reisen gingen. Auf dem obersten Deck waren die Medaillengewinner untergebracht, auf dem B-Deck die Trainer, und selbst der Präsident des DVfL, Dr. Wieczisk, fand sich auf dem B-Deck wieder.

NACKTE TATSACHEN

Zu Beginn des Jahres 1989 besuchte ich Esther bei ihrem ersten Engagement am Theater in Annaberg-Buchholz. Obwohl sie Ausreisekandidatin war, hatte sie nicht, wie üblich, unter diversen Repressalien zu leiden, außer dass der Kohlenhandel sich weigerte, sie mit Kohlen zu versorgen. Doch nachdem sie sich deswegen beschwert hatte, kam der Kohlenwagen doch noch und lud die Kohlen lose, etwa fünfzig Meter von ihrem Haus entfernt, auf die Straße ab. Da stand sie im Schnee und sammelte die Kohlen Eimer für Eimer auf und schüttete sie in ihren Keller, während Felix im Kinderwagen daneben schlief.

Bei meinem Besuch erzählte sie mir, dass sie wahrscheinlich sehr bald schon ausreisen dürfe. Vieles deutete darauf hin, denn sie musste sich bereits bei der Energieversorgung und bei allen Ämtern abmelden und sich dies auf einer Unterschriftenliste bestätigen lassen. Wenn man diese Liste erhielt, war es bald so weit, mutmaßte Esther. Ich war natürlich ziemlich traurig darüber, meine beste Freundin weggehen lassen zu müssen, zumal wir nicht wussten, wie wir uns wiedersehen würden. Doch trotz der schier unüberwindbaren Grenze sollte unsere Freundschaft Bestand haben. Ich hätte mir unter keinen Umständen verbieten lassen, ihr zu schreiben oder sie beispielsweise bei einem Wettkampf zu sehen. Und obwohl mich nie jemand darauf angesprochen hat, habe ich später, wenn ich ihr Briefe schrieb, Andreas die Adresse schreiben lassen und noch ein leeres Blatt um das geschriebene gefaltet.

Kaum war sie nach Westdeutschland ausgereist, konnte ich ihr die erste frohe Botschaft mitteilen. Ich war schwanger. Und das Erste, was ich von Esther erhielt, war eine Packung Pampers für meinen Sohn Tony.

Eines Tages ergab sich die Gelegenheit, Bergner zu fragen, wo er wirklich arbeitete. Ich zweifelte daran, dass er Fotograf war, mir spukte die Sache mit den fünfhundert Mark noch im Kopf herum. Er eröffnete mir unumwunden, dass er Major bei der Staatssicherheit sei. Das schockierte mich nicht, jedenfalls nicht so sehr, wie man hätte erwarten können. Bergner und seine ganze Familie waren mir ans Herz gewachsen. Wir standen uns so nahe, dass ich ihn unmöglich verurteilen konnte. Also versuchte ich vielmehr, ihn und seine Motivation, dort zu arbeiten, zu verstehen. Ich konnte ihn nicht einfach aus meinem Freundeskreis verbannen, aber mich beschäftigte auch die Frage, was seine Arbeit für mich bedeuten könnte. Er beteuerte: »Nichts, nein, es wurde nichts über dich aufgeschrieben.« Bei einem so guten Freund beruhigte mich diese Aussage. Ich hatte schließlich auch nichts gesagt, was in irgendeiner Form hätte gegen mich verwendet werden können. Bergner überzeugte uns gleichzeitig, dass er seit einiger Zeit plane, aus der Stasi auszusteigen, und das mit aller Kraft versuche. Tatsächlich fing er eine Weile später auch an, in Tabarz ein Ferienheim des Freien Deutschen Gewerkschaftsbundes zu leiten. Dort besuchten wir ihn weiterhin.

Nach den Olympischen Spielen fuhren Andreas und ich zum zweiten Mal mit dem »Anerkennungs«-Schiff in die Ferien, diesmal nach Tunesien. Endlich hatten wir Zeit nur füreinander. Ein Luxus, denn wenn ich von einem Wettkampf nach Hause kam, brauchte ich immer einen Tag, um mich wieder an den Alltag und auch an Andreas zu gewöhnen. Eine Beziehung wie die unsere bedurfte besonderer Pflege. Wir sahen uns im Jahr zusammengerechnet vielleicht sechs Monate, teilweise eine schwierige Voraussetzung für eine Ehe. Und kaum fühlte ich mich wieder heimisch und wohl, musste ich schon wieder Koffer packen. Auch Andreas war oft unterwegs. Er spielte damals für BSG Wismut Gera.

Auf dem Schiff konnten wir uns also nur uns widmen. Kein Training, kein Stress, keine Verantwortung. Ich fühlte mich anfangs leer, ausgelaugt und müde – mehr als in den Jahren zuvor –, aber endlich hatte ich wieder Zeit, mich mit anderen Dingen als dem Sport zu befassen. Es war an der Zeit, mir eine längere Pause zu gönnen. Ich wollte Abstand zum Sport gewinnen, denn ich spürte, dass ich keine Lust mehr hatte und mich schwer neu motivieren konnte. Im Prinzip hätte ich in diesem Zustand ein Jahr aussetzen müssen, denn das hätte auch unserer Beziehung gut getan, aber mir war klar, dass ich mich bei den Funktionären mit meinem Wunsch nur schwer durchsetzen konnte.

Je häufiger Andreas und ich auf dieser Reise über uns und unsere gemeinsame Zukunft sprachen, desto sicherer waren wir, dass wir uns ein Kind wünschten. Ich mochte Kinder schon immer sehr gern, weshalb ich ja auch einen Beruf mit Bezug zu Kindern angestrebt hatte. Bald stand unser

Entschluss fest, dass ich nach der Reise aussetzen würde, um schwanger zu werden. Eigentlich hätte ich gern gleich mehrere Kinder gehabt, aber dann hätte ich auch sicher mit dem Leistungssport aufhören müssen. Wir einigten uns erstmal auf eines. Von anderen Sportlerinnen wusste ich, dass sie oftmals gerade nach der Geburt eines Kindes wieder sehr gute Leistungen bringen konnten. Auch mit Peter Hein besprach ich das Thema, und er unterstützte mich voll. Mein Körper brauchte nach elf Jahren Hochleistungssport eine Regenerationsphase, und das sah auch Peter Hein ganz eindeutig. Mein Schwiegervater Erich war der Ansicht, dass es einigen Aufwand kosten würde, die Funktionäre von meinem Wunsch nach einer Auszeit zu überzeugen. Schließlich war ich Leistungsträgerin und als solche unentbehrlich. Rein organisatorisch musste man einen schriftlichen Antrag stellen und die Unterbrechung des Trainings begründen. Ich formulierte gemeinsam mit Erich diesen Antrag in der Hoffnung, die passenden Worte zu finden.

Bei irgendeiner Veranstaltung mit den führenden politischen Kräften der DDR nahm mein Schwiegervater die Gelegenheit wahr und zog Egon Krenz beiseite. Er erklärte ihm, dass ich von einer Regenerationsphase nur profitieren könne und ein Kind in diesem Fall ideal sei, woraufhin Krenz meinte, dass, wenn mein Schwiegervater dieser Meinung sei, es so umgesetzt werden solle. Ich allerdings war mir noch nicht sicher, ob ich anschließend wieder mit Leistungssport anfangen würde, denn ich wollte erstmal Abstand und Ruhe.

Im Klub wusste man natürlich bald Bescheid, dass Andreas und ich ein Kind haben wollten. Der Cheftrainer, unsensibel wie ein Klotz, konnte sich nicht verkneifen, provokant zu fragen: »Na, bist du endlich schwanger?« Im Unterton hörte man mitschwingen: »Sonst trainier' doch gleich wieder weiter!« Mir wurde in dieser Zeit erstmals richtig bewusst, dass ich immer nur als Ware gehandelt worden war. Die Frau hinter der Sportlerin hatte niemanden interessiert. Ich war wichtig als Prestigeobjekt und als Devisenbeschafferin.

Um so schneller wollte ich schwanger werden. Und tatsächlich war es irgendwann so weit, und ich hätte die Neuigkeit dem Cheftrainer ins Gesicht schleudern wollen, aber leider sah ich ihn nicht mehr. Ich war so überglücklich, dass ich jeden aus meinem Bekanntenkreis, der ein Telefon besaß, anrief, um ihm die freudige Nachricht zu übermitteln. Den meisten allerdings musste ich schreiben, aber selbst dazu hatte ich auf einmal Lust. Ich schrieb und schrieb, blühte auf und lebte ein normales Schwangerenleben mit viel Schlaf, gesundem Essen, mit Lesen und Malen. Ich begann sogar zu stricken. Daneben nahm ich mir vor, die Zeit für mein Studium zu nutzen und so viele Vorlesungen und Prüfungen wie möglich zu absolvieren. Mit immer dickerem Bauch fuhr ich mit dem Auto nach Krossen zum Unterricht und zurück. Außerdem hospitierte ich an der Karl-Liebknecht-Schule in Jena in der Schulklasse von Frau Krahner, wo ich meine Prüfungen in Mathematik, Deutsch, Heimatkunde und Werken ablegen sollte. Für die Werkenprüfung war meine Schwiegermutter Irene meine Mentorin, und ich hospitierte in ihrem Unterricht. Diese Prüfung legte ich noch während der Schwangerschaft ab. Diese Schüler waren toll, lauter liebe Kinder, die auch großes Interesse am Sport entwickelten. Frau Krahner verfolgte gemeinsam mit ihnen alle meine Wettkämpfe und analysierte sie. Schon lange vor meiner Schwangerschaft hatten sie mir ein selbstgebasteltes Hufeisen überreicht, das mit Geschenkband umwickelt und mit Glückspfennigen beklebt war, außerdem ein Sparschwein, an dem eine Art Bandmaß aus dem Geldschlitz hing. Auf diesem Maß war für jeden Zentimeter, bei 7,44 Meter beginnend, je ein Name aus der Klasse, bestehend aus vierundzwanzig Kindern, aufgeschrieben. Und als ich am 9. Juli 1988 7,48 Meter gesprungen war, freute sich das Kind, das den entsprechenden Eintrag auf dem Maß bekam, besonders, denn es meinte, das sei ich für das Kind gesprungen. Ich habe die Kinder in dieser Klasse sehr gemocht.

Der Sport war wie vergessen und fehlte mir überhaupt nicht. Nicht die Bohne sehnte ich mich nach der Weitsprunggrube zurück. Mein Bauch, besser das darin heranwachsende Baby, war viel wichtiger und wurde nun zu meinem Lebensmittelpunkt. Ich gehörte zu meinem Bedauern zu den Frauen, bei denen man die Schwangerschaft erst sehr spät merkt. Praktisch erst im achten Monat bekam ich eine richtig runde Kugel und wurde dicker. Aber vom ersten Tag an war ich stolz, mich als Frau in die Gruppe der Schwangeren einzureihen. Deshalb habe ich auch alles mitgemacht, was in Sachbüchern geraten oder angeboten wurde. So landete ich auch in der Schwangerschaftsgymnastik. Es wurmte mich beim ersten Zusammentreffen ziemlich, dass man mich mit der Physiotherapeutin verwechselte. Der fehlende Bauch war schuld. Ihm war auch zuzuschreiben, dass im Bus niemand aufstand, um mir seinen Platz anzubieten. Ich hatte gedacht, jeder müsste es sehen können, dass ich schwanger war, und sich mit mir freuen. Nach einiger Zeit hatte ich den Bogen raus. Ich legte mir Umstandskleidung zu und streckte den Bauch extra noch weiter raus, so dass ich endlich zu meinem natürlichen Recht auf einen Sitzplatz im Bus beispielsweise kam.

Meine Schwangerschaft verlief völlig problemlos und ganz ohne die üblichen Macken, von denen man so hört oder liest. Weder aß ich gern sauren Fisch, noch übergab ich mich ständig oder fiel mir ein Zahn aus. Wenn ich von meinem Kind sprach, dann immer in der männlichen

Form, obwohl ich mir bei den Ultraschalluntersuchungen das Geschlecht bewusst nicht sagen lassen wollte.

Andreas und ich saßen lange zusammen und überlegten, welchen Namen unser Kind haben sollte. Das war nicht so einfach, denn wir hatten einige Bedingungen an den Namen geknüpft. Man durfte ihn zum Beispiel nicht verniedlichen können. Unsere Wahl fiel auf Tony. Vermutlich kamen wir auf den Namen durch Andreas' großes Vorbild, den Torwart Toni Schumacher. Was passiert wäre, wenn wir ein Mädchen bekommen hätten, weiß ich nicht. Einen Namen hatten wir jedenfalls nicht.

Als der Geburtstermin näher rückte, erfasste mich eine Panik, die wahrscheinlich alle Frauen befällt, die zum ersten Mal Mutter werden. Ich hatte nicht die leiseste Ahnung, was auf mich zu kommen würde und wie sich Wehen anfühlten. Der einzige Trost, den ich fand, war die Tatsache, dass bisher noch jedes Kind zur Welt gekommen war. Es musste alles dem Lauf der Natur überlassen werden. Der Krankenhauskoffer war gepackt, ich war bereit.

Und dann, eines Tages, ging es los. Es begann mit einem harmlosen Ziehen und Zwicken, aber ich war sofort unsicher und rief in leichter Panik meine Schwiegermutter Irene an. Sie beruhigte mich erstmal und gab mir Tipps, wie ich mich weiter verhalten sollte. Am nächsten Abend wies mich meine Ärztin in die Klinik ein. Endlich!

Andreas konnte bei der Geburt dabei sein, was damals noch nicht unbedingt üblich war, denn erst im Lauf der achtziger Jahre hatte sich das Bild von der Geburt gewandelt, so dass es auch immer selbstverständlicher wurde, die Väter der Geburt beiwohnen zu lassen. Ich hatte mich vorbereitet, freute mich auf mein Kind und sah der Geburt als einem freudigen Ereignis entgegen. Doch in der Klinik zeigte sich mir ein völlig anderes Bild. Da lief eine Hochschwangere rauchend im Flur auf und ab, und aus einem Raum hörte man: »Ich will das Kind nicht!« Ich fühlte mich mit meiner verklärten Vorstellung völlig fehl am Platz.

Unser Sohn – es war tatsächlich ein Junge – benötigte zwei Presswehen, um auf die Welt zu kommen. Nie werde ich das Gesicht von Andreas vergessen, als er Tony stolz im Arm hielt. Wir waren überglücklich, und am 1. November 1989 begann für uns eine neue Zeit – aber nicht nur für uns.

Fünfter Teil

SCHWANGER ZUR WENDEZEIT

Während meiner Schwangerschaft saß ich wie alle anderen in der DDR vor dem Fernseher, verfolgte die politischen Vorgänge mit offenen Augen und Ohren und konnte die Geschehnisse noch gar nicht richtig fassen. Ich war nie der Typ, der sich unter die Menge mischt, um alles hautnah mitzuerleben. Also sah ich mir die Demonstrationen lieber im Fernsehen an, zumal ich schwanger war und Angst hatte, dass es zu Ausschreitungen kommen oder gar geschossen werden könnte.

Vor den Veränderungen hatte ich eine gehörige Portion Angst, denn ich wusste damit nicht, wie es für mich weitergehen sollte. Was all diese Vorgänge für mich und die mir Nahestehenden bedeuteten, konnte ich noch gar nicht begreifen. Es hat wohl keiner begriffen. Daher beobachtete ich die Geschehnisse aus der Ferne und mit Zurückhaltung. Außerdem hielt mich Tony, als er schließlich auf der Welt war, ganz schön auf Trab. Der kleine süße Fratz beschäftigte mich so sehr, dass alle Ängste überdeckt wurden. So schnell – für mich war es eindeutig zu schnell –, wie sich alles entwickelte, konnte ich es gar nicht verarbeiten. Ich fühlte mich nicht wohl, wenn ich sah, wie die Zäune zu westdeutschen Botschaften eingerannt wurden, denn ich muss gestehen, dass ich mich über das Verhalten der Menschen schon wunderte. Sie brachten ja nicht nur sich, sondern auch ihre Kinder in große Gefahr. Das war mir einfach unbegreiflich.

Plötzlich, von einem Tag auf den anderen, war unser Geld nichts mehr wert, und ich ging wie alle anderen zur Bank, um es in westdeutsches Geld umzutauschen. Ein entwürdigender Akt, empfand ich. Heute mag man der Meinung sein, ich hätte durch meine ständigen Reisen sowieso nicht den nötigen Abstand gehabt, um mich in einen durchschnittlichen DDR-Bürger hineinzuversetzen. Und das stimmt sicherlich. Ich war viel gereist und hatte viel gesehen. Daher verstand ich, dass viele, denen das nicht vergönnt war und die Westdeutschland und die westliche Welt nur aus dem Fernsehen kannten, ausgehungert waren nach dem Wunsch, sich frei zu bewegen. Ich verstand auch, dass sie jeden noch so winzigen Strohhalm ergriffen, um sich diesen Wunsch zu erfüllen. Nun bot sich die große Chance. Aber die Art und Weise, wie sie mit der Erfüllung dieses Wunsches offensichtlich ihren Stolz und ihre Würde verloren, auf die sie auch als DDR-Bürger ein Recht gehabt hatten, das war deprimierend zu sehen.

Nachdem die Grenzen offen waren, besuchte mich Esther sofort. Sie erzählte mir eine für mich damals ungeheuerliche Geschichte, die mich zum Nachdenken zwang und einen anderen Blick auf die DDR bot. Denn wir waren uns beide im Klaren darüber, dass dies, obwohl wir sonst noch nie davon gehört hatten, eine ganze alltägliche Geschichte in der DDR gewesen sein musste.

Im Sommer 1989, bevor die Grenzen offen waren, hatte Esther einen Antrag auf Einreise in die DDR gestellt. Dieser Antrag wurde genehmigt, aber auf ihrem Visum war ihr Nachname falsch geschrieben. Das ist bei dem etwas komplizierten Namen Zschieschow leicht passiert. Es war ein »e« zuviel in die Mitte des Namens gerutscht, aber Esther, der es natürlich sofort auffiel, maß dem keine weitere Bedeutung zu. Von Heilbronn fuhr sie mit dem inzwischen zwei Jahre alten Felix im Nachtzug nach Berlin. Unglaublich viele Menschen standen am Bahnhof Friedrichstraße an, um durch die engen stählernen Schleusen zu kommen. Auf der anderen Seite wurde Esther von ihrer Schwester erwartet. Als Esther an der Reihe war, schaute sich der Volkspolizist das Visum zweimal an und telefonierte dann. Esther war inzwischen durch die lange Fahrt müde und nervös. Letzten Endes wurde Esther nach langem Warten wieder zurückgebeten zum Grenzpolizisten, der ihr eröffnete, dass ihr Visum aufgrund des Schreibfehlers ungültig sei, und sie fragte, ob sie die zehn Mark wiederhaben wollte, die sie für das Visum ausgegeben hatte.

Meine Mutter wiederum berichtete davon, dass, als publik wurde, dass man über Ungarn in den Westen ausreisen konnte, einige sich einfach davon machten und ihre Kleinkinder – wahrscheinlich weil sie unbequemes Reisegepäck waren – zurückließen. In Gera gab es mehrere Fälle, bei denen solche verlassenen Kleinkinder verhungert waren, bevor sie gefunden wurden.

DER ERSTE NEUANFANG

Eine Frage, die sich wahrscheinlich alle stellten, beschäftigte auch mich: Wie geht es nun weiter? Ungeahnte Möglichkeiten taten sich vor mir auf. Aber je deutlicher sich die Möglichkeiten zeigten, desto bewusster wurde mir meine DDR-Existenz. Mein vergangenes Leben, fast ausschließlich auf den Sport beschränkt, war über Jahre von anderen geplant gewesen.

Ich war die Ausführende. Schaffe ich es, von der Ausführenden zur Selbstständigen zu werden, mein Leben selber in die Hand nehmen? Kann ich mit dem Sport weitermachen?

Mein Studium war noch nicht ganz beendet. Sollte ich es erst einmal zu Ende führen, damit ich eine abgeschlossene Ausbildung habe? Unser Bild vom Westen besagte, dass man ohne Abschluss keine Chance auf eine Anstellung hat. Was war jetzt also das Wichtigste für mich, für uns? Unsicherheiten und Ängste überkamen mich. Doch wollte ich mich davon nicht beherrschen lassen. Da kam mein Kämpferherz durch, und ich dachte mir, ich mache am besten mit dem weiter, was ich kann und wovon ich was verstehe: Sport.

Die äußeren Umstände hatten sich nicht verändert. Alles, das Stadion, die Lauf- und Sprunghalle, war noch da. Mit Peter Hein besprach ich den Neuanfang, wobei er sich sehr optimistisch zeigte. Er ermutigte mich weiter zumachen, denn alle körperlichen Voraussetzungen, alle koordinativen Bewegungen waren noch vorhanden, durch die vielen Wiederholungen eingeimpft und nicht mehr verlernbar. Es ging nur darum, wieder die Kraft für gute Sprünge zu erarbeiten und das nötige Fingerspitzengefühl wiederzuerwecken. Peter Hein unterstützte mich bedingungslos.

Andreas hatte sich entschieden, die Erziehung von Tony im ersten Jahr zu übernehmen. Das war für uns das Wichtigste. Ich verfügte also auch über genügend Zeit und hatte das Glück, eine gut funktionierende Beziehung und Familie zu haben. Als sich Andreas einmal in dieser Zeit den Arm brach, sprang meine Schwiegermutter für ihn ein. Sie gab dafür sogar ihren Beruf auf und ging in Frührente.

Meine Unsicherheit und die Angst ergaben sich aus der Ungewissheit, ob ich den Anschluss an die Weltklasse überhaupt wieder schaffen konnte. Ich versuchte, die Veränderungen um mich herum als Herausforderung zu sehen. Mein Körper hatte sich durch die Schwangerschaft nicht wesentlich verändert, außer dass ich sehr dünn geworden war. Die Muskeln waren verschwunden, und in meinen Beinen war keine Spannung mehr – ein ungewohntes Gefühl für mich, das ich unbedingt ändern wollte. Zwölf Wochen nach der Geburt begann ich mit lockerem Training. Vor der Schwangerschaft hatte ich auf Hochleistungsniveau aufgehört, ein ganzes Jahr hatte mein Körper geruht und sich auf das Muttersein eingestellt. Das spürte ich bei meinen ersten Trainingseinheiten. Die ersten vier Wochen waren sehr hart, eine echte Qual. Mir fehlten die Kraft, die Ausdauer – nichts war mehr wie zuvor. Bei meinem ersten Dauerlauf dachte ich, ich müsse aufgeben. Ich war völlig aus der Puste. Aber nachdem diese ersten vier Wochen überstanden waren, ging es stetig bergauf. Da wusste ich, dass ich Wettkämpfe wieder einplanen konnte. Im Juli 1990 bestritt ich meinen ersten nach der Geburt.

Peter Hein war stets ein hervorragender Trainer und Psychologe gewesen. Er hatte mich immer sehr gut motivieren und durch Wettkämpfe und Krisen führen können. Ihm verdanke ich meine Grundlagen und meine Technik. Im Grunde gab es keinen besseren Trainer als ihn, denn er war zwar streng, aber auch witzig und humorvoll. Er hat mir die Basis bereitet, von der ich heute noch zehre, denn ich habe an ihn und seine Trainingsmethoden immer geglaubt.

Als wir nun wieder mit dem Training begannen, stellte ich plötzlich fest, dass unsere Trainingsbeziehung nach zwölf Jahren an einem Punkt angekommen war, an dem eine Veränderung nötig war.

Ich hatte mich verändert und weiter entwickelt, war erwachsen, reifer und selbstständig geworden. Da gab es kein junges unbeholfenes Mädchen mehr, das man an die Hand nehmen möchte, und ich traute mir inzwischen mehr zu, als Peter Hein mir zugestand. Ich forderte andere Trainingsmethoden ein, aber merkte schnell, dass ich nicht mehr mit Peter Hein auf einer gemeinsamen Linie lag. Dadurch stand ich vor der schwierigen Entscheidung, ob ich meine eigenen Vorstellungen zurücksetzen und den Trainingsplan, die Methode und alles andere Peter Hein überlassen sollte – dem Trainer, dem ich vertraute und der mich zu der Sportlerin gemacht hatte, die ich zu dem Zeitpunkt war –, oder ob ich das Risiko eingehen sollte, mich von ihm zu trennen, meine eigenen Ideen zu verwirklichen und mir einen neuen Trainer zu suchen. Beides hatte Vor- und Nachteile. Letztendlich entschied ich mich für das Risiko, denn es waren mein Leben und meine Karriere. Ich hatte endlich die Möglichkeit, für mich selbst zu entscheiden, und die wollte ich nutzen, auch um aus dem alten Schema herauszukommen. Die Entscheidung, so schwer sie auch fiel, war schnell getroffen, denn ich hatte neues Zutrauen in meine Fähigkeiten und setzte auf meine Möglichkeiten.

Ich fragte Erich, meinen Schwiegervater, ob er sich vorstellen könne, mich zu trainineren. Eigentlich war nur er für mich in Frage gekommen, als ich mich damit beschäftigt hatte, denn er war sehr erfahren und erfolgreich noch dazu. Außerdem vertraute ich ihm als meinem Schwiegervater, denn ich kannte ihn gut genug. Mir gefiel, wie er mit seinen Schützlingen umging, und ich wollte ein Teil davon sein. Manche glaubten natürlich, dass Erich mich zu diesem Wechsel überredet hatte, um sich seinen Arbeitsplatz zu sichern, aber das hatte er gar nicht nötig, weil er auch andere erfolgreiche Sportler trainierte. Erich war ganz im Gegenteil schockiert, als ich ihn fragte, denn es war auch für ihn eine große Herausforderung, mich wieder an die Weltspitze heranzuführen. Schließlich hatte er einen Ruf zu verlieren. Über die Jahre hinweg hatte er viele international erfolgreiche Hochspringer hervorgebracht, und er war inzwischen seit dreiunddreißig Jahren als Trainer tätig. Wenn er es nicht schaffen würde, mich zu Höchstleistungen zurückzuführen, würde man ihn schnell als Pfuscher abtun. Er hatte tatsächlich nicht im Entferntesten mit meiner Frage gerechnet, aber er nahm an.

Die Trennung von Peter Hein erfolgte sehr kurzfristig. Ich hätte mir eine freundschaftliche Trennung gewünscht, aber natürlich fühlten er und seine Familie sich auch persönlich verletzt. Dazu kam, dass ich zwar wusste, dass ich die richtige Entscheidung getroffen hatte, aber den angemessenen Ton verfehlte, dies ihm gegenüber zu vertreten und durchzusetzen. Wir trennten uns im Streit, und diese Art und Weise der Trennung habe ich lange nicht verkraftet und verdrängte es über zehn Jahre nur, so gut es ging. Es ist noch gar nicht lange her, dass wir Zeit fanden, uns auszusprechen, und ich mich für mein Verhalten entschuldigen konnte. Vor zehn Jahren fehlte mir offensichtlich die Größe, mich vernünftig und mit Fingerspitzengefühl von ihm zu verabschieden, aber ich hatte aufregende Zeiten vor mir. Im Klub ging es drunter und drüber. Keiner wusste, wie und ob es überhaupt weitergehen würde. Ich war selbst einfach verunsichert, was die äußeren Umstände anging. Jetzt, mit fünfunddreißig Jahren, brachte ich zustande, wozu ich zehn Jahre lang zu feige gewesen war. Es war ein klärendes Gespräch, bei dem alle Dinge, die uns belasteten, auf den Tisch kamen und besprochen wurden. Danach fühlte ich mich sehr erleichtert.

Die Trennung erfolgte im März 1990. Der Klub entließ ihn zum 30. September 1991, und danach war er wie über 8000 andere Trainer und hauptamtliche Übungsleiter erstmals arbeitslos. Später machte er sich als Vertreter für Sanitäranlagen selbstständig. Seine Situation und Einschätzung legte er in einem Interview der *Jungen Welt*, veröffentlicht am 19. September 1991, dar: »Die Entlassung kam für mich wie aus heiterem Himmel. Natürlich war ich mir bewusst, dass es mit der Vereinigung für unsereins schwierig werden könnte, aber ich habe mir schon Hoffnungen gemacht, dass man den Mann, der zwölf Jahre lang Heike Drechsler trainiert hat, übernehmen wird ... Nach 18 Jahren Trainertätigkeit hatte ich wohl einen anderen Abschied verdient ...

Womit ich mich nicht abfinden kann, ist die Tatsache, dass mit einer blinden Aktion fast das gesamte Potenzial in die Wüste geschickt wurde ... Viele Trainer hätte man als Erzieher oder Sozialarbeiter einsetzen können, auch ich hätte gern mit Kindern gearbeitet ... Bei ungefähr fünfzehn verschiedenen Einrichtungen habe ich mich beworben, aber absolute Fehlanzeige. Von den örtlichen Behörden in Jena bin ich total enttäuscht ... Ich habe mir dann gesagt: Bevor du dich weiter erniedrigst, fängst du noch einmal von vorne an. Ich arbeite als Außendienstmitarbeiter. Es hat einige Zeit gedauert, sich damit abzufinden ... aber das geht ja vielen so. Es ist natürlich ein bisschen bitter, nach zwanzig Jahren des ›Herumvagabundierens‹ jetzt wieder auf die Straße zu müssen. Aber viel schlimmer ist, die eigentlichen Fähigkeiten und Erfahrungen nicht einbringen zu können. Da ist so viel verschenktes und brach liegendes Wissen ... Ich war einer der wenigen parteilosen Spitzentrainer, und heute muss ich sagen, dass es sich nicht gelohnt hat, einen eigenen Standpunkt zu behaupten. Ich wurde früher vor die Tür geschickt, wenn die Parteigruppe tagte, und heute bin ich ganz draußen ... Wenn ich sehe, wie viele Saubermänner und Selbstgerechte auf einmal auftauchen, so bin ich schon froh, dass ich damit nichts mehr zu tun habe. Aber es regt mich auf, dass versucht wird, alles, aber auch alles, was wir im Sport aufgebaut haben, herabzuwürdigen oder gar zu kriminalisieren.«

Was Peter Heins Entlassung betrifft, hatte ich ein sehr schlechtes Gewissen, aber ich konnte ihm nicht helfen. Heute arbeitet er wieder beim Klub in Jena als Jugendtrainer. Es geht ihm gut in dem Bewusstsein und der Gewissheit, sein Wissen an junge Menschen weitergeben zu können. Mit der Wende begann eine Talfahrt in der Entwicklung der Nachwuchs- und Trainerarbeit.

Beim SC Motor Jena waren in der DDR allein in der

Leichtathletik fünfundzwanzig hauptamtliche, vom DTSB bezahlte Trainer angestellt, die für den Nachwuchs und die Spitzensportler zuständig waren. Im Hochsprung gab es allein vier Trainer, einen für den Hochsprung der Männer und Frauen, einen für den Stabhochsprung und einen für den Mehrkampf. Dazu kamen zwei weitere Trainer für den Hochsprungnachwuchs der siebten bis neunten Klasse. Die fünfundzwanzig Trainer waren nach der Wiedervereinigung erst einmal alle entlassen worden. Der Sportklub wurde aufgelöst. Den DTSB, der alles bezahlte, gab es nicht mehr. Einige wenige Athleten waren aber auch für den Deutschen Leichtathletik-Verband interessant, ich gehörte dazu. Und Erich Drechsler wurde als einziger von fünfundzwanzig Trainern des DVfL übernommen. Manche wechselten als Sportlehrer in das neu gegründete Sportgymnasium, die ehemalige Sportschule. Wenigen eröffnete man die Möglichkeit, als ABM-Beschäftigte ihre Athleten weiter zu trainieren. Andere wechselten ganz den Beruf und gingen ins Versicherungswesen oder wurden Vertreter. Es waren im Ganzen also rund zwanzig – sehr gut ausgebildete und erfahrene – Trainer, deren geistiges und wissenschaftliches Potenzial für den Leistungssport völlig verloren ging. Das holt man einfach nicht mehr auf.

Der SC Motor Jena wurde als TUS Jena neu gegründet, aber der Geldmangel des Vereins machte es den Athleten schwer, in Jena zu bleiben. Viele, die hauptberuflich bei Zeiss Jena gearbeitet hatten, wurden arbeitslos, andere zogen in den Westen, weil sie dort bessere Chancen für sich sahen. Ein erfolgreicher Hochspringer, der gerade sein Sportstudium beendet hatte, war nun Bademeister in Westdeutschland. Eine Hochspringerin, Britta Vörös, wäre gemeinsam mit ihrem Mann Burut Bilac, dem slowenischen Bronzemedaillengewinner im Weitsprung 1990 in Split, eine gute Verstärkung für den Verein gewesen. Aber weder war der Verein in der Lage, ihnen eine Wohnung zu besorgen, noch klappte es mit Brittas Studienplatz. So zogen die Beiden nach Slowenien. Bei den Olympischen Spielen 1992 in Barcelona marschierte Britta als Slowenin ein, und 1994 wurde sie mit 2,00 Metern Europameisterin.

Damit überhaupt eine reelle Chance für das Sportgymnasium bestand, musste die Schülerzahl erhöht werden. Da die Schule zum Abitur führte, wechselten viele Schüler auf dieses Gymnasium, weil sie sich erhofften, mit Sport ein leichtes Abitur machen zu können. Plötzlich gingen also Schüler dorthin, die wir früher als »Milchtrinker« bezeichnet hatten, die sportlich gesehen nicht gerade begabt waren. Etwa achtzig Prozent der Schüler zählten dazu, und im Gegensatz zu früher, als die Lehrer ihren Schützlingen auch ein gewisses Bewusstsein, was Rauchen, Trinken und gesunde Ernährung anging, nahe gebracht hatten, standen nun morgens um zehn Uhr in der Pause die Schüler der neunten und zehnten Klassen zusammen und tranken ihr erstes Bier und rauchten. Niemand achtete darauf. Man war ja froh, überhaupt Schüler an dieses Gymnasium gelockt zu haben, und wollte sie nicht vergraulen.

Erich hatte nun die Trainerfunktion übernommen und war gleichzeitig derjenige, der sich um alles Organisatorische kümmerte. Als es um Sponsoren- und Ausrüsterverträge ging, übernahm er für ein Jahr auch diese Verantwortung. Wir lernten praktisch gemeinsam, wie man sich am besten »verkauft«. Neben dem Training, das ganz normal weiterlief, organisierte er Wettkämpfe, Flüge, Hotelzimmer, handelte mit den Veranstaltern Startgelder aus und machte die Abrechnungen. Erich als gestandenen Mann kann man nicht so leicht übers Ohr hauen, denn er besitzt eine gewisse Bauernschläue, findet den richtigen Ton und ist erstaunlicherweise auch ein guter Geschäftsmann. Er gehört nicht zu denen, die sich von Westdeutschen über den Tisch ziehen lassen, obwohl er einräumt, dass er zu Beginn aus Unerfahrenheit sicher ab und zu reingelegt wurde. Hätte er so gut Englisch gesprochen, wie er Russisch kann, wäre vieles einfacher gewesen. Aber er weiß, dass er immer ein guter Trainer war, und schöpft daraus sein Selbstbewusstsein. In den unsicheren Zeiten nach der Wende war es gut, jemanden wie Erich an meiner Seite zu wissen. Trotzdem war er lange nicht so selbstbewusst, wie er nach außen wirkte. Er kam als erfolgreicher DDR-Trainer zum Deutschen Leichtathletik-Verband und hatte eine Sache hinter sich gelassen, die er für sich als verlorenen Krieg bezeichnete, eine Sache, für die er lange gekämpft hatte und von der er überzeugt gewesen war. Es war die DDR als Staat, der vom sportlichen Gesichtspunkt her ideal war für Trainer und Leistungssportler. Direkt nach der Wende konnte man sich so etwas selber und sicherlich auch öffentlich schwer zugestehen. Da war Erich jahrelang in der Partei gewesen, hatte als Sportfunktionär fungiert, war im Ausland gewesen und hatte immer gegen das »feindliche« Regime gekämpft und es diskriminiert, weil es in sportlicher Hinsicht nichts entgegenhalten konnte. Und nun war er Teil des Systems, das vor nicht allzu langer Zeit noch der Klassenfeind schlechthin gewesen war. Das war selbst für Erich eine komische Situation. Zehn Jahre später fällt es leichter, sich offen über seine Gefühle damals zu äußern und sich zu seinen Überzeugungen zu bekennen. Damals aber musste man alles hinter sich lassen.

Trotz allem konnte Erichs Selbstbewusstsein von Anfang an beeindrucken. Beim ISTAF-Meeting in Berlin kurz nach der Wende saß Erich wie üblich auf Balkenhöhe, und ich machte Anlaufkontrollen. Da setzte sich ein junger Mann neben ihn und sagte: »Guten Tag, ich möchte mich ihnen vorstellen. Ich bin Bernd Feldmann, der verantwortliche Sprung-Trainer der Bundesrepublik Deutschland.« Erich antwortete in seiner unnachahmlichen Art: »Was?! Ihr habt doch gar keine Weitspringerinnen! Naja, komm, junger Freund, setz dich mal neben mich. Wir schauen uns gemeinsam an, wie weit gesprungen wird, und dann reden wir weiter.« Bernd Feldmann saß an diesem Tag anderthalb Stunden mucksmäuschenstill neben Erich.

Eines Tages erhielt Erich einen Anruf von Robert Wagner, der ihm ein Angebot mit einem für uns damals utopisch hohen Startgeld für einen Wettkampf unterbreitete. Zufälligerweise waren wir vorher vor Managern, die uns mit hohen Summen ködern wollten, gewarnt worden. Namentlich erwähnt wurde ein Österreicher, vor dem wir uns ganz besonders in Acht nehmen sollten, da er aus der Menge der Manager als regelrechter Gangster heraussteche: Robert Wagner. Erich redete ganz unverblümt mit ihm: »Ach, Herr Wagner, sie wollen Heike managen? Ich wurde bereits vor ihnen gewarnt.« Robert Wagner war offensichtlich erschrocken, und obwohl Erich diesen Wettkampf, den er ihm für das hohe Startgeld angeboten hatte, absagte, trafen wir uns später mit ihm. Seitdem ist Robert Wagner mein Manager, und mit Sicherheit kein Gangster. In den vergangenen Jahren habe ich mich immer hundertprozentig auf ihn verlassen können. Es hat nie irgendeine Panne gegeben.

Mein Studium war, wie bereits gesagt, noch nicht beendet. Das, was ich erreicht hatte, wurde im neuen Staat nicht mehr anerkannt. Also ließ ich mich beraten. Demnach bot sich die Möglichkeit, das Studium an einer Schule in Gera weiterzuführen und zu beenden. Es dauerte noch ein Jahr, bis ich mein Staatsexamen in Sport und Werken machen konnte. Meine Abschlussarbeit schrieb ich über die Einführung des Schrittweitsprungs in der Unterstufe. Für die Vorbereitung benötigte ich die Lehrpläne. Da in Jena jedoch noch keine eigenen neuen Lehrpläne existierten, entschied ich mich, mich nach den Lehrplänen in Hessen, deren Regierungspartei, als ich meine Arbeit begann, mit der in Thüringen übereinstimmte, zu richten. Doch als ich meine Arbeit abgab, wurde ich fast vorwurfsvoll gefragt, wie ich mich denn an Hessen habe orientieren können. Inzwischen hatte dort die Regierung nämlich gewechselt, so dass auch die Lehrpläne nicht mehr so einfach übernommen werden konnten. Ich bekam die Auskunft, dass doch Bayern das Bundesland unserer Orientierung sei. Erich als mein Mentor fand wieder einmal die richtigen Worte, indem er feststellte, Weitsprung sei Weitsprung und Politik sei Politik. Obwohl ich mit der Note zwei abschloss, teilte man mir mit, dass man unter diesen Umständen meine Arbeit nicht archivieren könne. Trotz allem: Ich war nun Erzieherin mit Lehrbefähigung für Sport.

Nach dem Abschluss suchte ich eine Arbeit. Schon zuvor hatte ich mich am Sportgymnasium in Jena um eine Anstellung bemüht. Ich empfand es als nahe liegend, dort zu arbeiten. Erich, Rolf Beilschmidt und ich überlegten gemeinsam, wie und wo ich einsetzbar wäre. Die Schwierigkeit lag darin, dass ich für eine feste Anstellung nicht ständig verfügbar war, weil ich weiterhin Leistungssport betrieb. Das erwies sich als echtes Problem. Nach langem Hin und Her, nach Absprachen mit der Stadt Jena und großem Einsatz von Rolf Beilschmidt konnte ich im Sportgymnasium anfangen. Ich arbeitete nun als Erzieherin und betreute zehnjährige Turner in der Freizeit: Hausaufgaben, Spiele, Wandern, Aufsicht und vieles mehr.

In meiner Familie hatte mittlerweile jeder eine klare und neue Funktion übernommen. Erich trainierte mich, Irene setzte sich voll für die Betreuung von Tony ein, und Andreas, der sein Studium beendet hatte, machte sich mit einem Sportgeschäft selbstständig. Wir hatten uns tatsächlich zu einem »Familienunternehmen« gemausert. Und so funktionierte es am besten. Ich hatte Glück, eine solche Familie zu haben, die mir so zur Seite stand. Ein großer Nachteil aber war, dass Andreas durch seine Selbstständigkeit mich nicht mehr so häufig ins Trainingslager oder zu Wettkämpfen begleiten konnte. Auch unsere gemeinsamen Urlaube fielen immer kürzer aus. Ich hätte ihn viel lieber öfter um mich gehabt, aber sein Geschäft war uns allen auch sehr wichtig.

Irene hatte es nebenbei übernommen, sich um meine Fanpost zu kümmern. Sie sortierte, sammelte und ermahnte mich immer wieder, nun endlich mal zurückzuschreiben. Mir fehlten häufig die Zeit und die Ruhe dafür, deshalb mögen manche Briefe unbeantwortet geblieben sein. Ich hoffe, man hat dafür Verständnis.

Es muss ein Interview gewesen sein, welches ich kurz nach der Wende gegeben hatte, was einen Geschäftsmann aus Aachen letztendlich bewogen hatte, mit mir brieflich in Kontakt zu treten. Von Walter Spix lagen im September 1990 bereits zwei Briefe unbeantwortet bei mir zu Hause, weshalb sich Irene anschickte, ihm zu antworten. Daraufhin reagierte er mit einem langen Brief, in dem er mir Mut machte und mich aufheiterte. Außerdem ließ er gut gemeinte Warnungen mit einfließen wie die, dass die »westliche Gesellschaft mit ihrer Beeinflussungstechnik und immer neuen Blendwirkungen« auf uns zukommen werde. Er wiederholte seine Einladung an uns, ihn in Aachen zu besuchen. Zwar dauerte es noch eine ganze Weile, bis wir diese Einladung annahmen, aber in der Zwischenzeit entwickelte sich ein reger Briefkontakt, den Irene aufrechterhielt.

Walter plante, im Sportforum in Jena ein Tennis- und Squashzentrum aufzubauen, so dass wir ihn einladen konnten. Wir arrangierten bei uns zu Hause ein Thüringer Wurstessen, womit das Eis gebrochen war und der Weg für eine Freundschaft geebnet wurde. Seine Erfahrungen als westdeutscher Geschäftsmann sollten uns Ahnungslosen später noch zugute kommen. Trotzdem verband uns nicht nur Geschäftliches, denn allmählich, von Brief zu Brief mehr, entwickelte sich zwischen unseren Familien eine sehr persönliche Beziehung. Später fand ich bei ihm und seiner Frau Inge immer Gehör, wenn ich jemanden suchte, dem ich mein Herz ausschütten konnte.

EIN GANZ PRIVATES TRAININGSLAGER

Mit der Grenzöffnung boten sich für uns viele neue Möglichkeiten. So konnte ich mir ganz individuell neue Trainingslager suchen und musste nicht mehr in der Gruppe nach Kienbaum. Natürlich zog es die meisten in wärmere Gegenden ins Trainingslager, was zur Folge hatte, dass die Existenz Kienbaums auf dem Spiel stand.

Erich und ich entschieden uns für Lanzarote als nächstes Trainingslager. Dort gibt es einen wunderbaren Klub mit idealen Trainingsbedingungen. Am schönsten war die Tatsache, dass ich Tony mitnehmen konnte, was absolut neu für mich war und einen riesigen Motivationsschub mit sich brachte. Ich wusste von vielen Sportlerinnen in der DDR, dass sie häufig sehr lange während des Jahres von ihren Kindern getrennt waren, denn die durften genausowenig wie die Ehemänner mit ins Ausland reisen. Die Familie wurde immer fein säuberlich vom Sport getrennt gehalten und stand eigentlich immer außen vor. Zum Glück hatte ich das nie so erleben müssen und konnte von Beginn an Tony immer an meiner Seite haben. Das wiederum funktionierte aber nur, weil Irene uns ständig begleitete und sich um ihn kümmerte.

Im Trainingslager auf Lanzarote mussten wir uns auf Neuerungen einstellen. Zu DDR-Zeiten waren wir im Trainingslager immer nur mit anderen Leistungssportlern zusammengekommen. Normale Sportler hatten keinen Zugang zum Trainingsgelände. Auf Lanzarote dagegen trafen wir auf die verschiedensten Sportler, Leistungssportler wie junge Nachwuchssportler aus Vereinen. Auf der einen Seite war es spannend und schön, auf der anderen aber auch sehr ungewohnt. Ich musste mich daran gewöhnen, dass ich nicht mehr allein auf der Weitsprunganlage trainierte. Früher stand die Anlage einzig meiner Trainingsgruppe beziehungsweise mir allein zur Verfügung. Nun musste ich sie mir mit allen Sportlern teilen, die springen wollten. Das ist nicht abwertend zu verstehen, es war nur gewöhnungsbedürftig für mich. Ich gehörte nun nicht mehr zur DDR-Nationalmannschaft, die für sich abgeschlossen trainierte, sondern trat allein und individuell an. Das hieß, dass alle Sportler gleichberechtigt waren. Wir organisierten unser Training und die Zeiten selbst, um uns nicht gegenseitig zu behindern. Nach rund zehn Jahren, heute also, klingt das wiederum sehr selbstverständlich, damals aber war es das nicht.

Um meinen Sport auszuüben und damit auch noch Geld verdienen zu können, hatte ich die volle Unterstützung meiner Familie. Damit meine ich meine Schwiegereltern und Andreas, denn in diesem Sinne konnte mir meine eigene Familie nicht helfen. Ich sicherte schließlich im Gegenzug auch Erichs Arbeitsplatz, meiner Mutter hingegen konnte ich leider nicht helfen.

Natürlich war auch meine Mutter begeistert von der Wende und den Vorzügen, die sich ihr dadurch boten. Endlich konnte sie nach Westdeutschland reisen, wie sie wollte. Aber 1993 machten viele Betriebe zu, und meine Mutter verlor wie viele andere ihre Arbeit. Als Mittvierzigerin stand sie nun praktisch auf der Straße mit zwei Kindern, die noch zu Hause wohnten. Friedhelm arbeitete inzwischen als Fernfahrer und war selten zu Hause, so dass meine Mutter meistens allein war. Nach einundzwanzig Jahren trennte sie sich von ihm – geheiratet hatten sie nie –, und dieser schwere Schritt löste bei ihr Depressionen aus. Wie der Zufall es wollte, ging es auch mir zu der Zeit nicht besonders gut, und so trösteten wir uns gegenseitig und weinten uns beieinander aus. Den Kontakt zu meiner Mutter hatte ich all die Jahre immer gesucht, und ich konnte es kaum aushalten, sie so leiden zu sehen. Einmal stand sie vor dem Spiegel und sagte mit herunter gezogenen Mundwinkeln zu sich selbst: »Ach, ich gefalle mir nicht!« Das löste in mir eine gewisse Panik aus, und ich überredete sie, mich ins Trainingslager zu begleiten. Ich war der Meinung, dass sie mal abseits vom Stress und den Alltagssorgen wieder zu neuer Kraft, Energie und Lebensfreude kommen sollte.

Meine Mutter bemühte sich, als es ihr wieder besser ging, um eine neue Arbeit, aber sie hatte die gleichen Schwierigkeiten wie so viele andere Geraer auch. Doch letztendlich bekam sie eine Anstellung als Reinigungsfachkraft mit einem festen Gehalt. Das war der erste Schritt zu einem Neuanfang. Eines Tages fasste sie den Mut, eine Kontaktanzeige in die Zeitung zu setzen. Nun, da bis auf Constanze alle Kinder aus dem Haus waren, wollte sie nicht länger allein bleiben. Sie suchte einen Partner und hatte Glück. Ein ganz bescheidener Brief weckte ihr Interesse. So lernte sie ihren jetzigen Lebenspartner Peter kennen. Im Nachhinein stellte sich heraus, dass sie fast ihr Leben lang Nachbarn gewesen waren. Er wohnte schräg gegenüber. Auf jeden Fall hatte es gefunkt, und sie sind bis heute glücklich miteinander.

DER DOPPELTE DRUCK

Rein organisatorisch hatte ich die Wende gut überstanden und fand mein Leben gut geordnet. Ziemlich schnell begann die Presse, den DDR-Sport bis ins Kleinste auseinander zu nehmen. Alles, was damals geschehen war, wurde plötzlich schlecht gemacht. Das System der Sportschule wurde in Frage gestellt, und viele vertraten die Meinung, alle Sportler der DDR waren sowieso gedopt und die Erfolge seien nur mit unlauteren Mitteln erreicht worden. Dass wir qualifizierte Trainer, hartes Training und eventuell auch Talent gehabt hatten, spielte bei der Beurteilung keine Rolle.

Als ehemalige Repräsentationsfigur des DDR-Sports war ich begehrte Interviewpartnerin. Bei einem Interview zu DDR-Zeiten hatte man immer gewusst, dass alles etwas zu rosarot gesehen wurde und keine negative Nuance in den Fragen lag. Alle hatten nur Positives hören wollen und entsprechend freundliche Fragen gestellt. Es war immer ausschließlich um den Sport gegangen, Privates spielte keine wesentliche Rolle.

Nun bekam ich zu spüren, dass ein anderer Wind wehte. Die Journalisten stellten provokative Fragen, mit denen ich fürs Erste überfordert war, obwohl ich seit langem gewohnt war, Interviews zu führen. Aber auf diese Art Fragen zu antworten, fiel mir anfangs sehr schwer. Bei allen Fragen, die das Sportsystem der DDR betrafen, erwartete man von mir, dass ich mich davon total distanzieren würde, wovon ich vorher profitiert hatte. Das konnte ich mit meinem Gefühl nicht vereinbaren, und so hielt ich mich mit solchen Äußerungen zurück.

Natürlich wurde ich auch zu meiner Funktion als ehemalige Volkskammerabgeordnete befragt. Man wollte wissen, wie ich nun dazu stünde und mich verhalten würde. Zu

DDR-Zeiten war ich stolz gewesen, in der Volkskammer als Vertreterin der Sportler zu sein. Es kam einer Auszeichnung gleich. Aber man kann sich nicht vorstellen, wie schwer es ist, sich Menschen gegenüber zu erklären, die nie in diesem Staat gelebt haben. Für sie ist es einfach zu urteilen.

Außerdem fühlte ich, dass ich noch lange nicht den nötigen Abstand zur DDR hatte, um mich objektiv äußern zu können. Alles, was vorher weiß war, sollte nun auf einmal schwarz sein. Das konnte ich nicht so leicht hinnehmen, denn ich hatte ja auch ganz subjektive positive Erfahrungen gemacht. Die Frage für mich war also, wer denn nun Recht hatte mit seiner Sichtweise. In gewisser Weise wurde mein behütetes Leben ganz schön durcheinander geschüttelt. Und dieser Umstand zwang mich dazu, dass ich mir eine eigene – meine – Meinung bildete und nicht schon wieder eine übernahm, die man von mir verlangte.

Mit den Fragen der Journalisten hatte ich die größten Schwierigkeiten, denn vielen Journalisten, die sich profilieren wollten, war es egal, ob sie mich mit dem, was sie über mich schrieben, trafen und gar verletzten. Manchmal gewann ich gar den Eindruck, dass alle aus ihren Löchern krochen, die dem Sport sowieso immer kritisch gegenüber gestanden hatten, weil sie nun ihre Chance witterten, dem Leistungssport eins auswischen zu können. Hierbei ist mit Sicherheit nicht die Rede vom intelligenten Journalismus, denn Journalist ist ja nicht gleich Journalist.

Selbstverständlich musste ich von nun an auch mit negativer Presse fertig werden. Und obwohl man mir nichts nachsagen konnte, suchte man nahezu verzweifelt nach etwas Schlechtem in meinem Leben. Der Ton, der auf einmal in der Presse angeschlagen wurde, verletzte mich. Ich bekam Angst, und das kratzte an meinem Selbstvertrauen. In meiner Fanpost fanden sich immer mehr Briefe, die nicht gerade von Fans geschrieben worden waren, darunter zum

Beispiel ein Drohbrief des Mannes, der während des Tennis-turniers in Hamburg den Anschlag auf Monica Seles ver-übte. Es gab tatsächlich eine Zeit, in der ich mich nicht mehr häufig aus dem Haus traute. Ich hatte das Gefühl, dass ich nach einem Artikel über mich in der Zeitung von allen komisch angeschaut wurde. Natürlich war das alles reine Einbildung, aber es tat seine Wirkung.

Irgendwann gewann mein Selbstvertrauen wieder die Oberhand, und ich tröstete mich damit, dass ich schließ-lich nichts zu verbergen hatte und deshalb nicht panisch reagieren sollte. Ich hatte keinen Grund, nicht mehr aus dem Haus zu gehen und mich nicht mit den Menschen aus-einander zu setzen, denn ich stand zu mir und wollte mir die Lust am Sport und am Leben nicht durch irgendwelche Zeitungsartikel nehmen lassen. Ich wusste schließlich am besten, wie ich trainiert hatte und wie mein Erfolg entstan-den war, also trainierte ich in gleicher Weise weiter. Bei der Ausübung meines Sports konnte ich mich von vielen Ag-gressionen, die sich in dieser Zeit angestaut hatten, frei ma-chen. Wäre ich zu Hause geblieben, hätte ich garantiert noch mehr gegrübelt. Ironischerweise wurden meine sport-lichen Leistungen in dem Maße besser, wie ich in der Presse schlechter dargestellt wurde. Insofern habe ich den Journa-listen auch noch etwas zu verdanken. Meine Aggressivität münzte ich, wie früher auch schon, in Leistung um und war sehr erfolgreich.

Ich wollte beweisen, dass viele Leistungen durch Arbeit, Fleiß, Können und Talent erzielt worden waren und nicht durch Doping und dass es in der DDR Trainer gegeben hat, die eine Menge Fachwissen und Erfahrung besaßen. Das war eine Motivation zu trainieren. Im Gegensatz zu vielen anderen Sportlern konnte ich mich mit meiner Leistung durchsetzen. Einige Sportler waren durch die negative Mei-nung in der Öffentlichkeit derart eingeschüchtert, dass sie sich aus dem Sport zurückzogen, um weitere Konfrontationen zu vermeiden. Ich dagegen war nicht bereit, mich einschüchtern zu lassen von Menschen, die sich anmaßten, über eine Sache zu urteilen, in der sie nicht drinsteckten und die sie nur über den Dopingmissbrauch erklären wollten. Es war ja aber auch zu einfach!

Bei den Europameisterschaften 1990 in Split startetete die DDR-Mannschaft zum letzten Mal in Blau. In uns kam ein Gefühl der Traurigkeit, ausgelöst durch die vielen Erinnerungen, hoch. Als erstes fielen die DDR-Embleme von unseren Trainingsanzügen ab, aber nicht etwa, weil wir sie abrissen, sondern weil sie einfach schlecht angenäht oder teilweise nur angeheftet waren. Dabei wollte ich eines unbedingt als Erinnerungsstück behalten. Die beiden deutschen Mannschaften sollten nun zu einer verschmelzen, aber es gab weiterhin die DDR- und die BRD-Athleten. Und obwohl wir äußerlich ein Team waren, existierten lange noch die alten Grüppchen. Anfänglich hielten wir wahrscheinlich gegenseitig nicht viel voneinander, aber wir lernten uns ja gerade erst kennen. Doch obwohl wir gemeinsam ins Trainingslager fuhren und offiziell die Wiedervereinigung vollzogen worden war, war die Wende in den Köpfen selbstverständlich noch nicht da. Wir beschnupperten uns langsam. Die eigene Herkunft konnte man nicht unter den Tisch kehren, und unser Verhältnis war ziemlich kühl. Von außen war man bemüht, uns als eine Mannschaft auftreten zu lassen, gerade indem wir bei der Abschlussveranstaltung in Split gemeinsam einmarschierten und eine Fahne trugen. Unser lange eingeimpftes Denken von den Westdeutschen als unseren Klassenfeinden verschwand nur langsam Stück für Stück.

Split selbst hinterließ bei mir viele schöne Erinnerungen. Zum einen, weil Andreas zum ersten Mal zu einem so großen Wettkampf mitfahren durfte und alles miterleben konnte, was er sonst nur aus meinen Erzählungen kannte, und zum anderen, weil wir sehr viel von der Stadt sahen und eine Menge Eindrücke mitnehmen konnten, die mir unvergessen bleiben. Sicher spielt auch eine Rolle, dass nur wenige Zeit später all das zerstört werden sollte und viele der imposanten Gebäude, Kirchen und kulturellen Gegenstände für immer verwüstet wurden. Es ist bitter mit ansehen zu müssen, wie Menschen nach jahrelanger friedlicher Nachbarschaft die gemeinsame Geschichte zu zerstören versuchen.

Der erste Wettkampf, den ich nach der Geburt von Tony im Juli 1990 bestritt, fand in Stockholm statt. Ich sprang auf Anhieb 7,04 Meter – ein guter Start. In Split konnte ich bereits wieder 7,30 Meter springen und gewann damit vor der Rumänin Ilcu, die mit 7,02 Metern den zweiten Platz belegte. Damals war ich noch extrem dünn. Ich denke, dass die Doppelbelastung Kind und Training dazu beigetragen hatte.

Ein Jahr später waren meine Leistungsvoraussetzungen schon ganz andere. In Tokio wurden wir im Vorfeld des Wettkampfes vom ZDF zu einem japanischen Essen eingeladen. Das kannten wir natürlich überhaupt nicht, denn früher waren wir von der westdeutschen Presse total abgeschottet gewesen. Nun also bestand ein guter Kontakt, und wir saßen ohne Schuhe und im Schneidersitz mit den Journalisten beim Essen zusammen. Etwas mehr Mut brauchte man, um sich allein in die Stadt zu begeben. Die vielen Menschen, die Autos und das Abenteuer einer U-Bahn-Fahrt – man kam sich vor wie eine Landpomeranze beim ersten Ausflug in die Stadt. Jena und Gera waren mit all dem nicht zu vergleichen.

Der Wettkampf in Tokio war unglaublich spannend. Jakkie Joyner führte nach dem ersten Sprung, rutschte beim dritten auf der Knete am Balken aus und verdrehte sich den

Knöchel. Es sah sehr schlimm aus. Sie lag mindestens zehn Minuten weinend erst in und dann neben der Grube. Obwohl es nicht erlaubt war, kamen von der Tribüne einige in den Innenraum gelaufen, um nach ihr zu schauen, unter ihnen ihr Trainer. Es gab einen richtigen Menschenauflauf bei der Grube. Damit war der Rhythmus des Wettkampfes, der immens wichtig ist, unterbrochen und die Spannung draußen. Ich litt unter der Situation, denn ich hatte mich mit jedem Sprung weiter Jackie Joyner angenähert und hatte das Gefühl, sie noch schlagen zu können. Nach dieser Unterbrechung war der Wettkampf aber so nachhaltig gestört, dass sich keine der Weitspringerinnen mehr richtig konzentrieren konnte. Gegen Ende wurde ich sogar etwas müde. Ich ärgerte mich, weil ich das Gefühl nicht los wurde, dass bei dem Auftritt von Jackie Joyner auch etwas Taktik mit im Spiel gewesen war. Ihre Anhänger schaukelten die Situation richtig hoch, um die Aufmerksamkeit auf sich zu ziehen. Da das ganz und gar nicht mein Stil ist, habe ich mich natürlich nicht davon beeindrucken lassen. Auch die Art und Weise, wie Jackie in den Wettkampf zurückkam und eine andere Springerin im Anlauf unterbrach, war inakzeptabel für mich. Diese unterbrochene Springerin musste sich unverrichteter Dinge wieder anziehen, damit Jackie springen konnte. Letztendlich unterlag ich Jackie Joyner mit drei Zentimetern, aber ich freute mich diebisch auf den nächsten gemeinsamen Wettkampf, den ich unbedingt gewinnen wollte. Zumindest für die Medien aber, die diesen Begriff überhaupt erfunden hatten, hatte sich das »Trauma Joyner« bestätigt.

Am spannendsten in Tokio war das Weitsprungduell zwischen Carl Lewis und Mike Powell. Im Stadion knisterte es regelrecht, denn alle Zuschauer waren auf diesen Zweikampf fixiert, und auch zwischen den Beiden lag eine ungeheure Spannung in der Luft. Am Ende gewann Mike Powell, und

Carl Lewis war entsprechend enttäuscht. Für mich war es der schönste und spannendste Wettkampf, den ich je im Weitsprung der Männer erlebt hatte.

Vor den Weltmeisterschaften in Tokio waren wir im Trainingslager in Seoul gewesen und hatten dort einen kleinen Wettkampf bestritten. Wir kehrten zu den Wettkampfstätten der letzten Olympischen Spiele zurück, wo sich uns ein eigenartiges Bild bot. Diese überdimensionalen Räumlichkeiten, dieser Platz – wenn das alles nicht mit Menschen gefüllt war, wirkte es fast gespenstisch, zumal wenn man das volle Stadion noch vor dem inneren Auge hatte wie wir. Bei uns kam, da wir den Geruch der Olympischen Spiele noch in der Nase hatten, keine gute Stimmung auf. Als Trainingslager war Seoul ideal, denn uns stand alles Notwendige zur Verfügung, aber der Wettkampf dort ließ auch die vergangenen Olympischen Spiele in einem anderen Licht erscheinen. Trotzdem war das Trainingslager ein Erfolg, denn man kam sich endlich ein bisschen näher.

Der Kontakt zu den ausländischen Athleten wurde bei den Wettkämpfen in Tokio ebenfalls intensiver. In der Schule hatte ich ja jahrelang Englisch gelernt, aber nie die Möglichkeit gehabt, es auch zu sprechen. Jetzt endlich war die Gelegenheit da, und wir nutzten sie, jeder in seinem Kaulderwelsch. Zu der Zeit suchte ich bewusst den Kontakt zu anderen Athleten, und das machte mir viel Spaß. So konnte ich auch die Abschlussveranstaltung ganz anders erleben. Man war viel lockerer, konnte sich unterhalten, und das änderte die Stimmung in unserer Mannschaft. Wir begannen, offen über gewisse Umstände zu diskutieren, die uns bisher immer zu trennen schienen: über den Sport im allgemeinen, den Sport in der DDR, das unterschiedliche Training usw. Sicher gab es hier und da noch einige Hemmungen der DDR-Athleten, offen über die Vergangenheit zu sprechen, aber man spürte die sich anbahnende Lockerheit und Entspannung. Es fing an, Spaß zu machen.

Die Vorbereitungen für die Olympischen Spiele 1992 in Barcelona absolvierten wir ausschließlich auf Lanzarote. Denn die Erfahrungen hatten gezeigt, dass die Trainingslager auf dieser Insel eine gute Voraussetzung für hohe Leistungen waren. Es war warm, und ich hatte meine Familie dabei. Alle fühlten sich wohl. Lediglich Andreas begleitete diesen Abschnitt meines Lebens nur am Rande. Es sollte mein bestes Jahr überhaupt werden, denn alles lief perfekt. Ich begann mit Weiten von sieben Metern und landete nur in einem einzigen Wettkampf unter dieser Marke. Ansonsten lag mein Leistungsniveau bei 7,20 bis 7,30 Metern. In Lausanne sprang ich gar 7,48 Meter, die Egalisierung meiner eigenen Bestleistung. Das war etwas ganz Besonderes für mich. Aber trotz allem stand ich in der Öffentlichkeit sehr unter Druck und hatte ständig das Gefühl, mich beweisen zu müssen – nicht so sehr den Zuschauern oder den anderen Athleten, sondern denen, die im Sport etwas zu sagen hatten, den Funktionären. Ich musste mein Talent unter Beweis stellen und zeigen, dass ich dieselben Weiten erreichen konnte wie zu DDR-Zeiten. Und obwohl wir nun doch frei waren und uns so fühlen sollten, kam dieses Gefühl bei mir gar nicht erst auf. Der Druck war stets Begleiter meiner sportlichen Karriere, zu DDR-Zeiten nicht mehr als nach der Wende. Früher kam der Druck von oben durch die Leistungsaufträge, heute kommt er durch die Öffentlichkeit, den Verband, durch Sponsoren und Manager. Und eigentlich unterscheidet sich dieser Druck nicht wesentlich.

Drei Nächte vor meinem Wettkampf in Barcelona zogen wir aus dem olympischen Dorf in ein Hotel um, weil es einfach zu heiß war. In unserem Zimmer im olympischen Dorf hatten Helga Radtke und ich nur einen kleinen Ventilator gehabt, der die Hitze eher noch schlimmer machte als er-

träglicher. Außerdem waren die Wasserballer uns gegenüber untergebracht gewesen, die ihre soeben gewonnene
Medaille lautstark feierten. Diese Party artete so sehr aus,
dass sogar Kühlschränke aus den Fenstern flogen und eis-
gefüllte Plastikbeutel den Vorbeigehenden auf die Köpfe
fielen. Da wurde es uns zu bunt, und wir zogen um. Dabei
stellten wir fest, dass die russischen und die amerikani-
schen Athleten uns schon zuvor gekommen waren. Normalerweise wohnen alle im olympischen Dorf, doch dieses
Mal hatte das Nationale Olympische Komitee des Klimas
und der Ruhe wegen extra Zimmer zur Verfügung gestellt.

Rein sportlich gesehen waren diese Olympischen Spiele
meine schlechtesten. Es war eine sehr knappe Entscheidung, und ich war ziemlich aufgeregt. Im fünften Versuch
übernahm ich die Führung – in der Reihenfolge der Springerinnen war ich an vierter Stelle – und musste nach meinem sechsten Sprung der ganzen Konkurrenz beim Springen noch zusehen und mir womöglich den Sieg noch
wegschnappen lassen. Das ist wahrlich kein gutes Gefühl.
Aber niemand übertraf mich, so dass ich tatsächlich Olympiasiegerin wurde. Ich hatte geschafft, was ich als kleines
Mädchen auf der Sportschule in mein Buch geschrieben
hatte. Danach war ich hin- und hergerissen zwischen dem
Gefühl des puren Glücks und dem der Genugtuung. Nicht
nur, dass ich gezeigt hatte, dass man mit mir noch rechnen
musste und ich nicht so leicht wegzuschieben war, ich war
sogar noch besser geworden. Aber natürlich wurden meine
Leistungen sofort wieder hinterfragt, und so kam ich mir
wie in die Enge getrieben vor und konnte den Sieg nicht
wirklich locker genießen.

Ich erhielt viele Telegramme. Früher war der Absender
Erich Honecker, nun war es Helmut Kohl, der mir gratu-
lierte. Außerdem lernte ich den damaligen Außenminister
Klaus Kinkel kennen, aber da ich in der kurzen Zeit seit der

Wende noch überhaupt keine Beziehung zu diesen Politikern hatte, war das sehr eigenartig. Es fiel mir weiterhin schwer, diese übergestülpte neue Situation als die meine zu akzeptieren, denn es war zu plötzlich gekommen. Von einem Tag auf den nächsten hatten Andere das Sagen, und wir sollten sofort umschalten und alles Zurückliegende möglichst verdammen und vergessen. Kohl und Kinkel standen quasi symbolisch für diese neuen Werte, und deshalb fiel mir der Kontakt so schwer. Ich war nun Olympiasiegerin und wurde gefeiert – im Stadion in Barcelona und in Deutschland. Vor einem Hotel in Rosenheim wurde ich mit Trompeten empfangen, und am Eingang hing ein riesiges Plakat mit der Aufschrift »Willkommen, Heike Drechsler. Wir freuen uns über unsere Olympiasiegerin.« Ich war den Tränen nahe bei so viel Anteilnahme, denn ich war auch ein bisschen beschämt darüber, aber vor allem stolz, dass ich so eine Leistung gebracht hatte und damit Anerkennung fand. Ich war regelrecht gefragt, musste Dutzende von Autogrammen geben und mich mit den Menschen unterhalten. Dabei merkte ich, dass ich hier mit meinen Erfolgen voll akzeptiert wurde. Sie spürten wohl, dass hinter den Leistungen ein normaler Mensch steckt mit Sehnsüchten und Wünschen wie jeder andere. Die Rosenheimer halfen mir zu verstehen, dass ich mich – wenn überhaupt – tatsächlich nur von den Medien in die Enge getrieben fühlen musste. Hier galt meine derzeitige Leistung und nicht meine Vergangenheit, die für viele unverständlich bleibt. Ich bin den Rosenheimern sehr dankbar dafür. Meine harte Arbeit wurde belohnt, und ich fühlte mich anerkannt und gefeiert und empfand erstmals wirklich eine Zugehörigkeit zu diesem neuen Land. In Jena allerdings war der Empfang ein ganz anderer.

Als ich 1990 aus Split zurückgekommen war, waren mein

Trainer und ich vom Bürgermeister zum Empfang geladen worden. Pünktlich um zehn Uhr warteten wir, als jemand auf uns zutrat und um etwas Geduld bat, da eine Ratssitzung noch nicht beendet sei. Erich und ich hatten den üblichen Empfang erwartet und waren etwas erstaunt über die Auskunft. Als endlich die Tür aufging, begrüßte uns der Oberbürgermeister Röhlinger und führte uns in eine Art Vorzimmer zum Ratsraum. Dort erhielt ich einen Blumenstrauß und schrieb mich in das Buch der Stadt ein. Während dieser »Zeremonie« beobachtete ich die Herrschaften im Ratssaal, die offensichtlich gerade Pause hatten und ihre Butterbrote aßen. Nach zehn Minuten war die Pause und damit unser Empfang beim Bürgermeister vorbei.

1992 hatte ich den einzigen Olympiasieg nach Jena geholt. Wieder wurden wir vom Bürgermeister – immer noch Herr Rohlinger – eingeladen und aßen gemeinsam mit ihm und einem Stadtreporter Kekse und tranken Kaffee. Diesmal verbrachten wir immerhin eine Stunde im Rathaus, wieder aber ohne jede Art von Öffentlichkeit. Zu DDR-Zeiten war Jena die Sportstadt schlechthin gewesen, allein aus der Leichtathletik kamen zehn Olympiasieger, darunter Wolfgang Nordwig, Renate Stecher, Ruth Fuchs und Petra Felke. Alle wurden ganz selbstverständlich in Jena empfangen und öffentlich gefeiert. Nach der Wende galten alle ehemaligen Sportler als Privilegierte des früheren Regimes, ich zählte natürlich dazu. Noch dazu war ich eines der wenigen Überbleibsel dieses Sportsystems – dabei auch ehemaliges SED-Mitglied und Volkskammerabgeordnete –, das überlebt hatte, und das äußerst erfolgreich. Wer jetzt nach der Wende jemanden wie mich öffentlich ehren wollte, konnte in Verruf geraten. Man könnte ihn zu den alten Seilschaften der DDR, die es ohne Zweifel noch gab, dazu rechnen. Das wollte natürlich keiner, und so schloss man von vorne herein die Öffentlichkeit weitgehend aus.

Der Fußballklub Werder Bremen hatte als Deutscher Meister in dieser Saison einen weitaus spektakuläreren Empfang in seiner Heimatstadt.

Ich konnte es erst gar nicht fassen und wollte es nicht verstehen. Es kam mir nicht darauf an, dass um mich als Person großes Aufheben gemacht wurde. Aber ich war stolz auf diese Stadt. Warum konnte diese Stadt dann nicht ganz offen stolz auf mich sein? Ich hatte schließlich eine außergewöhnliche Leistung vollbracht, und wahrscheinlich waren meine Erwartungen einfach größer. Ohne jemandem etwas vorwerfen zu wollen, frage ich mich, warum ich von manchen Menschen so behandelt wurde. Ich war kein Verbrecher, aber man kam mir auf unangenehme Weise sehr arrogant entgegen. Selbst heute fällt mir schwer zu beschreiben, wie enttäuscht und verletzt ich damals gewesen war.

Neben den Fans hielten auch meine Sponsoren zu mir und glaubten die ganze schwere Zeit über an mich, wofür ich bis heute dankbar bin. Einer verglich meine Vorbildleistung mit der des Franz Beckenbauer für den Fußball, was mir unheimlich schmeichelte und gut tat. Ich erkannte meinen Wert. Mein Selbstwertgefühl war mir, wie vielen ehemaligen DDR-Bürgern, zwischendurch abhanden gekommen. Denn lange Zeit war ich das Gefühl nicht los geworden, die schlechte Seite des früheren DDR-Regimes zu repräsentieren und nur durch die nicht zu verbergenden guten Leistungen noch irgendwie an der Oberfläche mitschwimmen zu dürfen. Im Gegensatz zu mir standen damals in diesem Bild die sogenannten Saubermänner und -frauen des Westens, Heike Henkel beispielsweise, die den sauberen Sport des Westens vertrat, oder Dieter Baumann. Dieses Gefühl und das Verhalten der Medien mir gegenüber ließen mich schüchtern und verkrampft in der Öffentlichkeit auftreten. Mittlerweile habe ich Heike Henkel und Dieter Baumann gegenüber ein sehr entspanntes und gutes Verhältnis. Wir schätzen und achten uns gegenseitig.

SCHLIMME VORWÜRFE

Es gab einen weiteren Grund, meinen Olympiasieg nicht richtig genießen zu können. Noch in Barcelona holte mich erneut ein Stück DDR ein. Nach meinem Sieg – noch auf allen Wolken schwebend – hatte ich eine Pressekonferenz. Alle Fragen, die mir der Dolmetscher stellte, beantwortete ich vergnügt und entspannt. In solchen Momenten fühlt man sich so überaus glücklich und unverwundbar. Die Anspannungen lösten sich, der selbst auferlegte Druck, sich beweisen zu müssen, wich langsam einer inneren Ruhe. Ich war glücklich, aufgeregt und konnte kaum einen klaren Gedanken fassen. Und mitten in diesen für mich leicht benebelten Rauschzustand platzte ein Journalist mit einer Frage, deren Beantwortung mich in den nächsten drei Jahren ziemlich viele Nerven kosten sollte.

Es ging um das Dauerthema Doping, um Anschuldigungen gegen mich und meine Haltung dazu. Aufgrund einer vielleicht unglücklich gewählten und missverstandenen Äußerung musste ich später sogar vor Gericht. In dieser Zeit war mir Walter Spix, der mir für schwierige Lebenslagen immer schnellen Rat und Einsatz angeboten hatte, eine große Hilfe. Als erfahrener Geschäftsmann, gut vertraut mit dem für mich neuen Rechtssystem, schaltete er Rechtsanwälte ein.

Zu Beginn der Gerichtsverhandlung war klar, dass so mancher Schadenfreude dabei empfand, mich dort sitzen zu sehen. Endlich war es gelungen, mir etwas anzuhängen. Das belastete mich sehr, und wiederum reagierte ich in der mir eigenen Art, indem ich meinen Frust und meinen

Ärger in Leistung ummünzte. Was blieb mir auch anderes übrig.

Nachdem ich im Juli 1992 meine persönliche Bestleistung über 7,48 Meter aus dem Jahr 1988 eingestellt hatte und ein paar Tage später in Sestrière sogar 7,63 Meter – leider mit einer Hundertstel Sekunde zuviel Rückenwind (damit kann man noch nicht mal eine Kerze ausblasen!) – gesprungen war, dachte ich, ich hätte den eindeutigen Gegenbeweis zu den allgemeinen Dopingvorwürfen erbracht. Denn die Leistungen, die ich nun unter regelmäßigen Dopingkontrollen brachte, sprachen doch eine eigene Sprache.

Nach der Wende war ich froh über die regelmäßigen Dopingkontrollen, denn damit wurden die Sportler ihrerseits vor wilden Spekulationen geschützt. Man war nicht mehr so leicht angreifbar in seiner Leistung, weil man auf die Ergebnisse verweisen konnte. Seit 1990 wurde ich in regelmäßigen Abständen kontrolliert, manchmal bis zu zwanzigmal im Jahr. Diese Kontrollen waren immer unangemeldet. Es konnte sein, dass jemand plötzlich vor der Tür stand und eine Urinprobe forderte.

Trotzdem machten diese Anschuldigungen nachdenklich. Ich begann ernsthaft darüber zu grübeln, woran ich eine Doping-Verabreichung zu DDR-Zeiten hätte bemerken können. Meine Kraftwerte waren damals die gleichen wie heute, mit Doping hätten sie höher sein müssen, oder aber die Mittel wären einfach nicht effektiv gewesen. Denn mit Doping hätte ich doch um die 7,80 Meter springen müssen. Meine Weiten habe ich immer aus meiner Anlaufgeschwindigkeit geholt, denn ich zählte nie zu den begabtesten Abspringern. Mein Körpergewicht lag zu keinem Zeitpunkt höher als jetzt, also etwa neunundsechzig bis siebzig Kilogramm auf eine Größe von 1,80 Meter. Es gab auch niemals Veränderungen an mir, wie Bartwuchs, eine tiefe Stimme oder Akne. Ganz im Gegenteil bilde ich mir ein, immer auch eine sehr weibliche Ausstrahlung gehabt zu haben.

Ich halte es für notwendig und richtig, die Dopinggeschichte der DDR – und nicht nur die – aufzuarbeiten. Die verantwortlichen Ärzte dürfen nicht unbestraft davon kommen, genauso wie die Funktionäre und Politiker, die davon wussten und es billigten. Man muss das komplexe System der Verantwortlichen sehen und darf nicht nur einen, meistens den Sportler, herausreißen und die anderen unbeachtet lassen. Trainer und Ärzte waren für uns absolute Autoritäts- und Vertrauenspersonen. Wie in vielen Bereichen wäre es auch beim Thema Doping von Vorteil gewesen, wenn die Wissenden, also Funktionäre und Politiker, den Menschen mehr vertraut hätten und offener und ehrlicher mit uns umgegangen wären.

Am empfindlichsten getroffen fühle ich mich bei der Behauptung, dass flächendeckend gedopt worden sei. Damit werden alle Leistungen in einen Topf geworfen. Es wäre wünschenswert, wenn in allen Ländern, die an internationalen Wettkämpfen teilnehmen, so strenge Kontrollmechanismen vorherrschten wie bei uns. Wenn das IOC sich endlich dazu durchringen könnte, auf weltweiter Ebene ein Anti-Doping-Kontrollsystem aufzubauen und auch die einzelnen Regierungen dies unterstützen und Dopingvergehen wie Drogenmissbrauch verurteilen würden, dann könnte ich das völlig mittragen. Ein kleiner Anfang ist inzwischen mit der Einrichtung einer weltweit operierenden Antidoping-Agentur mit Sitz in Montreal gemacht. Sie hat als Ziel, einheitliche weltweit geltende Dopingtests und Strafen festzulegen. Ich bin es heute leid, mich immer noch – im Jahr 2001 – rechtfertigen zu müssen, denn ich habe niemandem mehr etwas zu beweisen.

Nach sieben Jahre startete ich 1993 bei den Weltmeisterschaften wieder in dem Stadion in Stuttgart, in dem ich bereits Europameisterin geworden war und an das ich so gute Erinnerungen hatte. Als ich anreiste, sah ich Stuttgart – bei schlechtem Wetter – mit ganz neuen Augen, denn diesmal war ich selbstständig und für mich allein verantwortlich. Ich musste meine Wettkämpfe selbst planen, was mir die Möglichkeit eröffnete, alles um mich herum viel aufmerksamer wahrzunehmen.

Im Stadion war Hochstimmung. Und als ich gewann, riefen die vielen Zuschauer meinen Namen minutenlang. Ich bekam eine richtige Gänsehaut, denn es war ein erhebendes Gefühl für mich, so gefeiert zu werden. Beim anschließenden Bummel durch die Innenstadt genoss ich es sehr, dass ich erkannt und um Autogramme gebeten wurde. Die Freundlichkeit und Herzlichkeit taten mir gut. Ich genoss den Trubel. In Jena ging es wiederum ruhiger zu – man tat sich immer noch schwer mit einer wie mir.

Es waren für mich unglaublich schöne Weltmeisterschaften, die Organisation war perfekt, und Stuttgart hatte immer schon ein Herz für die Leichtathletik gehabt. Eigentlich sollten viel mehr Wettbewerbe dort ausgetragen werden, denn die Zuschauer sind so sportinteressiert und begeisterungsfähig, zwei Eigenschaften, die an vielen anderen Sportstätten dem Publikum fehlen. Freundlich ist man dort ohnehin. Damals hatte ich nicht im Entferntesten daran gedacht, einmal ganz in der Nähe zu wohnen. Die Eindrücke von Stuttgart bleiben mir unvergessen, weil die Stimmung so unglaublich mitreißend war und ich zum ersten Mal eine »Welle« bei einem Leichtathletik-Wettkampf sehen konnte.

Es war der allgemeine Trend, dass man einen Sportmanager und einen Manager für außersportliche Belange arbeitsteilig arbeiten ließ. Seit den Olympischen Spielen in Barcelona beriet mich ein Manager in außersportlichen Dingen. Mir wurde damals gesagt, dass ich mich unter Wert verkaufen würde. Also machte ich mich auf die Suche nach jemandem, der diese Öffentlichkeitsarbeit für mich übernehmen konnte. Mit Hilfe von Walter Spix fand ich Michael Mronsk, einen sehr netten Menschen, der sich viel Mühe gab und weit entfernt war vom üblichen Abzockerbild. Leider entstand unsere geschäftliche Beziehung ausgerechnet zu der Zeit, in der ich in den Medien ständig mit neuen Anschuldigungen zu kämpfen hatte. Dabei konnten wir uns, was die Sponsoren anging, nicht einig werden, denn wir waren zu unterschiedlicher Ansicht darüber, und so trennten wir uns wieder. Doch zunächst stand er mir bei den dringend anstehenden Problemen zur Seite.

DIE RUHE VOR DEM STURM

Vielleicht lag es an dem selbst auferlegten Druck, unbedingt wieder an die Weltspitze anzuschließen und hart zu trainieren, dass mir irgendwann alles über den Kopf zu wachsen begann. Mein Leben bestand sowieso nur aus dem Sport und der Familie. Dass Andreas immer weniger Interesse an meinen Wettkämpfen zeigte, registrierte ich mit wachsender Sorge. Sein Leben schien er sich sehr bequem eingerichtet zu haben, und er hatte sich daran gewöhnt, viel allein zu sein. Ich fragte ihn nie, ob er sich ohne mich einsam fühlte, und er fragte ebensowenig, ob ich mit meinem Leben glücklich war. Es schlich sich die unausgesprochene Vereinbarung ein, nicht viel über das Leben, das wir führten, wenn wir nicht zusammen waren, zu sprechen.

Nach drei Jahren wurden die ersten Nachteile deutlich, die sich aus dem Traineramt meines Schwiegervaters Erich ergaben. Er war schon immer eine dominante Persönlichkeit, und es kostete mich einiges, ihn davon zu überzeugen, dass ich, mittlerweile fast dreißig Jahre alt, gut und gerne allein zu den Wettkämpfen fahren und mich unterwegs organisieren konnte. Bislang war er stets an meiner Seite gewesen, und ich fühlte mich jedes Mal ein bisschen kontrolliert, was bestimmt nicht Erichs Absicht gewesen war. Eigentlich hatte ich ihn auch immer gern an meiner Seite gehabt, aber wo mir anfangs sein selbstbewusstes Auftreten und seine überzeugende Art sehr angenehm gewesen waren, da ich mich dadurch sicher und geschützt gefühlt hatte, überrollte er mich jetzt beinahe mit diesen Eigenschaften. Es gab immer wieder Probleme zwischen uns, mich an Entscheidungen teilhaben beziehungsweise selbst Entscheidungen treffen zu lassen, weil er mir eigentlich alles abnahm. Nun war der Punkt erreicht, wo es aus mir herausplatzte. Ich fühlte mich eingeengt, wollte mich selbst entscheiden, nach meiner Lust und meinen Wünschen. Ich wollte ausbrechen aus meinem gewohnten Leben, jedenfalls für kurze Zeit.

Ich plante eine regelrechte »Flucht«. Nach einem Wettkampf in Japan, zu dem ich allein fuhr, meldete ich mich für einige Tage ab, um Esther, die mittlerweile in London wohnte, zu besuchen. Bevor ich dort ankam, verbrachte ich ein paar Tage ganz allein, von niemandem kontrolliert und beobachtet. Ich wollte es mir gut gehen lassen, und es gelang mir. An Wettkämpfe, Training oder sonst etwas verschwendete ich in dieser Zeit kaum einen Gedanken. Wie schon ewig nicht mehr lebte ich nur in den Tag hinein, ohne verplant zu sein. Es war, wie sich später herausstellte, die Ruhe vor dem Sturm, denn das Gewitter, das sich über meinem Kopf zusammenbraute, ahnte ich noch nicht.

Als ich mich endlich bei Esther meldete, war sie sehr besorgt. Sie fragte sofort, wo ich denn stecken würde. Auf dem Weg vom Flughafen zu ihrer Wohnung berichtete sie mir, was in den letzten Tagen vorgefallen war.

Ihr Telefon war heiß gelaufen. Sowohl Andreas als auch

mein Manager und Medienvertreter riefen bei der ahnungslosen Esther an und wollten mich sprechen. Man vermutete mich bei ihr, aber ich war für alle verschwunden gewesen, genau wie ich es mir wenigstens für ganz kurze Zeit gewünscht hatte. Warum vor allem seitens der Medien so großes Interesse bestand, mich zu sprechen, war auch Esther nicht klar. Sie konnte mir einzig sagen, dass es um Stasi-Vorwürfe ging und das Fernsehen eine öffentliche Stellungnahme von mir wolle. Allerdings hatten wir zu dem Zeitpunkt noch keine Ahnung, dass in Deutschland die Meldung, wegen der man mich sprechen wollte, durch alle Medien spukte. Von Andreas erfuhr ich zwar mehr, aber noch konnte ich mir keinen Reim darauf machen. Der Name Bergner fiel zwar immer wieder, aber gerade dazu konnte ich mir nichts erklären, denn er hatte mir damals eigens versichert, dass er mich nie ausgehorcht hatte. Ich war also nicht sehr besorgt, wartete erst einmal ab und verbrachte mit Esther noch einen schönen Tag in London.

Zurück in Deutschland erwartete mich helle Aufregung. Ich erhielt folgende Meldung: »... Drechsler soll Berichte an das MfS geliefert haben ... Die Betroffene selbst war am Dienstag für niemanden erreichbar. Nach ihrem Start am Wochenende in Japan soll sich Heike Drechsler derzeit in London aufhalten ...«

Die Tatsache, dass ich praktisch ausgebüchst war, spielte überhaupt keine Rolle. Niemand fragte nach den Tagen. Es galt zu klären, wie es zu diesen absurden Vorwürfen kommen konnte. Ich grübelte immer wieder über Situationen mit Bergner und überlegte, was ich gesagt haben könnte und wofür man mir jetzt Vorwürfe machte. Ganz offensichtlich gab es entgegen der Behauptung Bergners Unterlagen über mich bei der Stasi, und sie waren keinesfalls vernichtet worden, wie er sich etwas später zu rechtfertigen suchte.

Ich fuhr nach Berlin zur Akteneinsicht und hatte höllisch Angst davor, was ich nun eventuell zu lesen und zu erfahren bekam. Wenn ich bis dahin die Dinge nicht gesehen hatte oder nicht sehen wollte, jetzt tat ich es. Da stand es schwarz auf Weiß. In den vor mir liegenden Seiten beschämte mich meine Unwissenheit über die Tätigkeit der Stasi. Meine Naivität hatte mich eingeholt. Diese Akteneinsicht öffnete mir die Augen sehr schmerzhaft. Ich bekam einen Schock. Die Freundschaft zwischen Bergner und mir war vom ersten Moment an geplant gewesen. Noch bevor wir uns das erste Mal getroffen hatten, war laut meiner Akte eine vier Seiten lange »Konzeption zur Herstellung des operativen Kontaktes zu Drechsler Heike (›JUMP‹)« angelegt worden. Unterschrieben war der Bericht von Major Bergner.

Ich las wie eine Verrückte in meiner Akte. Vieles von dem, was da stand, musste ich zweimal lesen. Zum einen verstand ich die Zusammenhänge beim ersten Mal nicht ganz, zum anderen verschwammen mir die Worte vor den Augen in meiner Fassungslosigkeit. Überraschend liederlich und handschriftlich waren alle gemeinsamen Abende als »Treffberichte« aufgeschrieben und abgeheftet. Selbst die genauen Uhrzeiten, wie lange wir zusammengesessen hatten, fehlten nicht. Und dann kam ich zu dem Abend, an dem für uns bei seinem Freund zu Hause gekocht worden war. Bergner stellte mir den Mann damals als alten Bekannten vor, den er gern besuchte, weil der so einen schönen großen Garten hatte. In der Akte las ich: »Auf der Fahrt zum Objekt ›Frühling‹ wurde den ›JUMP‹ [Andreas und mir] mitgeteilt, dass der Inhaber die höchste Achtung des Unterzeichners genießt, da er über viele Jahre ehrlich, uneigennützig und auf der Grundlage patriotischer Überzeugung seine Räume für besondere Gespräche zur Verfügung stellt. Zusammenhängend damit wurden die ›JUMP‹ aufgefordert, durch Verschwiegenheit zu sichern, dass in diesem Kreis noch weitere Gespräche unter den Bedingungen der Sicherheit und Vertraulichkeit durchgeführt werden können.« Ich war völlig geplättet, denn da hätte ich schon einen Blackout haben müssen, wenn ich damals bei solchen Worten von Bergner nicht aufmerksam geworden wäre.

Weiter fand ich Anträge auf »Befürwortung des Ankaufes eines Geschenkes im Werte bis 1500,– M für VIM ›JUMP‹« und eine Seite weiter die »Quittung 6002« mit einer Rechnungskopie für einen Ring. Das war doch tatsächlich jenes Geschenk, das er mir aus Stolz über meine Wahl zur Weltjahressportlerin überreicht hatte. Außerdem entdeckte ich weitere Quittungen für eine Gitarre und ein Buch, beides Geburtstagsgeschenke von Bergner an mich.

In der »langfristigen Konzeption« las ich, dass ich irgendwann eine »Puma« ablösen sollte. Der Name tauchte in der Akte auch später wieder auf, immer dann, wenn ich mit Bergner ganz privat über Probleme beim Training mit einzelnen anderen Sportlern gesprochen hatte, dabei wütend und sehr offen gewesen war. »Puma« wurde mir immer vertrauter und nahm Gestalt an. Langsam begann ich zu verstehen, wie die ganze Geschichte gelaufen war.

Ich fand Informationen über »Kontaktgespräche«, »operative Bewertung des Kontaktgesprächs«, »weitere Maßnahmen«, »Plan der Aufklärung« und »Weiterführung operativ-technischer Kontrollmaßnahmen«. Dabei standen Begriffe wie Konspiration, Reiseauftrag und Berichterstattung. Eine Seite war überschrieben mit »Materielle Unterstützung der Realisierung der Beauftragten«. Darin ging es um eine Situation, die mir nicht mehr ganz geläufig war. »Es wird vorgeschlagen, der ›JUMP‹ einen Betrag von 500,– DM zu übergeben. Mit diesem Betrag soll eine relative finanzielle Unabhängigkeit erreicht und die Bindung an unser Organ gefestigt werden. Im Zusammenhang mit der Übergabe des

Betrages wird ›JUMP‹ um die geeignete Art und Weise der Anwendung der Mittel ersucht ... Major Bergner.« Beim Umblättern fiel mir der Zettel in die Hände, den ich längst vergessen hatte. Da hatte ich tatsächlich als »JUMP« unterschrieben, weil Bergner mich darum gebeten hatte. Allmählich ahnte ich das Ausmaß des Ganzen, und mir wurde schlecht. All die Jahre während der DDR, die wir mit Bergner und seiner Familie verbracht hatten, lies ich Revue passieren. Ich erinnerte mich an schöne und gesellige Momente: der Beginn unserer Freundschaft, die Gitarre zum Geburtstag, der überraschende Besuch im Trainingslager in Zinnowitz. Mir wurde klar, dass alle Überraschungen, die er mir bereitet und die ich als so angenehm empfunden hatte, jeweils einen ganz speziellen »operativen« Grund hatten. Dieser Mensch hatte meine Naivität, meine Unwissenheit und meine Gutgläubigkeit ausgenutzt. Ich sah plötzlich einen völlig anderen Menschen vor mir als den, den ich all die Jahre gekannt zu haben geglaubt hatte. Aus den Akten sprach ein komplett anderer Bergner, ein fremder Mensch mit einer eigenartigen Sprache. Er hatte meine Worte verdreht, mir Dinge in den Mund gelegt und sie anders ausgelegt, als sie gemeint waren, und hatte sogar Berichte zu Ereignissen hergestellt, die niemals stattgefunden haben. Er behauptete in einem Zusammenhang, ich hätte erklärt,»... über Kontakt Stillschweigen zu bewahren ...«. Ich habe nie etwas verschwiegen, was die Treffen mit Bergner anging, denn es gab für mich nichts zu verschweigen und er hat mich auch nie darum gebeten. Irgendwann ahnte ich, dass Bergner von oben unter Druck gestanden haben muss, denn die Äußerungen »... wurden weitere Aktivitäten zugesichert« und »... dass sie an einer vertraulichen Form der Gesprächsführung interessiert ist« waren beispielsweise aus meinen Feststellungen entstanden, dass es schön sei, so gemütlich mit ihm und seiner Familie bei einer Flasche Wein zusammenzusitzen und zu reden und wir das ruhig öfter machen könnten. Er betrieb reinste Wortklauberei und nahm sich die Dichtkunst offensichtlich zu Hilfe.

Etwas anderes beschäftigte mich noch. Dass man allen Ernstes versucht hatte, ausgerechnet mich anzuwerben, war ein Witz. Damit gab sich mir das System der Lächerlichkeit preis. Denn ich war mit Sicherheit die Untalentierteste für so einen Job. Eigentlich hätte die Stasi dies wissen müssen, wenn ihr System wirklich etwas getaugt hätte. Ich hatte nur meinen Sport und meine Familie im Kopf und war nicht im Mindesten daran interessiert, irgend jemanden auszuhorchen oder etwas Ähnliches zu tun. Nach einem Jahr merkte man wohl etwas. Jedenfalls gab Bergner dann auf. Aus den Berichten meinte ich herauslesen zu können, dass er eine sehr schlampige Arbeit abgeliefert hatte. Es würde mich wundern, wenn alle Akten in diesem Zustand waren, denn ich ging eigentlich davon aus, dass die Stasi gewissenhafter arbeiten würde. Bergner erhielt wegen dieser unsauberen Ausführung eine schriftliche Rüge von einem Oberst. Mag sein, dass Bergner tatsächlich aus dieser Arbeit aussteigen wollte. Mag auch sein, dass er deshalb die Akte so schludrig angelegt hatte. Mag sein. Dennoch will und kann ich sein Handeln keinesfalls entschuldigen oder rechtfertigen.

Beinahe amüsant – unter anderen Umständen auf jeden Fall – fand ich den Bericht, den ein Oberst Hohberger schrieb, bezugnehmend auf die Quittungen für die Geschenke von Bergner an mich, eine Gesamtsumme von rund 2000 DDR-Mark: »Auch wenn das Geschenk an ›JUMP‹ vom 1. Stellvertreter des Leiters der BV bestätigt wurde, bin ich der Auffassung, dass die Gesamtsumme auf keinen Fall gerechtfertigt ist. Hier ist sehr großzügig gehandelt worden, von einem sparsamen Umgang mit finanziellen Mitteln kann nicht die Rede sein. Die Sache sähe anders aus, wenn von dem/der VIM operativ wertvolle Informationen erarbeitet worden wären. Wirklich *erarbeitete* Informationen haben beide VIM nicht vorzuweisen, zumindest sind derartige dem VIM-Material nicht zu entnehmen. Das wenige an Informationen entstammt dem ›Speicher‹ beider VIM bzw. entstand ohne besondere Eigenaktivitäten. Bleibt als Schlussfolgerung: Es wurde der Sportler als solcher honoriert, nicht der inoffizielle Mitarbeiter des MfS, und das ist ja wohl nicht Sinn und Zweck der Sache.«

Als ich mit Lesen fertig war, war ich völlig erledigt, und meine Nerven lagen blank. Ich weinte. Wenn man diese Akte las, konnte man denken, ich hätte von Anfang an gewusst, wer dieser Mensch war, dass er als Major bei der Stasi arbeitete, ich in alle Pläne eingeweiht war und Bestechungsgeschenke entgegengenommen hatte. Setzte man das Geschriebene als Wahrheit voraus, konnte man zu dem Schluss kommen, dass ich eine inoffizielle Mitarbeiterin der Stasi gewesen war. Ich war mir bewusst, wie wenig Chancen ich zu meiner Verteidigung hatte und dass die Zeitungen über solche Schlagzeilen frohlocken würden. Niemand außer Andreas, Bergner und mir wussten, wie es wirklich gewesen war. Deshalb brachte ich den Journalisten damals sogar etwas Verständnis entgegen, als sie schrieben, dass man meine Stasi-Tätigkeit eindeutig belegen könne. Es war wie verhext. Kaum hatte ich eine Sache ausgestanden, kam die nächste ins Rollen.

Das große Interesse der Journalisten an meiner Person machte mein Leben erneut zu einem Spießrutenlauf. Als erstes verschloss ich mich wieder einmal und versuchte mich zu schützen. Selbst wenn ich gewollt hätte, war ich nicht in der Lage, ihnen Rede und Antwort zu stehen, denn ich war wie überrumpelt, und der Schock saß tief. Mir fehlten im wahrsten Sinne die Worte und der Abstand zu dem

Geschehenen. Im Gegensatz zu den Vorwürfen im Zusammenhang mit Doping war ich diesmal auch emotional tief verletzt. Also wiederholte ich die Wahrheit, die ich unbelegt sagen musste: »Ich war nie IM und habe nie Informationen über andere Menschen an die Stasi weitergegeben mit der Absicht, dafür Geld zu bekommen.« Trotzdem hatte ich das Gefühl, alle tanzten auf mir herum, wollten mich fertig machen und verurteilen.

Meine erste Fassungslosigkeit, die mich beim Lesen der Akte ergriffen hatte, schlug schnell in Wut um. Ich wollte, dass Bergner, der mich in diese Lage gebracht hatte, mich auch wieder rausholen und die Dinge klar stellen sollte. Also nahm ich Verbindung zu Bergner auf und rief ihn an. Gleich zu Beginn unseres Gesprächs behauptete er, dass er davon ausgegangen war, alle Unterlagen seien vernichtet worden. Er hatte also gelogen, als er mir damals gesagt hatte, dass es überhaupt keine Berichte über mich gegeben hatte. Ich teilte ihm Ort und Zeitpunkt eines Pressetermins mit, zu dem ich ihn dazu bat. Er musste kommen, Stellung beziehen und Verantwortung zeigen. Ich hatte schließlich diese Akte nicht geschrieben.

Der Termin war ein Fernsehauftritt beim Aktuellen Sportstudio im ZDF. Verunsichert, wie ich war, quälte ich mir ein Lächeln ab. Denn neben mir saß Bergner, ein Mensch, dem ich einerseits vertraut hatte, ein Freund, und andererseits der Stasimitarbeiter, der mich reingelegt hatte. Ich war sehr eingeschüchtert und hatte noch nicht die Kraft, mit aller Konsequenz zu sagen, dass ich mit ihm nichts mehr zu tun haben wollte. Irgendwie hoffte ich, dass er auch für mich eine plausible Erklärung finden könnte, damit unsere Freundschaft Bestand haben würde. Ich wollte Aufklärung und dabei cool bleiben. Man sollte mir meine inneren Kämpfe nicht ansehen.

Zuerst musste ich erklären, warum ich nicht schon früher

selbst um Einsicht in meine Stasiakte gebeten hatte. Sicher war mir klar gewesen, dass alle Reisekader zu DDR-Zeiten mit einer Akte bei der Stasi registriert waren. So jedenfalls erzählte man es sich bei den Sportlern. Ehrlich gesagt, hatte ich nie damit gerechnet, dass darin irgendetwas von Belang stehen könnte, denn ich hatte mich ja nie eines Vergehens schuldig gemacht. Wenn ich auf Reisen mal etwas zu offenherzig mit dem »Klassenfeind« umgegangen war, wurde mir das ja unmittelbar mitgeteilt.

Und Bergner, aufgefordert, über den Beginn unserer Beziehung zu erzählen, formulierte seine Geschichte folgendermaßen: »Ich kannte Heike aus dem Bereich Jugend, Junioren und hatte eine sehr positive Einstellung zu ihr. 1983 kam ein Befehl des Ministeriums, ein Auftrag der flächendeckenden Bearbeitung der DDR-Bevölkerung. Das war für mich kein Thema ... Ein Mitarbeiter von der Berliner Hauptabteilung 20 wollte Heike kontaktieren. Da sagte ich ihm, es tut mir leid, das tue ich selber, ganz einfach um zu verhindern, dass Heike von anderen kontaktiert wird. Darum hab ich die ›Konzeption‹ angelegt, um Heike zu schützen ... Durch die Pro-Forma-Bearbeitung wollte ich verhindern, dass Heike tatsächlich IM wird ... Ich sah es als Projekt gegen den großen Apparat ... Durch den Kontakt, den wir beide hatten, war es niemandem möglich, an Heike beruflich ranzukommen ... Sie war für das Archiv des MfS aktenkundig erfasst ... Wir haben alles gemacht, damit eine nachrichtenkundliche Nutzung nach mir ausgeschlossen war ... Solche Dienste müssen ja konspirativ laufen und dürfen nicht privat sein. Da wir aber private Beziehungen hatten, haben wir dem entgegengewirkt ... Heike hat nie Informationen erarbeitet ... Sie war kein IM, das ist ganz ausgeschlossen.«

Der ZDF-Journalist versuchte nachzuvollziehen und hakte nach. Meine Akte war Ende 1986 angelegt worden und 1988 mit der Begründung geschlossen worden, dass ich Mitglied der Volkskammer sei. Da ich aber schon 1986 als Vertreterin in der Volkskammer gewesen war, hätte die Akte im Prinzip doch gar nicht angelegt werden müssen. Bergner manövrierte sich heraus: »Im Prinzip nicht. Wenn man in der Leitung des MfS bzw. in dem Bereich, wo das bestätigt wurde, direkt beobachtet hätte und sich dafür interessiert hätte, wäre das nicht in Gang gekommen. Das ist eindeutig so. Ich habe das dann aber genutzt, die Tatsache, dass Heike Abgeordnete wurde, um das als Begründung einzusetzen.«

Soweit also zur »Aufklärung« durch Bergner.

Ich konnte es nicht fassen, nicht fassen, dass er mich in so eine Situation bringen konnte, aber auch nicht, dass ich diese Freundschaft verlieren würde. Immer wieder versuchte ich mich in den Mann hineinzuversetzen und mir vorzustellen, was ihn bewogen haben könnte, bei der Stasi zu arbeiten.

Verzweifelt suchte ich nach Rechtfertigungen für sein Verhalten. Vielleicht hatte es ja wirklich einen triftigen Grund gegeben, den ich verstehen konnte. Bis zum letzten Moment wollte ich glauben, dass er, der mir und meiner Familie so nahe gestanden hatte, einen guten Grund und mit mir nichts Böses im Sinn gehabt hatte. Ich führte in Gedanken Zwiegespräche mit ihm, in denen ich ihn aufforderte, endlich mit der Wahrheit herauszurücken, mit mir darüber zu sprechen und mir den Grund zu nennen. Doch Bergner nannte mir keinen Grund, und ich fand auch keinen. Er wusste genau, was er mir angetan hatte, und seine Feigheit war für mich nicht mehr zu tolerieren. Seine Feigheit, mich immer über das große Ganze im Dunkeln zu lassen, auch wenn er sich ein kleines Stück offenbart hatte, als er sagte, er wolle diese Arbeit bei der Stasi nicht mehr machen. Ich hätte erwartet, dass er mir in dem Zusammenhang von dieser Akte erzählen würde, denn dann wäre es vielleicht glimpflicher für uns beide ausgegangen. Aber das hatte er versäumt, und ich nahm es ihm nun um so übler. Er hatte mich gemein belogen und in seiner Feigheit noch nicht mal dann Stellung bezogen, als ich dadurch in Schwierigkeiten geraten war. Mit Sicherheit war es nicht leicht für ihn, neben mir im Fernsehen aufzutreten und sich zu erklären, aber er hatte dort die ganze Zeit versucht, seine eigene Haut zu retten, und nicht, etwas klar zu stellen. Das Band zwischen uns war zerrissen, und meine Enttäuschung war mir im Gesicht abzulesen. Nach der Sendung wurde Bergner sogar von einigen Zuschauern bespuckt.

Die Sendung brachte nicht, was ich mir versprochen hatte: die wirkliche Aufklärung. Womöglich war es sogar ein Fehler gewesen, mit Bergner gemeinsam aufzutreten, denn danach wurde der Schluss gezogen, ich steckte mit Bergner unter einer Decke. In der Presse warf man uns vor, ein Spielchen zu treiben. Dass ich gleichzeitig mit den Vorwürfen auch um eine verlorene Freundschaft rang, sah niemand.

Ich war entsetzt, dass offensichtlich niemand die ganze Geschichte hören wollte, so wie sie sich wirklich abgespielt hatte. Denn alles, was bisher in der Öffentlichkeit kursierte, waren kleine Teile eines Ganzen, aber das schien niemanden zu stören. Niemand versuchte, sich in meine Lage zu versetzen und mich zu verstehen, und ich sah mich damit konfrontiert, mich ständig rechtfertigen zu müssen. Jeder Name, jeder Vorgang, der in dieser Akte verzeichnet war, erhielt plötzlich ein unwahrscheinlich großes Gewicht, und ich musste Stellung beziehen. Aber ich konnte nichts von dem beweisen, was ich zu den Sinnverdrehungen Bergners zu sagen hatte, und ich konnte nicht erwarten, dass mir das jemand abnahm, es sei denn, er war selbst mit solchen Dingen konfrontiert. Verurteilen ist leicht, wenn man selbst nie

in einer solchen Situation steckt, aber das Aburteilen aufgrund von oberflächlichen Berichten und ohne die wahren
Beweggründe zu wissen, ist unfair.

Bergner gab im Juni 1994 eine weitere Erklärung ab, diesmal schriftlich: »Abschließend möchte ich zu diesem Fak-
tor eindeutig darstellen, dass Heike Drechsler nie IM war,
begründet durch meine Bearbeitung, nie IM werden sollte ... und in keiner Weise bereit gewesen wäre, als IM für
das MfS zu arbeiten. Lediglich eine tiefe persönliche
Freundschaft bewirkte, dass ihnen [Andreas und mir] nach
Bekanntwerden meiner beruflichen Tätigkeit die möglichen
Zusammenhänge damit gleichgültig waren.«

Als das Schlimmste überstanden war, ging meine Wut in
Enttäuschung über. Bergner tat mir nur noch Leid. Wir hatten den Kontakt zu ihm total abgebrochen, und ich wollte
nichts mehr von ihm wissen. Etwas später erfuhr ich, dass
er sich das Leben genommen hatte. Er hat sich aus seinem
Leben verabschiedet, wie er sich in meines reingeschlichen
hat. Hinter dieser Beziehung steht nach wie vor ein großes
Fragezeichen. Die Verarbeitung dieses Schocks dauert noch
an. Bis heute bin ich mir über ihn und seine Position in
dem Ganzen nicht im Klaren, ob er seine Freundschaft,
seine Ausstiegsgedanken und seine Klärungsbereitschaft
ehrlich gemeint hatte oder ob sein einziges Ziel gewesen
war, sich so gut wie möglich aus der Affäre zu ziehen.
Schließlich waren Menschen wie er darauf trainiert, andere
psychologisch zu beeinflussen, ihnen Freundschaft,
manchmal sogar Liebe vorzutäuschen. Dafür waren sie bezahlt worden. Mich würde interessieren, wie heute die Kinder von Bergner über ihren Vater und die ganze Angelegenheit denken. Da für mich so viele Fragen unbeantwortet
blieben, würde ich mich gern mit ihnen unterhalten.

Die Stasi gehörte zum Alltag der DDR. Im Klub gab es
beispielsweise einen offiziellen Stasimitarbeiter, den alle

kannten und der wie selbstverständlich zum Betrieb gehörte. Was seinen Beruf anging, gab es keine Geheimnisse, und jeder wusste davon. Ich war der Meinung, dass man mich in Ruhe lassen würde, wenn ich mich im Gegenzug auch an die Regeln halten würde. Meine Schwiegereltern waren da viel misstrauischer und verhielten sich auch Bergner gegenüber sehr zurückhaltend. Ganz im Gegensatz zu mir, denn ich war überhaupt nicht misstrauisch. Mein großer Fehler war, dieses Geld von Bergner anzunehmen und dafür mit einem Namen zu unterschreiben, der für mich nichts zu sagen hatte. Damit aber fing das Theater erst richtig an. Als einzig Positives an der Affäre kann man sehen, dass ich begann, mich mit meiner grenzenlosen Naivität auseinander zu setzen und mich mehr für die Dinge um mich herum zu interessieren und sie zu hinterfragen. Ich stellte mir häufig die Frage, wie es dazu hatte kommen können und ob ich in meiner Vertrauensseligkeit nichts gemerkt hatte. Damals hatte ich in einer heilen Welt gelebt, war voll konzentriert auf meinen Sport und hatte alles, was ich mir wünschte: meinen Mann, meinen Trainer, die Ausbildung, Erfolg. Alles lief in geregelten Bahnen, und ich lief zwar nicht blind durch die Welt, hatte aber schlicht nur sehr wenig Zeit, mich mit anderen Dingen als dem Sport zu beschäftigen. Sicherlich war ich aufgrund meiner Naivität leicht zu beeinflussen, und ich werfe mir noch heute vor, dass ich die vorgesetzten Dinge viel zu oft geschluckt habe, anstatt sie zu hinterfragen. Das macht mich heute etwas vorsichtiger.

Aus diesen Fehlern habe ich gelernt. Ich habe sie gemacht und selbst ausbaden müssen, und dazu stehe ich. Mit dem heutigen Abstand kann ich darüber und über meine Gefühle schreiben. Nie im Leben hätte ich gedacht, dass die Stasi sich für mich interessieren würde, denn für mich gab es ganz eindeutige Wichtigkeiten, von denen ich glaubte, dass sie nur mich etwas angingen. Letztendlich bin ich froh, dass mir die Augen geöffnet wurden und ich schmerzhaft gestolpert bin. Denn es hat mich gelehrt, dass, wenn man noch eine faire Chance bekommt, man den aufrechten Gang wieder erlernen kann.

In der Presse kam ich in dieser Zeit natürlich besonders schlecht weg. Ständig las ich negative Schlagzeilen, manches wollte ich gar nicht sehen. In keinem Artikel wurde die ganze Geschichte erzählt und verstanden, aber vielleicht gab es einen solchen Artikel, und ich habe ihn nur nicht gefunden. Ich ärgerte mich über die Dummheit und Anmaßung, Menschen nur anhand von Stasiunterlagen zu verurteilen. Hintergründe spielten keine Rolle, wichtig war, dass jemand dran glauben musste.

Erneut war ich in der Situation, mich am liebsten irgendwo zu verkriechen und erst wieder herauszukommen, wenn der Sturm sich gelegt hatte, aber ich machte mir Mut, denn ich musste mich schließlich nicht verstecken. Ich musste mich dem Druck stellen, der von den Medien ausging, und wollte nicht klein beigeben oder gar resignieren. Und erneut erwies sich der Sport als guter Blitzableiter. Bis heute allerdings habe ich Schwierigkeiten damit, dass es in den Medien viel häufiger um die Sensation als – in meinem Beispiel – um den Sport geht. Ich will damit nicht gegen den Journalismus an sich reden, denn ich habe viele gute Journalisten kennen gelernt, die sich die Mühe gaben, abseits der üblichen Fragen, die nur an der Oberfläche kratzen, zu forschen und mit denen es spannende Gespräche gab.

Abschließend bin ich der Meinung, dass jede einzelne Geschichte, in der es um Stasi-Vorwürfe geht, es wert sein muss, genau erforscht und recherchiert zu werden. Die Anschuldigungen bleiben der Öffentlichkeit viel stärker im Gedächtnis als eventuell die Zurücknahme der Vorwürfe, sollten sie sich als falsch erweisen. Das muss immer bedacht werden, und es sollte die Mühe wert sein.

EINE NEUE HERAUSFORDERUNG

Wie alle Angestellten im öffentlichen Dienst hatte ich nach der Wende eine Unterschrift leisten müssen, dass ich nie etwas mit der Stasi zu tun gehabt hatte. Ich konnte das Schreiben mit reinem Gewissen unterschreiben. Nun allerdings änderte sich das Bild schlagartig.

Ich erhielt eine Einladung vom Kultusministerium in Jena und hatte mit der Kommission für Stasiangelegenheiten eine Besprechung, die von meiner Seite in der Überzeugung endete, meine Entlassung einzureichen. Im gegenseitigen Einvernehmen wurde mein Vertrag mit der Stadt Jena aufgelöst.

Da ich zu Jena ohnehin nicht mehr den besten Draht hatte, war dieser Weggang die logische Konsequenz. Schade war nur, dass ich nun auch nicht mehr an meiner alten Schule arbeiten konnte. Besonders für Herrn Rössner, der sich so sehr für meine Einstellung eingesetzt hatte, tat es mir Leid. Aber weder er noch Rolf Beilschmidt hätten mir in dieser Situation weiterhelfen können. Die Sache war schließlich im Kultusministerium entschieden worden und damit erledigt.

Ich fühlte mich wie abgeschrieben oder auf einer Streichliste abgehakt, die vom Kultusministerium geführt wurde, um ein paar Stellen abzubauen. Schließlich war ich nur eine unter vielen, die in Jena »ausgeputzt« wurden. Die neuen Politiker wollten sicher gehen, dass sich niemand, der auch nur im Entferntesten mit dem alten System zu tun gehabt hatte, im öffentlichen Dienst befand. Grundsätzlich verständlich, nur für mich persönlich bedeutete dies den endgültigen Abschied von dieser Stadt. Mein alter Sponsorenvertrag lief zu der Zeit aus, und ich verhandelte mit dem TSU Jena, besser gesagt mit Rolf Beilschmidt, einen neuen Vertrag. Dem Klub stand damals jedoch nicht viel Geld zur Verfügung, so dass man mir nicht das Angebot machen konnte, was man sich vielleicht gewünscht hätte, und ich mich auch vom Verein trennte. Erich holte daraufhin neue Angebote ein. Mit Leverkusen hätte ich zum Beispiel einen tollen Vertrag eingehen können, denn sobald in der Öffentlichkeit bekannt war, dass ich auf der Suche nach einem neuen Verein war, besuchten mich zwei Vertreter des Vereins zu Hause. Aber kaum legten sie ihr Angebot vor, überkamen Erich und mich Skrupel. Als populäre Ost-Sportlerin war ich nicht begeistert von der großen Auswanderung der Sportler in den Westen. Hier hatte ich meine treuesten Fans, von denen ich so viele liebe Zuschriften bekam, und ich wäre mir wie eine Verräterin vorgekommen, hätte ich das verlockende Angebot angenommen.

Das nächste Angebot erreichte uns aus Chemnitz. Wir setzten uns mit dem ehemaligen 400-Meter-Läufer Wilfried Seifert, der inzwischen Oberbürgermeister von Chemnitz und gleichzeitig Präsident des LAC Chemnitz war, und dem Chef des LAC Bernd Schubert zusammen und arbeiteten an einem Vertrag. Zur gleichen Zeit wurde gerade die Bezirksdirektion der Barmer Ersatzkasse in Chemnitz eingerichtet. Von dort kam das Angebot für einen Arbeitsplatz. Und da ich auf der Suche nach einem neuen Verein und einem Arbeitsplatz gewesen war, nahm ich an und startete von nun an für den LAC Chemnitz. Kurz nach der Vertragsunterzeichnung trat ich zum ersten Mal bei einem Wettkampf in Jena für den neuen Verein an. Ich dachte mit Nervosität an die Reaktionen der Jenaer Zuschauer. Aber da hatte ich mir zu viele Gedanken gemacht, denn für die Zuschauer machte es keinen Unterschied. Sie waren gut gelaunt, jubelten und motivierten mich sehr.

Nach der unschönen Trennung von Jena damals bin ich heute froh, wieder ein entspannteres Verhältnis zu dieser Stadt und ihren Vertretern zu haben. Damals jedoch war ich sehr verletzt. Doch letztendlich habe ich nur dadurch den Absprung geschafft und mich an eine neue Herausforderung gewagt.

Für die Krankenkasse zu arbeiten, bedeutete mir sehr viel. Mir war klar, dass ich mich nicht mehr nur auf meinen Sport verlassen konnte. Außerdem war wichtig, einen Ausgleich zum Sport zu finden, mit dem man seinen gesicherten Lebensunterhalt verdienen konnte. Denn bei einer Verletzung hätte ich nicht mehr bei Wettkämpfen starten können und wäre in eine unsichere Lage geraten. Für aktive Leistungssportler gestaltet sich die Arbeitssuche als sehr schwierig. Es geht ja nicht nur darum, einen Arbeitsplatz gesichert zu haben im Fall eines Rückzugs aus dem aktiven Sport, sondern vor allem auch darum, einen Arbeitgeber zu finden, der die Möglichkeit unterstützt, den Sport in Ruhe und professionell ausüben zu können.

Meinen Kontaktpersonen Susanne Wickmann und Alfred Sigl, Dr. Johannes Vöcking und Dr. Eckart Fiedler, aber auch der Barmer Ersatzkasse an sich habe ich zu verdanken, dass ich immer einen freien Kopf für meinen Sport hatte. Seit mehreren Jahren nun schon unterstützen sie mich, und ich bin sehr froh darüber. Ich konnte mich zielgerichtet auf Höhepunkte vorbereiten, und weder die Barmer Ersatzkasse noch meine Sponsoren haben sich von mir abgewendet aufgrund der Affäre um die Stasiakte.

Bei der Barmer Ersatzkasse zu arbeiten, macht mir viel Spaß. In der Regel mache ich Öffentlichkeitsarbeit und gebe Autogrammstunden. Außerdem arbeite ich auch mit Kindern, schon immer ein Herzenswunsch von mir. Ich erarbeite kleine Trainingseinheiten mit ihnen und wecke so vielleicht deren Interesse am Sport. Bei einer dieser Autogrammstunden kam einmal ein netter älterer Herr auf mich zu und machte mir viele Komplimente. Zum Schluss sagte er sinngemäß:»Ich muss Ihnen mal was sagen. Wenn Sie sich bei der Landung weiter nach vorne strecken und nicht auf den Hintern fallen würden, würden sie garantiert noch dreißig Zentimeter weiter springen. Ich habe es mir nämlich ganz genau angeschaut und meine Videokassette immer wieder zurückgespult. Und da ist mir aufgefallen, dass sie technisch nicht perfekt sind.«

EINE KAPUTTE SEELE

Andreas und ich hatten uns im Lauf der Jahre auseinander gelebt und zu wenig füreinander getan. Schließlich waren wir sehr oft getrennt, und er begann, sein eigenes Leben unabhängig von meinem zu führen. Dabei konnte es nicht ausbleiben, dass er auch eine andere Frau mit einbezog.

Mich schockierte vor allem, dass ich von ihrer Existenz nicht von Andreas selbst erfuhr, sondern von gemeinsamen Freunden, und auch erst, als es beinahe schon publik war. Ich war sehr verletzt, und ich hatte es weder erwartet noch geahnt. Nicht so sehr die Tatsache, dass es so gekommen war, tat mir weh, sondern dass ich mir sicher gewesen war, mir könne so etwas nicht passieren. Ich hätte für Andreas meine Hände ins Feuer gelegt.

Als es raus war, haben wir versucht, unsere Ehe zu retten, haben viel geredet, aber keinen Weg gefunden. Mir war bewusst, dass zwei Menschen an so einer Trennung Schuld sind, und so zerbrach ich mir den Kopf darüber, was ich in der Vergangenheit hätte anders machen sollen. Es war bereits viel zu spät. Wir beschlossen, uns zu trennen, und er packte wenig später seine Sachen und ging.

Ein halbes Jahr lang hörte ich nichts von ihm. Er meldete sich nicht, und Tony fragte ständig, wo sein Papa sei. Im Dezember tauchte Andreas wieder auf, und wir feierten gemeinsam mit seinen Eltern und der Familie Spix in Oberhof Weihnachten und Silvester. Für wenige Tage glaubte ich, wir könnten doch noch alles retten, und fühlte mich erleichtert. Aber das Glück dauerte nur kurz. Nun war endgültig alles zerbrochen, und Andreas ging wieder zu der anderen Frau. Erneut verstrich ein halbes Jahr, ohne dass er sich meldete. Dafür bekam ich einen Anruf vom Jugendamt: Andreas hatte das Sorgerecht für Tony beantragt.

Das traf mich wie nichts zuvor. Ich wollte um keinen Preis Tony verlieren, denn damit wäre für mich eine Welt zusammengebrochen, denn meine Familie war für mich immer der wichtigste Halt gewesen. Nun sollten wir geschieden werden. Ich wusste, dass, wenn mein Privatleben nicht stimmte, gar nichts mehr gut ging, und ich fühlte mich gebrochen. Aus dieser Geschichte kam ich nur mit großen Narben heraus. Da unser gemeinsames Leben so sehr verwachsen war, wurden viele Dinge wie das Verhältnis zu meinen Schwiegereltern, vor allem zu meinem Trainer Erich, äußerst kompliziert. Die Situation war um so verletzender, weil Andreas sich nicht die Mühe machte, sich mit mir zu besprechen, sondern sofort mit einem Anwalt auftrat. Ich war gezwungen, ebenfalls einen dazu zu bitten. Erneut bat ich Walter Spix um Hilfe und weinte mich bei ihm aus. Walter war wie ein Vater zu mir, und wir hatten inzwischen eine so innige Beziehung zueinander, dass ich mich fallen lassen konnte. Am meisten zu leiden hatte jedoch unser Sohn Tony.

Zeitweilig wurde das Training mit Erich schwierig, denn die Trennung hatte ihn und Irene genauso getroffen wie

LETZTER AUFTRITT EINER DDR-NATIONALMANNSCHAFT

*1990 bei der EM in Split war Katrin Krabbe der
neue Stern am Leichtathletik-Himmel. Dreimal Gold
für sie, einmal Gold und einmal Silber für mich*

DIE NEUE ZEIT BRICHT AN

*Schwiegervater Erich Drechsler übernimmt
das Training, und gemeinsam schauen wir
nach vorn*

MEINE LIEBLINGSBESCHÄFTIGUNG

Tony, das Glück auf Erden

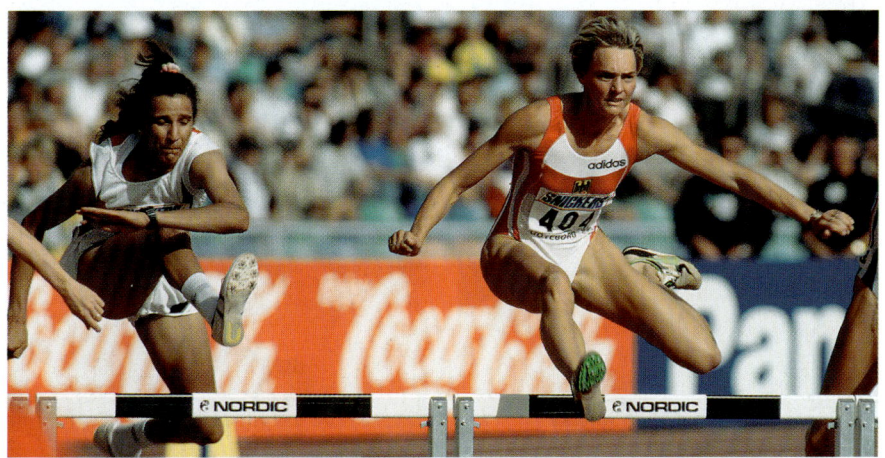

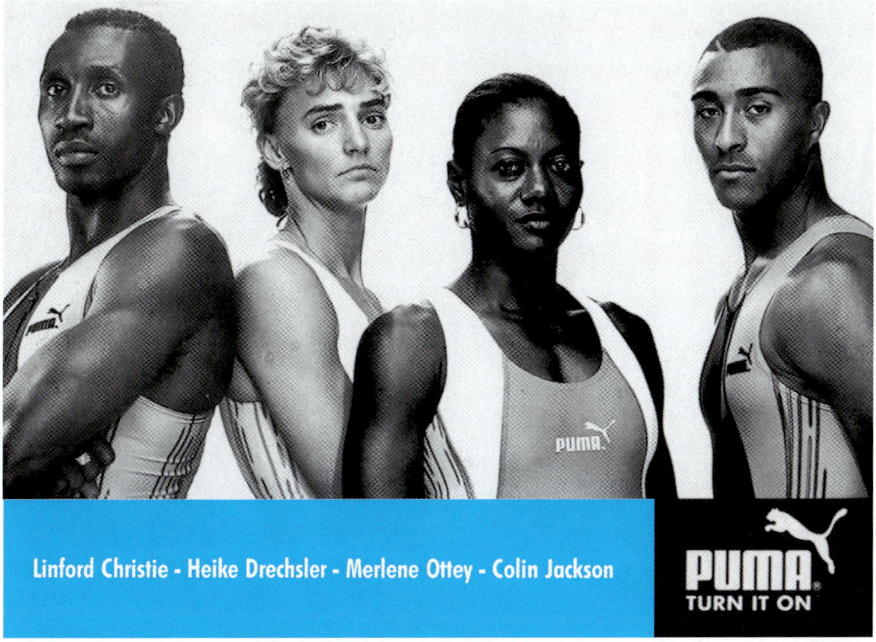
Linford Christie - Heike Drechsler - Merlene Ottey - Colin Jackson
PUMA
TURN IT ON

adidas
SNICKERS
404
NORDIC
NORDIC

HÖHEN UND MANCHMAL AUCH TIEFEN

*Videowand: Mein erstes Olympia-Gold in Barcelona.
Plakat: Puma stellte mich in eine Reihe – und was für eine!
Die Weltmeisterschaften in Göteborg waren ein Desaster:
Weitsprung-Qualifikation nicht geschafft, im Hürdenlauf des Siebenkampfs stehen geblieben, am Ende verletzt ausgeschieden*

EINE GLÜCKLICHE FAMILIE

Inge und Walter Spix gehört mein Vertrauen.

Ganz eng: mit Mutti und Alain, Tony und Alains Sohn Clement.

*Auf Erich und Irene können sich
Tony und ich verlassen*

*Wir können auch anders. Zum Beispiel beim
Festakt »Sportler des Jahres 2000«*

7
6
adidas
1902

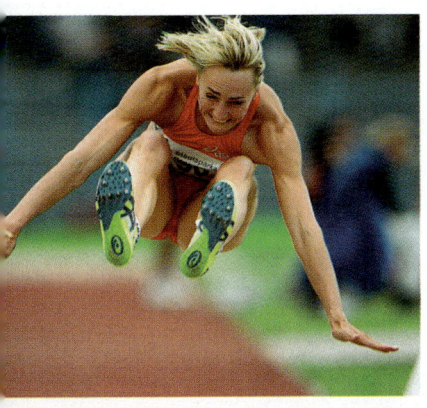

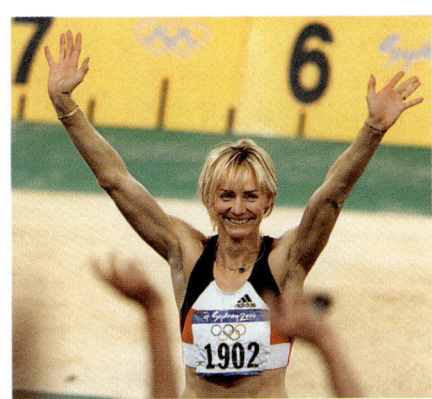

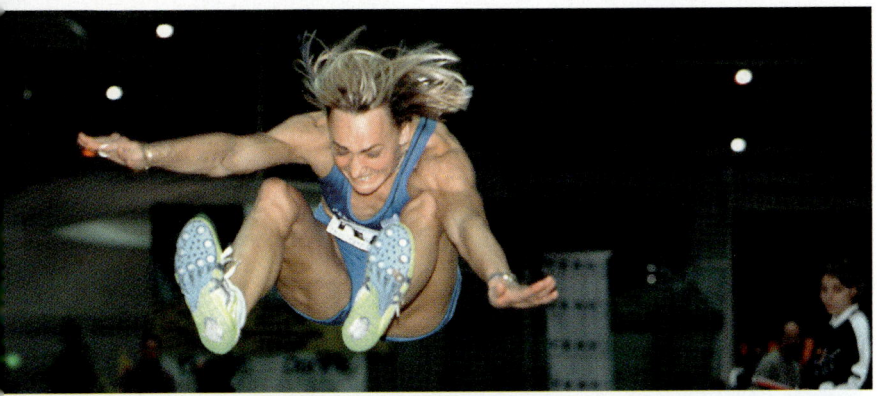

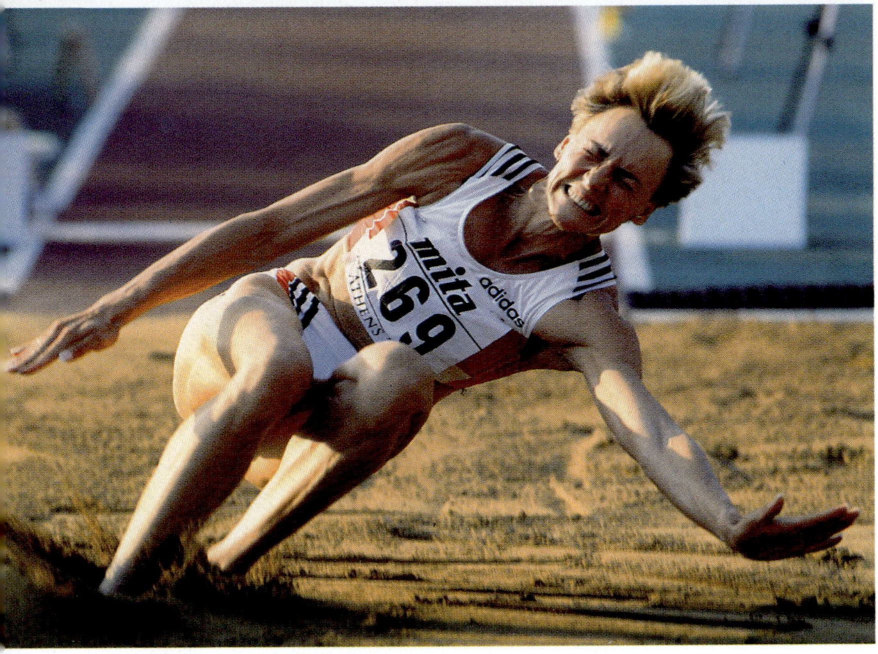
mita
adidas
269
ATHENS

MEIN GOLDSPRUNG IN SYDNEY

Am Ende sind es 6,99 Meter

BIN ICH'S ODER BIN ICH'S NICHT?

Frech, verführerisch, verspielt? Kleine Variationen nach dem Absprung

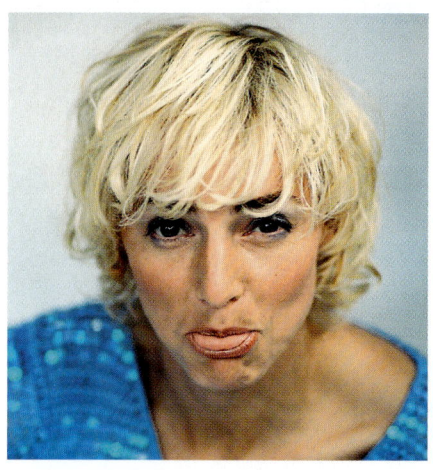

GUT GELANDET

Ich hab's geschafft!

mich, und das war auch beim Training nicht einfach zu ignorieren oder auszuschalten. Die Atmosphäre war sehr belastend. Hinzu kam, dass Andreas von seinen Eltern erwartete, dass sie sich von mir lösten, aber die Beiden hielten zu mir, und das gab mir ungeheures Vertrauen. Im Gegenzug wurde das Verhältnis zwischen Andreas und seinen Eltern immer schlechter. Irene und ich kämpften nun darum, unsere Söhne nicht zu verlieren.

Die Scheidung wurde vollzogen. Ich brachte Andreas wenig Verständnis dafür entgegen, dass er die Boulevardpresse in diese private Angelegenheit mit hineinzog. Er machte Tony so zum Spielball der Auseinandersetzung.

DER STRESSABLEITER

Diese privaten Probleme warfen mich völlig aus dem Rhythmus, und es fiel mir schwer, mich auf den Sport zu konzentrieren. Letztendlich war es jedoch gut, dass ich all die Jahre am Sport festgehalten hatte, denn er erwies sich immer wieder als guter Ausgleich zu all dem Stress. Ich konnte meinen Aggressionen freien Lauf lassen, indem ich stets hart trainierte – mit großem Erfolg.

Bei den Europameisterschaften 1994 in Helsinki gewann ich erneut, und es wurde fast langweilig, jedes Jahr zu gewinnen, denn die Zuschauer und die Journalisten gewöhnten sich daran und erwarteten inzwischen nichts Anderes mehr als einen Sieg. Außerdem wogen diese Siege nun nicht mehr so schwer. Trotzdem war der Wettkampf in Helsinki sehr interessant. Ich kannte die Stadt bereits seit 1983. Man kehrt immer wieder an Wettkampfstätten zurück, die man jedes Mal in einem neuen Licht sieht. 1994 rückte unsere Mannschaft spürbar enger zusammen, aber nach wie vor gab es Hahnenkämpfe um die Trainerplätze, und es wurde Stimmung gegen die Ost-Trainer gemacht. Dennoch war im Prinzip das Verhältnis unter den Sportlern wesentlich lockerer. Immer noch kam ich mit den Werfern am besten klar, die immer sehr lustig waren – vielleicht auch aufgrund der Tatsache, dass sie länger feierten und mehr tranken als die anderen. Wenn wir etwas zu feiern hatten, besuchten wir die Werfer in ihren Zimmern. Dort fand sich immer etwas zu trinken unter den Betten. Sofort kam eine gute Stimmung auf, und wir saßen oft lange zusammen und spielten Karten. Dabei fühlte ich mich wahnsinnig wohl und glücklich.

Das ganze Jahr über war ich schon bei einigen Meetings auf die beiden Weitspringerinnen Larissa Bereshnaja und Renata Nielsen getroffen. Im Wettkampf waren wir stets harte Konkurrentinnen, aber am Abend, wenn sich der Druck verflüchtigt hatte, saßen wir oft gemütlich zusammen und feierten ausgelassen. Zwischen uns entstand sogar eine richtige Freundschaft. Es war meine Sportlergeneration, in der ich mich wohl fühlte. So lernte ich auch Alain Blondel, den sehr erfolgreichen Zehnkämpfer, kennen, der, wie sich später herausstellte, meine große Liebe werden sollte. 1994 war davon aber noch keine Rede. Ich war damals lediglich davon beeindruckt, dass er in Helsinki im Regen den Stabhochsprung absolvierte, wo doch normalerweise jeder Dackel in seine Hundehütte kroch. Er dagegen schwang sich wie ein Luftikus über die Höhe und erreichte beachtliche 5,40 Meter.

Wir kannten uns eigentlich kaum. Ab und zu saßen wir zusammen und unterhielten uns, wie mit vielen anderen Sportler auch, aber er war mir irgendwie von Beginn an sympathisch, und es gab eine leise Spannung zwischen uns. Da wir bei diesem Wettkampf beide in unserer Disziplin Europameister wurden, mutmaßte ich, dass wir uns vielleicht gegenseitig angespornt hatten. Natürlich waren wir beide überglücklich über unseren Sieg und konnten ihn noch nicht so richtig einordnen. Was das uns verbindende Glücksgefühl dieses Wettkampfes später zwischen uns bewirken sollte, ahnten wir selbstverständlich noch nicht. Die große Erinnerung an Helsinki 1994 bleibt also mit Alain verbunden, obwohl ich damals noch verheiratet war und wahrlich andere Sorgen hatte.

Rückblickend muss ich sagen, dass das Jahr 1994 sportlich gesehen für mich beinahe zu normal verlaufen war. Das Training lief hervorragend, und mein Körper rebellierte nicht. Es war also wie selbstverständlich für mich, den Höhepunkt der Saison, die Europameisterschaften, für mich entscheiden zu können. Die Journalisten hatten auch nichts Anderes erwartet. Die Wettkampfroutine, die sich beinahe automatisch entwickelte, erschien mir sehr langweilig. Nicht dass ich nicht mehr mit Liebe in die Wettkämpfe ging, aber mir fehlte die Herausforderung, etwas Neues zu leisten. Mein Training war fast abwechslungsreicher als die Wettkämpfe. So bekam ich Lust auf den Siebenkampf. Erich war nicht gerade begeistert, als ich ihn damit konfrontierte, denn auch für ihn war es Neuland. Und meine Idee kam so prompt nach diesen erfolgreichen Europameisterschaften, dass er den Zusammenhang vielleicht zuerst gar nicht verstand.

Da mein Training zu der Zeit sowieso aus allen Disziplinen bestand, waren die Umstellung nicht ganz ungewohnt und die Herausforderung nicht belastend. Ziemlich bald hatte ich die Möglichkeit, an einem kleinen internationalen Wettkampf in Tallance als Siebenkämpferin teilzunehmen. Ich freute mich riesig darauf. Fünf Tage vor dem Wettkampf reiste ich allein nach Arcachon zum Training – ich hatte diesmal einen äußerst interessanten Trainingspartner: Alain Blondel. Er half mir beim Training und arbeitete mit mir an den Details, zum Beispiel dem Hürdenstart und dem Hochsprunganlauf. Das Training, aber auch das Leben danach begannen wieder Spaß zu machen.

Ohne zu wissen, was ein Siebenkampf für mich bedeuten könnte, und mit viel guter Laune ging ich in den Wettkampf. Das tollste Erlebnis für mich war, dass alles funktionierte, wie ich es mir vorgestellt hatte – sogar mit persönlichen Bestleistungen. Nach sechs Disziplinen führte ich, aber es fehlte noch der 800-Meter-Lauf. Ich erinnerte mich, dass ich zuletzt vor zehn Jahren diese Distanz bewältigt hatte – eigentlich einmal und nie wieder! Und wie vor zehn Jahren begannen meine Knie zu zittern. Es fing also nicht gerade vielversprechend an, und ich wollte einfach nur dran bleiben und nicht zu schnell anfangen, um für die letzten Meter genügend Reserven zu haben. Bis 200 Meter vor Schluss blieb ich eisern hinter der sechsten Läuferin am Feld dran. Dann sah ich die Chance, meine Sprintqualitäten unter Beweis zu stellen und löste mich vorsichtig von meiner Vorläuferin. Ich schoss regelrecht an ihr vorbei, sprintete wie besessen und gewann den Lauf in einer für mich erstaunlich guten Zeit: 2:11,22. Selbst wenn ich mir heute die Videoaufzeichnung von diesem Siebenkampf anschaue, bekomme ich – vor allem beim 800-Meter-Lauf – noch eine Gänsehaut. Niemand, nicht einmal ich selbst, hätte so mit mir gerechnet. Ich habe den Siebenkampf mit der Jahresweltbestleistung abgeschlossen, weiß aber auch, dass man diesen kleinen Wettkampf nicht ohne weiteres mit einem richtig großen vergleichen kann. Dort gibt es einen ganz anderen Zeitplan. Ich konnte meine Leistung schon noch ins rechte Verhältnis zum Ganzen rücken. Aber da ich den Wettkampf eigentlich nur aus Spaß an der Sache mitgemacht und das zum Ende der Saison erreicht hatte, habe ich auch mich selbst mit dieser Leistung sehr beeindruckt.

Sechster Teil

»SIE SIND AUS DEM FINALE«

Das darauf folgende Jahr 1995 sollte viele Veränderungen und Stimmungswechsel mit sich bringen. Ich hatte gedacht, dass ich meine schmerzhaften privaten Probleme weiterhin gut mit dem Sport kompensieren könnte, aber in diesem Jahr war nichts so, wie es sein sollte. Mittlerweile war die Tatsache, dass ich mich in Alain verliebt hatte, überall bekannt. Gemeinsam mit ihm, seinen Eltern und seinem Sohn Clement fuhren Erich, Tony und ich an die Algarve nach Portugal ins Trainingslager. Die Bedingungen dort waren sehr gut, so dass es unter Sportlern ein beliebter Trainingsort war.

Tony und Clement, die im gleichen Alter sind, trafen sich hier zum ersten Mal. Es wurde eine sehr lustige Zeit im Trainingslager. Ich trainierte mit Renata Nielsen und Ines Kraus, und Alain hatte seinen Trainingspartner Sebastian Leviq dabei.

Meine Erwartungen an die Weltmeisterschaften in Göteborg richteten sich nach meinem erfolgreichen Wettkampf in Tallance nicht nur auf den Weitsprung, sondern auch auf den Siebenkampf, obwohl die Priorität weiterhin auf dem Weitsprung lag. Mir war dabei klar, dass mein Wunsch, ohne Qualifikationswettkämpfe im Siebenkampf in Göteborg zu starten, schwierig durchzusetzen war. Ich hatte die anderen deutschen Siebenkämpferinnen gegen mich, und

213

beim DLV ging ein offener Protest einiger Athletinnen und Trainer ein. Eine Mehrkampf-Trainerin sagte tatsächlich: »Wenn die Drechsler ohne Nominierung mitfährt, werde ich zur Wildsau.«

Selbstverständlich war diese neue Konkurrenz nicht leicht zu akzeptieren, aber da es zu der Zeit keine dritte deutsche Mehrkämpferin gab, die in der Weltspitze eine Chance gehabt hätte, entschied der DLV, mich starten zu lassen. Meine persönliche Bestleistung von 6743 Punkten aus dem Vorjahr reichte aus, um mich zu nominieren. Voller Hoffnungen machte ich mich auf den Weg nach Göteborg. Mir war natürlich bewusst, dass viele Kritiker mich mit Argusaugen beobachten würden und auf den ersten Fehler von mir hofften.

Die Qualifikation für den Weitsprung verlief ohne Probleme. Meine Form lag bei etwa 7,20 bis 7,30 Metern. Dann kam die Entscheidung, eine Entscheidung über drei Zentimeter. Diese drei fehlenden Zentimeter führten dazu, dass ich mich nicht für das Finale qualifizierte. Das war mir noch nie zuvor passiert, und ich saß wie versteinert da, unfähig, einen klaren Gedanken zu fassen. Das konnte einfach nicht wahr sein. Alle meine Sprünge waren sehr weit gewesen, die ersten beiden ungültig, und beim dritten musste ich also sicher springen. Ich erreichte 6,64 Meter – zu wenig für das Finale. Und weil ich es nicht fassen konnte, dass ich wegen drei Zentimetern das Finale verpasst hatte, wollte ich nicht aus dem Stadion gehen. Der Kampfrichter kam daraufhin zu mir und sagte: »Bitte verlassen sie das Stadion. Sie sind aus dem Finale!« Sekundenlang nahm ich nichts mehr wahr, mir wurde schlecht. Was für eine Katastrophe. Nichtsdestotrotz war ich nicht enttäuscht, was man eigentlich erwarten konnte, sondern nur fassungslos und extrem überrascht. Ausgerechnet mir passierte das, die ich immer so souverän über all den sportlichen Dingen stand. Es war ein Gefühl, als müsste ich mich vor Lachen ausschütten. Traurigkeit dagegen empfand ich nicht, und um so motivierter ging ich in den Siebenkampf.

Gleich in der ersten Disziplin, dem Hürdenlauf, blieb ich bei der fünften Hürde abrupt stehen, was ich bis heute nicht erklären kann. Ich blieb stehen, lief aber das Rennen doch noch zu Ende. Da die erste Disziplin somit gleich verhauen war und ich nicht viel Zeit zum Nachdenken hatte, motivierte mich der missglückte Start um so mehr für den Hochsprung, die zweite Disziplin. Unglücklicherweise traf ich bei einem Sprung mit meinen Spikes eine Vene in der Wade. Das sollte das Aus bedeuten, aber vorerst machte ich weiter. Bei der nächsten Disziplin, dem Kugelstoßen, wurden die Schmerzen immer stärker, ich konnte nicht mehr auftreten und war gezwungen aufgeben. Es war schon ein merkwürdiges Gefühl, den Journalisten nichts zu sagen zu haben. Zum ersten Mal fühlte ich mich nicht im Mittelpunkt stehend. Es klingt vielleicht etwas eigenartig, aber ich war zu stolz, um mich darüber wirklich zu ärgern. Vielleicht war es die Last der ewigen Siegerin, immer nur gewinnen zu wollen, oder ich hatte diesmal doch mit zu vielen Dingen außerhalb des Sports zu kämpfen, so dass meine Gedanken nicht wirklich beim Wettkampf gewesen waren.

Ganz sicher waren meine privaten Probleme ein Grund, warum ich meinen Kopf für das Wettkampfjahr 1995 nicht frei bekam. Es war das Jahr des Umdenkens. Ich musste zu mir selbst finden, verschiedene private Dinge regeln und mein Leben selbst in die Hand nehmen. Meine verloren gegangene oder womöglich nie erreichte Selbstständigkeit musste ich mir erarbeiten. Der Sport wurde zum ersten Mal Nebensache, obwohl ich weiterhin hart trainierte und es mir Spaß machte. Aber ich hatte auch das Gefühl, aus privaten Niederlagen gestärkt hervorgegangen zu sein, und sehnte mich nach einer deutlichen Veränderung. Ich wollte

Abstand gewinnen zu meinem alten Leben und fühlte mich der Stadt Jena nicht mehr verbunden, in der ich so viele Erinnerungen hatte. Ein Neuanfang war nicht mehr unmöglich, aber diesmal wollte ich konsequent sein. Ich packte meine Koffer und zog mit Tony, nachdem mir das Sorgerecht für ihn zugesprochen worden war, im April 1996 nach Karlsruhe. Zu diesem Neuanfang gehörte ganz wesentlich auch Alain, mit dem ich bereits seit einem Jahr eine – fast nur telefonische – Beziehung führte und mit dem ich nun zusammenzog.

Unter diesen Voraussetzungen konnte das Jahr 1996 mit den Olympischen Spielen in Atlanta eigentlich nur besser werden. Diese Coca-Cola-Spiele wurden zu den bislang kommerziellsten Olympischen Spielen. Meine Vorbereitungen liefen vielversprechend, und wieder fuhr unser inzwischen eingespieltes Team, bestehend aus den Familien Drechsler und Blondel, gemeinsam ins Trainingslager. Für Tony bedeuteten diese Urlaube immer tolle Erlebnisse. Wir Erwachsenen absolvierten dagegen harte Arbeit, jedenfalls vormittags.

Ich weiß es noch wie heute. Irgendetwas spürte ich in meiner Kniekehle beim Sprinten, ein Zwicken. Damals kannte ich mich mit meiner Muskulatur noch nicht ganz so gut aus und trainierte, ohne mir Sorgen zu machen, weiter. Natürlich spürte ich ständig diesen kleinen Schmerz, aber in meinem Ehrgeiz machte ich einfach weiter. Zurück in Deutschland machte ich etwas Physiotherapie und plante, in derselben Woche noch einen Wettkampf in Chemnitz zu bestreiten. Als Vorbelastung machte ich wie üblich ein bisschen Krafttraining und Anlaufkontrollen. Bei der zweiten Anlaufkontrolle spürte ich plötzlich etwas Merkwürdiges. Ich konnte es nicht richtig lokalisieren, aber es kam aus der Kniekehle. Da ich meinen Beuger auf einmal nicht mehr schnell bewegen konnte, wusste ich, dass etwas Schlimmes passiert sein musste. Erich, mit dem ich trotz der räumlichen Trennung weiterhin trainierte, saß stocksteif auf einer Bank in der Nähe der Weitsprunganlage, sah mich an und wurde immer blasser. Ich entsann mich der Situation in meiner Kindheit, als ich das Fenster mit beiden Armen eingeschlagen und die Hautfetzen an meinen Armen heruntergehangen hatten. Meine Schwester war damals vor Schreck auch ganz blass geworden.

Es war aus. Mit der Diagnose eines Sehnenabrisses in der Kniekehle waren die Olympischen Spiele für mich gelaufen. Ich dachte damals nur: alles umsonst, das ganze harte Training. Aus heutiger Sicht habe ich durch diese Verletzung eine Menge dazu gelernt. Ich konnte durch die Behandlungen und die Krankengymnastik meinen Körper eingehend studieren. Als ich wieder geheilt war, startete ich sogar im gleichen Jahr nach den Olympischen Spielen im Grand-Prix-Finale in Mailand und belegte den zweiten Platz. Das war sozusagen meine Revanche, denn die ganze Konkurrenz aus Atlanta war mit am Start, und ich musste nur Inessa Krawetz den Vortritt lassen.

Beim Training im folgenden Jahr, dem Jahr der Weltmeisterschaften, spürte ich, dass meine Sehnen zu sehr beansprucht waren. Ich brauchte viel Zeit, um warm zu werden, und es tat weh – mal rechts, mal links. Meine Sehnen spielten verrückt. Und bei den Hallen-Weltmeisterschaften in Paris schien es, als wollten mich meine Sehnen bei der Erwärmung ärgern. Meine Sprünge litten sehr darunter, denn es war kein lockeres Springen mehr. Meine Technik, mein gesamtes Laufbild schienen sich den Sehnen anzupassen. Es war furchtbar. Die Qualifikation schaffte ich ohne Probleme, aber ich merkte, dass mir etwas fehlte – die Ruhe, die Lockerheit, das problemlose Training. Ich kam an meine Grenzen, und es musste was passieren. Auch mein Arzt in Karlsruhe, Doktor Löhr, bestätigte, dass wir etwas unternehmen mussten. Er vermittelte mich in die Segesser Klinik in Basel zu Doktor Gössel. Dort wurden meine Sehnen untersucht, und man kam zu der Überzeugung, dass eine Operation nötig sei. Doch vorerst half man mir, die laufende Saison schmerzfrei zu beenden.

Ich genoss es, wieder keine Schmerzen zu spüren, und alles, das Training, die Weltmeisterschaften, machte Spaß. Noch mehr Schaden konnte ich an meinen Sehnen nicht anrichten. Und obwohl ich nicht richtig hatte trainineren können und geschwächt war, belegte ich bei den Weltmeisterschaften in Athen den vierten Platz. Selbstverständlich registrierten nur sehr wenige, mit welchen Anstrengungen das möglich gewesen war. Ich war mit meiner Leistung vollauf zufrieden, aber für das Publikum und die Journalisten zählt in der Regel nur der Sieger. Man war so sehr an meine Erfolge gewöhnt, dass in den Zeitungen schon mein Karriereende voraus geahnt wurde.

Kaum war die Saison beendet, begab ich mich erneut nach Basel in die Rennbahnklinik. Das war mal wieder etwas ganz Neues für mich: meine erste Operation nach so vielen Jahren Hochleistungssport. Es gibt Sportler, die rühmen sich gerade der vielen Operationen, die sie bereits überstanden haben. Ich dagegen hatte mir immer vorgenommen, nie eine Operation für den Leistungssport zuzulassen. Und wenn ich nicht Leistungssportlerin gewesen wäre, hätte ich mich nicht operieren lassen. Aber es half nichts, denn nun kam ich trotzdem unters Messer.

Mit über dreißig Jahren spürt man sein Körper mehr als mit achtzehn, vor allem was den Verschleiß angeht. Das gilt natürlich besonders für den Leistungssport. Inzwischen verbringe ich genauso viel Zeit in der Physiotherapie wie beim Training, denn zwei Stunden täglich Regeneration und Physiotherapie sind einfach wichtig, nahezu lebensnotwendig für einen älteren Sportler. Und auch wenn ich mit meinem

Sohn schwimmen gehe, bedeutet das für mich pure Entspannung. Ich habe meinen Körper im Lauf der Jahre gut kennen gelernt und spüre sofort, wenn etwas nicht stimmt. Die körperlichen Grenzen machen sich jetzt viel leichter bemerkbar, und man bekommt sie auch schneller zu spüren. Dadurch wird man automatisch mit dem Gedanken konfrontiert, was nach dem Sport kommen soll, denn man sieht die Begrenzung einer Sportkarriere ganz deutlich.

Ich halte, obwohl das häufig vermutet wurde, keine besondere Ernährungsdiät, sondern esse sehr abwechslungsreich – vor allem Salat, Obst und Gemüse, Fisch und weißes Fleisch – und trinke sehr viel. Eiweiß ist besonders wichtig und spezielle Aminosäuren, da die Knochen und Gelenke extremen Belastungen ausgesetzt sind. Gelatine zum Beispiel schätze ich wie viele andere Sportler auch zur Gesundheitsvorsorge. Trotzdem kann ich meinen Heißhunger auf Thüringer Klöße oder ein dickes Stück Torte nicht leugnen und lass mir diese Dinge auch gut schmecken. In einem Interview hatte ich mal erwähnt, dass ich gern Thüringer Klöße esse, und prompt erreichten mich zehn Briefe mit Rezeptvorschlägen für die Klöße.

Nur bei einer Sache bin ich vorsichtig, wie vielleicht auch andere Sportler. Wenn ich irgendwo offiziell eingeladen bin, trinke ich nicht unbedingt das mir vorgesetzte Wasser, es sei denn, es wird mir in einer verschlossenen Flasche serviert.

DER SECHSER IM LOTTO

Ich habe tatsächlich mal im Lotto das große Los gezogen, und der Hauptgewinn war Alain. Das Leben mit ihm war von Beginn an auf die unterschiedlichste Weise eine Herausforderung. Als Franzose ist Alain in einem anderen Staatssystem groß geworden. Er gibt sich nicht mit oberflächlichem Gerede ab, sondern provoziert. Zu Beginn stellte das für mich ein kleines Problem dar, aber er provozierte mich im Positiven. Er zwang mich zum Nachdenken, und es gibt einige Dinge, bei denen wir mit unseren unterschiedlichen Haltungen beim anderen anecken und uns streiten. Das machte mir erst einmal klar, dass ich mit Andreas nie gestritten hatte.

Mit Alain begann für mich eine Art Geschichtsaufarbeitung, denn wir versuchten in unseren Gesprächen die ganzen Verwicklungen der DDR-Geschichte aufzudröseln. Natürlich interessierte er sich neben dem allgemeinen Lebensalltag in der DDR besonders auch für die kritischen Themen wie Stasi und Doping. Ich konnte mich dabei richtig frei reden und lernte seinen Eindruck von dem Leben in der DDR kennen, der für mich ganz neu war.

Seinen Eindruck von der DDR hatte er allein durch die Berichterstattung in den Medien gewonnen, wenn zum Beispiel mal wieder ein Fluchtversuch ge- oder misslungen war. Er konnte sich nicht vorstellen, wie sich ein Mensch organisieren muss, um in einem solchen System zu überleben. So krass stand die Frage für ihn im Raum. Für mich, die ich in der DDR aufgewachsen bin, klingt diese Frage ziemlich extrem. Er interessierte sich außerdem dafür, wie die Menschen in der DDR mit diesem Kontrollsystem umgegangen sind, wie sie überhaupt gelernt haben, damit umzugehen. Sein Bild, dass jeder vor jedem Angst hatte, dass jeder jedem misstraut hatte – eine Art Leben im Big-Brother-Container –, dieses Bild hat sich mittlerweile insofern korrigiert, als er verstanden hat, dass viele Menschen sich mehr geholfen und in schwierigen Zeiten zusammengehalten haben und sich entgegengekommen sind.

Ich begann, aufgrund dieser Gespräche die DDR und mich in dem komplexen Gefüge objektiver zu betrachten und zu verstehen. Endlich gewann ich Abstand. Die Erklärungen, die ich nun zu finden hoffte, suchte ich emotionsloser. Dabei fing ich an, Bücher über die DDR zu verschlingen, vor allem Biografien von Menschen, die die DDR ganz anders – zum Beispiel als von der Stasi Verfolgte – erlebt hatten, aber auch Selbstdarstellungen von Menschen wie Eva-Maria Hagen und Wolf Biermann. Diese aktiven Gegner des Systems interessierten mich brennend, denn ihr Bild von der DDR unterschied sich ganz wesentlich von meinem, und ich wollte vergleichen können und meine Naivität auf den Prüfstand bringen. Diese Regimekritiker hatten zum Beispiel den Prager Frühling, den ich nur aus der Schule – der ostdeutschen – kannte, bewusst miterlebt. Es ist wohl eine Tatsache, dass diese Generation, die vor meiner liegt, viel aufgeschlossener politischen Vorgängen gegenüber gewesen war und dadurch diese revolutionäre Haltung annehmen konnten. Meine Mutter hat mich nie mit politischer Aufmerksamkeit erzogen, sie gehörte nicht zu den Kritikern, dafür war unser Leben zu klein, zu schlicht. Ganz im Gegenteil wurde man eher dazu ermuntert, den Mund zu halten, anstatt ihn aufzumachen, wenn man Unrecht ahnte. In meinem Leben gab es kaum Widrigkeiten, auch im Sport lief alles sehr gleichförmig ab. Durch meine Erfolge wurde ich später sogar hofiert – wem gefiele das nicht? – und musste mich nur sehr wenig mit Alltäglichkeiten und Sehnsüchten herumschlagen. Als Genossin glaubte ich an das System, wenn auch ohne das Ganze zu hinterfragen. Ich wurde in der DDR nie mit Problemen konfrontiert, andere wohl, ich aber nie. Dass Menschen mit der Staatssicherheit zu tun hatten, lag weit außerhalb meines Lebens, dieses Problem existierte für mich schlicht nicht. Selbst Esthers Ausreise regte mich nicht zum richtigen Nachdenken an.

Wenn ich damals davon gehört hätte, dass sich Ehepartner gegenseitig bespitzeln und bei der Stasi anschwärzen, hätte ich mit Sicherheit nichts davon geglaubt. Es ist für mich bis heute unfassbar. Der Schock saß um so tiefer, als ich nach der Wende davon las. In meinem Umfeld gab es keine politisch aufsässigen Menschen. Man könnte sagen, dass ich mit meinem Leben – mit diesen Scheuklappen – zufrieden war. Ich hatte keine Ahnung, was es alles zu wissen gab über dieses System, denn mein kleines Gefüge, bestehend aus meiner sehr eng zusammenhaltenden Familie und meinem Sport, nahm mich voll und ganz in Anspruch. Jetzt, mit Alain, habe ich die Zeit, die Vergangenheit aufzuarbeiten.

Alain wollte zu Beginn nicht Lebensgefährte und Trainer in einem sein. Er sah das als erste Stufe an, um mein ganzes Leben, auch das neben dem Sport, quasi als Kontrollperson zu übernehmen. Dabei würde ich als Sportlerin zwangsweise isoliert von der Realität. Und hier war genau der springende Punkt, denn Alain war der Meinung, mir wäre in der DDR und auch später alles abgenommen worden. Er sprach mir meine Selbstständigkeit ab, womit er sicher auch Recht hatte. Trotzdem oder wahrscheinlich gerade deshalb konnte ich darüber sehr wütend werden. Es stimmt zwar, dass ich irgendwann mal – etwas überspitzt – kaum mehr wusste, wie man Geld von der Bank abhebt. Aber ich hatte mich ja inzwischen ganz bewusst entschieden, davon weg zu kommen. Andererseits war mein Leben, wie es in der DDR mit diesem kleinen Familienimperium Drechsler zu führen möglich war, immer auch eine Garantie gewesen, dass ich mich total auf den Sport konzentrieren konnte und damit auch erfolgreich war.

Anfangs hatte ich heftig damit zu kämpfen, dass Alain mir alles Mögliche zuschob mit dem Kommentar: »Nun mach mal!« Es bedeutete, dass ich zu Hause nach dem Training nicht einfach die Beine hochlegen und mich entspannen konnte, sondern dass noch vieles vorher zu erledigen war, Post, Anfragen und Anrufe. Für diese ungewohnte neue Situation bin ich ihm unendlich dankbar. Ich wurde von Alain als eigenverantwortliche Person behandelt – für jeden normalen Menschen eine Selbstverständlichkeit, aber nicht für mich. Inzwischen erwarte ich von meinen Freunden regelrecht, keine Rücksicht auf meine Sportkarriere zu nehmen und sich nur auf den Menschen Heike Drechsler zu konzentrieren. Ich erwarte auch, dass man mir die Meinung sagt, wenn es nötig wird, und mich nicht immer nur nett behandelt. Mir ist ja auch bewusst, dass es eine Zeit geben wird nach der sportlichen Karriere, in der ich nirgendwo mehr im Mittelpunkt stehen werde und mir keiner mehr so selbstlos etwas abnimmt wie früher. Es wird einen Bruch geben, und wenn man nicht darauf vorbereitet ist, wird es schwierig werden.

Durch die Beziehung zu Alain änderte sich auch mein Verhältnis zum Training. Erich als mein Trainer war immer sehr erfahren und gut. Ich habe ihm stets vertraut und deshalb nie den Trainingsplan, den er aufstellte, hinterfragt, sondern einfach ausgeführt. Ich wusste, dass er sein Handwerk versteht und weiß, was er tut. Die Trainingswoche hatte einen bestimmten Rhythmus, in dem klar war, was an welchem Wochentag trainiert wurde. Da das System auch bei Peter Hein das gleiche gewesen war, war ich durch diese Methode stark geprägt. Es war wie ein selbstverständliches Schema: montags Kraft, dienstags Technik und so weiter. Ich war noch nie ein Athlet, den man zum Training zwingen oder antreiben muss. Ganz im Gegenteil muss man mich eher davon abhalten, zu viel zu machen. Und ich war stets ein rein ausführender Sportler. Als ich Alain als meinen Trainer »engagierte«, erwartete er von mir viel mehr Eigeninitiative und Aktivität. Anfangs war es nicht sehr leicht für mich und äußerst konfliktreich dazu. Er kam immer auf mich zu und fragte: »Was hast du probiert zu machen? Was war da?« Ich dagegen sah ihn als klassischen

Trainer, wie ich dies eben kannte, und erwartete Vorgaben und die Vermittlung seiner Kenntnisse. Aber wenn ein Trainer nur Vorgaben liefert, gibt er dem Athleten stets die Richtung vor, in die er mit seinen Gedanken gehen wird. Und mit dieser Richtungsvorgabe kann der Athlet sein Potenzial nicht voll ausschöpfen. Der Athlet soll ein Gefühl dafür entwickeln, sich selbst zu steuern und zu analysieren, auch wenn es nicht hochwissenschaftlich ist. Allein die Reflektion, dass man dies oder jenes ausprobiert hat oder dass man sich einfach nur eingesteht, nicht alles erklären zu können, warum etwas so oder anders gelaufen ist, ist für einen eigenverantwortlichen Sportler wichtig. Der Athlet ist derjenige, der die Zügel in der Hand hält.

Natürlich waren all diese Ideen völlig neu für mich und nicht leicht umzusetzen, wenn man so sehr durch seine Vergangenheit geprägt ist. Es gab also viel Streit, denn ich war Alain gegenüber nicht einfach nur wieder das Opferlamm – ich hatte ja inzwischen gelernt, zu hinterfragen und mich zu behaupten –, sondern entwickelte mich, um bei den Tiervergleichen zu bleiben, regelrecht zu einer Ziege. Ich diskutierte nun stundenlang über den Trainingsplan. Alain verlangte im Training Rückmeldung und wollte wissen, was ich denke.

Wenn ich mich beispielsweise mal nicht gut fühlte, konnte ich unser Programm nicht ganz erfüllen. Früher hätte ich ein schlechtes Gewissen gehabt oder man hätte mir eines eingeredet, weil der Trainingsplan nicht wie vorgegeben erfüllt worden war. Ich hatte zum Beispiel dieses wirklich dämliche Pflichtbewusstsein, Wettkämpfe auch dann zu bestreiten, wenn ich verletzt war oder keine Lust hatte. Nun war das völlig anders. Alain war von Anfang an sehr vorsichtig aus der Erfahrung mit den Problemen, die ich hatte. Er reagierte sofort auf körperliche Probleme. Wenn vorher Erich mir überließ, ob ich das Programm durchziehe oder nicht, dann habe ich mich aus meinem schlechten Gewissen heraus nicht gebremst, sondern habe im Gegenteil noch härter an mir gearbeitet. Ein Wunder eigentlich, dass ich erst so spät mit Verletzungen zu kämpfen hatte. Heute weiß ich genau, wann es nicht mehr geht, und höre auf.

Mit der Beziehung zu Alain wurden plötzlich auch Dinge wichtig, denen ich früher nur sehr wenig Bedeutung beigemessen hatte beziehungsweise für die ich einfach keine Zeit fand. Meinen Wohlstand maß ich nicht mehr an der Größe meines Hauses und der Qualität meines Autos, sondern an kleinen Annehmlichkeiten wie einem guten Essen, einem schönen Buch, einer tollen Unterhaltung, einer spannenden Ausstellung oder einem gelungenen Theaterbesuch. Es gab für mich vieles nachzuholen, was ich auf dem Weg zum Erwachsenwerden schlicht verpasst hatte. Endlich hatte ich die Muße, mich mit Zusammenhängen zu beschäftigen, die mir früher fremd geblieben waren. Ich war darauf versessen, links und rechts neben dem Sport dazuzulernen und mir Wissen anzueignen. Natürlich war ich auch an den simpleren Dingen meines neuen Lebens interessiert, denn ich kaufe mir zum Beispiel gern neue Kleider und fahre mit Begeisterung Auto. Meine Bequemlichkeit macht mich zu einem gewissen Teil sogar abhängig von manchem Luxus, aber viel wichtiger war, dass ich mich aufwachen spürte und mich nicht mehr nur auf den Sport fixierte. Ich war wild entschlossen, mein Leben selbst in die Hand zu nehmen und mich nicht mehr von anderen fremd bestimmen zu lassen. Mein Nachholbedarf war sehr groß.

Mein Interesse an den Kulturen der Länder, in die ich reiste, wuchs stetig, und auch der deutschen Kultur brachte ich immer mehr Neugier entgegen. Obwohl ich schon lange vorher ständig gereist war, begann ich erst jetzt, viele Dinge um mich herum wahrzunehmen und neugierig zu sein. Ich saugte die Eindrücke intensiver in mich auf und bekam immer bessere Einblicke in die politischen Verhältnisse anderer Länder. Besonders erschreckend war zu erfahren, wie schlecht es vielen Menschen auf dieser Welt geht. Natürlich kannte ich all das aus dem Fernsehen, aber im Rahmen mehrerer Veranstaltungen für die Welthungerhilfe wurde ich ganz intensiv damit konfrontiert. Es hat mich zutiefst schockiert, mit ansehen zu müssen, wie bei all dem Überfluss, der in der Welt herrscht, und angesichts unserer Wegwerfgesellschaft es nicht genügend Hilfe gibt. Mag es auch banal klingen, ich fühlte mich schuldig. Im Geschichtsunterricht in der DDR wurde uns beigebracht, dass die Menschen, die im Kapitalismus leben, viel eher Milch weg schütten würden, als sie an Bedürftige zu verteilen. Das wurde in unserem Sozialismus selbstverständlich auf das Heftigste verurteilt, und wir mussten diese Phrasen auswendig lernen, ohne selbst zu helfen. Ich bin nach wie vor enttäuscht darüber, wie wenig passiert und wie wenig Aufmerksamkeit wir uns abringen, wenn wir von Hungersnöten hören, und verstehe nicht, warum wir nicht über unseren Tellerrand hinausschauen können. Es scheint, als müsse es uns erst selbst so hart treffen, damit ein Umdenken erfolgen kann.

Je mehr Länder ich kennen lernte, um so kritischer betrachtete ich meine eigenen Wertvorstellungen beziehungsweise die Werte, die man uns zu DDR-Zeiten vermittelt hat. Sie bleiben schließlich zum größten Teil haften. Die Idee des Sozialismus an sich kann nicht als schlecht abgetan werden, die Frage ist nur, ob man ihn auch verwirklichen kann. Wie können Menschen dazu gebracht werden, sich um den Nächsten so zu kümmern wie um sich selbst und mit den Dingen bescheiden umzugehen, wenn jeder individuell denkt, die Ellenbogen benutzt, sich absichern und

Macht ausüben will? Das Gleichheitsprinzip funktioniert nicht bei Lebewesen, wo die Einzelnen nicht unterschiedlicher sein könnten. Undenkbar, dass man in Notzeiten darauf verzichtet, mehr haben zu wollen als etwa der Nachbar. Den Glauben an die Verwirklichung des Sozialismus habe ich inzwischen verloren, ganz im Gegenteil bin ich nun sicher, dass der überwiegende Teil der Menschheit nur auf seinen Vorteil bedacht ist und dabei egoistisch und korrupt vorgeht. Schön, dass man von Zeit zu Zeit auch andere Menschen trifft.

EINE HERZENSSACHE

In einer Pressekonferenz erklären zu müssen, warum ich mich adoptieren ließ, zählt nicht zu den einfachsten Dingen in meinem Leben. Ich glaube, das hat man mir auch angesehen. Schließlich hatte ich einigen Vorurteilen entgegenzutreten, denn wenn man sich mit 34 Jahren adoptieren lässt, wird man als erstes verdächtigt, dass es allein ums Geld geht. Die Boulevardpresse rieb sich förmlich die Hände. Doch da ich diese Entscheidung selbst gefällt hatte und dazu stand, gab ich eine Pressekonferenz, um den Gerüchten entgegenzuwirken. Ich erklärte, dass es sich um eine sehr private Sache, mit tiefen Gefühlen verbunden, handele. Trotzdem war eine Erklärung schwierig zu formulieren, und auch jetzt wieder suche ich nach Worten, um dieses Erlebnis zu beschreiben.

Zuerst einmal bedeutete diese Adoption nicht, dass ich mich von meiner Mutter lossagen wollte und sie nicht mehr liebte. Ganz im Gegenteil war sie immer und wird auch stets meine Mutter bleiben, denn sie hat mir in den schwierigsten Zeiten zur Seite gestanden, mit mir gelitten, mit mir gelacht und mir oft Mut gemacht, wenn ich eine schlechte sportliche Phase durchlief. Ich war schon immer sehr stolz auf meine Mutter, die eine richtige Großfamilie geschaffen hat und mir Geborgenheit geben konnte. An dieser Familie hänge ich sehr, nur einen »eigenen« Vater hatte ich mir stets dazu gewünscht. Walter Spix und seine Frau Inge erwiesen sich immer wieder als meine Schutzengel in Situationen, in denen alle anderen machtlos waren. Mit ihrer großen Erfahrung halfen sie mir so oft, wieder Mut zu finden in Krisenzeiten, Selbstvertrauen zu gewinnen und zu erhalten, meine Ängste zu überwinden und mich aus meiner selbstgewählten Verschlossenheit zurückzuführen, mich zu öffnen.

Anfangs fand ich die Idee, die er mir vortrug, abwegig. Allein darüber nachzudenken, empfand ich als merkwürdig, denn wir hatten doch bereits eine enge und schöne Freundschaft, die durch nichts zu steigern war. Dass Walter mich überhaupt fragte, ob ich mir das vorstellen könne, war eine lange überlegte Entscheidung von ihm. Der Prozess dauerte acht Jahre, und er ließ mir dann auch genug Zeit zu überlegen.

Im Lauf der Zeit, in der ich mich intensiv mit dem Thema Adoption – gerade auch in Bezug auf meine Mutter – beschäftigte, brachte ich dem Wunsch mehr Verständnis entgegen. Ich musste nur für mich selbst, aber auch Walter gegenüber, klar stellen, dass diese Adoption nicht einer Abwertung meiner Mutter gleichkommen dürfte.

Im Gegensatz zur herkömmlichen Bedeutung der Adoption sah ich es eher so, als ob Walter und seine Frau Inge in unsere Familie aufgenommen würden. Ich habe ein wertvolles Stück Familie dazu gewonnen und dabei mehrere Menschen glücklich gemacht. Nach all den Krisen, die wir gemeinsam durchgestanden hatten, fand ich diese Verbindung einfach einzigartig. Und bei der Pressekonferenz bemerkte ich – wie ich heute noch finde – treffend: »Ist es nicht toll, wenn man nach der Wende noch Menschen trifft, die man so lieb haben kann?«

WIEDER LAUFEN LERNEN

Ich hatte zwei Operationen überstanden. Im Oktober 1997 war ich an der rechten und drei Wochen später an der linken Sehne und am linken Knie operiert worden. Vor dem Eingriff hatte ich keine Angst, und am meisten freute ich mich auf die Narkose. Ich wollte einschlafen und erst wieder erwachen, wenn alles vorbei war. Natürlich war ich sehr gespannt, wie ich danach mit meinen reparierten Sehnen klar käme. Bewusst bezog ich auch Alain mit ein, der mich von nun an trainierte, obwohl er ja eigentlich nicht sehr begeistert davon war. Alain kannte aus eigener Erfahrung diese komplizierte Verbindung zwischen Trainer und Sportler, die sich menschlich sehr nahe stehen, denn er war jahrelang von seinem Vater trainiert worden. Und auch zwischen uns gab es ständig Reibereien, zum Beispiel weil Alain Übungen ins Training aufnahm, die ich nicht kannte. Ich war in solchen Situationen sehr verunsichert, und wenn ich beispielsweise Reaktionsübungen machen sollte, sie aber nicht gleich verstand, reagierte ich wie ein kleines Kind und verweigerte mich total. Besonders schlimm war es, wenn wir Zuschauer hatten. Also leicht hatte es Alain sicher nicht mit mir, aber in gewisser Weise war er der ideale Partner für meinen Neuanfang im Training, denn er kannte die Situation, in der ich mich jetzt befand.

Als ich wieder zu trainieren begann, war es extrem wichtig, nicht in alte Fallen zu treten und nicht doppelt so viel trainieren zu wollen, weil ich eine Weile nichts gemacht hatte. Die Sensibilität und die Balance, beim Training zurückhaltend zu bleiben und trotzdem genügend zu trainieren, um alles wieder aufzubauen, das war Alains Verdienst. Die Herausforderung bestand darin, eine Trainingsmethode zu finden, mit der ich meine Sehnen nicht belastete. Wir begannen mit Aquajogging, ein völlig neues Gebiet für mich, das mir anfangs überhaupt nicht gefiel. Es störte mich zu spüren, dass der Körper nun mal nicht für das Laufen im Wasser geschaffen war. Als besondere Schwierigkeit empfand ich es, den Kampf mit einem Objekt, in diesem Fall dem Wasser, so ummünzen zu können, dass ich Spaß dabei entwickeln und davon profitieren konnte. Regelmäßigkeit war erneut der wichtigste Aspekt beim Aufbautraining nach meinen Verletzungen. Wir trainierten täglich, wenn auch nicht sehr lange. Stück für Stück wurde ich von Alain sportlich wieder aufgebaut. Fünfzehn Jahre Training waren nicht so einfach aus den Beinen verschwunden, nur weil ich operiert worden war, das war mir klar. Aber Alain befürchtete eine Weile, dass ich mich, sobald ich mich wieder schmerzfrei fühlen würde, überstrapazieren könnte. So verwendete er viel Zeit darauf, mich zu überzeugen, dass ich immer die Kontrolle behalten und im Training nie zu weit gehen sollte.

Meine rechte Sehne und das operierte Knie hielten sehr gut, aber mit der linken Sehne war ich wahrscheinlich etwas zu ungeduldig gewesen. Ich fing zu schnell wieder an, mein linkes Bein – mein Sprungbein – zu belasten. Es knirschte hörbar in meiner Sehne, und die Probleme, die erneut begannen, kosteten mich vier Wochen. Danach ging es weiter mit der Arbeit, wieder Kraft in die Beine zu bekommen, wieder richtig laufen zu lernen. Ich war auch täglich in der Physiotherapie, und als ich wieder mit beiden Beinen laufen konnte, war das ein ganz neues Gefühl für mich, vergleichbar mit Skilaufen. Besonders glücklich machte mich, dass ich keine Schmerzen mehr hatte. Beim Laufenlernen entdeckte ich, dass ich zuvor lauftechnisch gesehen Probleme gehabt hatte. Ich war wahrscheinlich schon seit Jahren in einer Schonhaltung gelaufen und hatte nicht richtig von der Ferse über den Ballen abgerollt. Das lernte ich erst jetzt. Ich lernte, richtig zu laufen.

Mitte Februar konnte ich erstmals zu einem Training beim LA Erfurt, wohin ich mittlerweile gewechselt war, meine Spikes wieder anziehen. Allein die Tatsache, in Spikes laufen zu können, ohne diese großen Schmerzen in den Sehnen zu haben, war ein voller Erfolg. Aber ich bekam Muskelprobleme. Die Soleusmuskulatur – die äußere Wadenmuskulatur – zog sich zu, was auf die neuen Bewegungsabläufe beim Laufen zurückzuführen war. Mitunter musste ich sogar Trainingseinheiten abbrechen, weil es nicht mehr auszuhalten war. Ich musste mich auf neue Übungen umstellen, und es ging ständig mit gezogener Handbremse weiter. Einmal wieder mit Spikes trainiert zu haben, bedeutete nicht, von nun an immer damit trainieren zu können. Ich musste anschließend wieder etwas zurückschrauben und Geduld haben. Lange war nicht klar, ob ich es schaffen würde, aber der Arzt hatte mir bereits vorab gesagt, dass es lange dauern würde. Aufgegeben habe ich nie. Als Alain und ich im April 1998 ins Trainingslager fuhren, wussten wir, dass unsere Geduld, Alains Einfühlungsvermögen und unser Training erfolgreich waren. Jetzt konnte ich wieder über Wettkämpfe nachdenken. Für die bevorstehenden Europameisterschaften fit zu werden, war nur noch eine Frage der Zeit.

Meinen ersten Wettkampf absolvierte ich in Chemnitz, wo ich 6,68 Meter sprang. Es fehlte noch die Schnelligkeit, und ich drückte mich noch nicht genug mit dem Fuß ab. Ich versuchte damals, mich in der Öffentlichkeit für die »geringe« Weite zu entschuldigen. Viele hatten mich offensichtlich nach den Operationen abgeschrieben und meinten, dass ich es nicht mehr zurück an die Weltspitze schaffen würde. Ich hatte es ja selbst lange Zeit nicht gewusst, aber ich wollte immer dabei bleiben, es versuchen und mich langsam wieder hoch arbeiten. Für mich akzeptierte ich diese erste Weite als vorsichtigen Anfang.

Bei den Deutschen Meisterschaften erreichte ich die Norm für die Europameisterschaften. Allmählich kam ich in Schwung. Und als ich in Zürich 7,05 Meter sprang, überraschte ich mich selbst. Mein Selbstvertrauen wuchs mit der Wettkampfpraxis. Kurz vor den Europameisterschaften landete ich – mit etwas zu viel Rückenwind – bei 7,12 Metern. Ich hatte die Weite endlich wieder in den Beinen.

Die Europameisterschaften fanden 1998 in Budapest statt, und ich ging beinahe übertrieben draufgängerisch hinein. Nach einem ungültigen ersten Versuch sprang ich regelrecht drauf los und landete bei 7,16 Metern. Meine Form war sehr gut, und ich wurde erneut Europameisterin.

Ich fühlte mich bestätigt darin, dass man dafür belohnt wird, wenn man dem Körper genügend Zeit gibt, um das Training zu verarbeiten, viel Geduld hat und hart an sich arbeitet. Dieser Titel bedeutete mir unglaublich viel. Auch Alain war sehr glücklich, denn auf ihm hatte ein enormer Druck gelastet, und nun wurde sein Trainingsplan bestätigt, indem ich solche Leistungen zeigen konnte.

Es war aber nicht nur ein sportlicher Sieg, den ich feierte. Mir war oft unterstellt worden, dass ich unselbstständig sei, zu sehr als kleines Glied in der Familie Drechsler verankert und nur auf den Sport konzentriert. Die Situation in Jena war sicherlich für mich sehr bequem gewesen, denn ich hatte immer Menschen um mich, die mir alles abnahmen, was mich eventuell hätte ablenken können. Die Lage war bequem, aber auch hilfreich. Daraus entstand ein Bild von mir, als ob ich nicht in der Lage sei, mein eigenes Leben führen zu können, und als wäre ich nur fremd gesteuert und zu bedauern. Inzwischen hatte ich ganz entscheidend das Gefühl, mich endgültig abgenabelt zu haben. Nach zweieinhalb Jahren in Karlsruhe unter Alains Trainerobhut gab mir der Erfolg Recht. Ich wusste, dass es sich gelohnt hatte, nach mehr Selbstständigkeit zu suchen und mein Leben eigenständig zu managen.

DER ORGANISIERTE ALLTAG

Um 6.30 Uhr klingelt der Wecker. Viel zu früh, denke ich, und quäle mich aus dem Bett. Tony kann noch fünf Minuten länger schlafen. Bei Alain war es gestern Abend auch wieder ziemlich spät, bis er endlich zur Ruhe kam. Manchmal sitzt er bis zwei Uhr früh am Computer und arbeitet. Sei es, weil das Internet am Tag überlastet ist oder weil er mit Amerika sprechen muss, zwecks Verträgen mit Athleten. Sein Managerleben ist anstrengend und zeitraubend. Ich wecke Tony und mache mich auf den Weg zum Bäcker. Es ist nicht einfach, den Lebensgefährten als Trainer zu haben, der nebenbei auch noch Manager ist. Aber wir sollten vielleicht mal wieder ins Theater gehen, zum Beispiel. Abschalten, nichts von Sport hören. Vier Brötchen bitte und zwei Schoko-Croissants, sage ich müde und mit ungekämmtem Haar zur Verkäuferin. Auf dem Heimweg denke ich an eine Abendveranstaltung, bei der ich mit Alain war, in Mannheim, und da ich am nächsten Morgen wieder in Karlsruhe Training hatte, kann ich, so bilde ich mir ein, so einen Abend oder eine Feier nie richtig genießen. Ähnlich ist es mit den Weihnachtsfeiertagen. Viele fahren über Weihnachten weg. Ich muss zu Hause bleiben und trainieren. Manchmal ist das nicht einfach.

Tony sitzt schon am Frühstückstisch, und Alain kommt

233

auch gerade. Wir frühstücken gemeinsam, was ich genieße. Diesen Moment am Tag möchte ich nicht missen. Da ist noch Ruhe im Haus. Nun ist es Zeit für Tony, in die Schule zu gehen. Er läuft zur Bushaltestelle. Bis zehn Uhr habe ich etwas Zeit für Anrufe und Post. Doch werde ich erst noch die Waschmaschine leeren und sie gleich noch einmal füllen. Der Wäscheberg stapelt sich schon in der Waschküche. Heute Abend muss ich unbedingt bügeln. War heute Abend nicht Elternabend? Nein, der ist morgen. Alain sitzt schon wieder in seinem Büro und nutzt die Zeit, bis wir gemeinsam zum Training fahren. Heute ist Sprinttraining angesagt. Mal sehen, was ich für Zeiten bringe. Nach dem Training fahren wir gleich noch einmal beim Supermarkt vorbei. Wieder zu Hause, wird geduscht. Zum Mittagessen gehen wir heute mal ins Europacentre. Das geht schneller. Heute kommt Tony schon eher nach Hause als sonst, gegessen hat er in der Schule. Bevor ich ihn zum Leichtathletiktraining bringe, machen wir Hausaufgaben. Er schreibt morgen eine Sachkundearbeit. Das hat er mir erst heute gesagt, obwohl sie das bestimmt schon viel länger wussten. Immer auf den letzten Drücker! Also müssen wir mehr Zeit als geplant an den Aufgaben sitzen. Hoffentlich weiß er morgen bei der Arbeit auch noch alles genauso gut wie heute. Zwischendurch klingelt das Telefon. Irene ist dran. Da bald Wettkämpfe anfangen, brauche ich ihre Hilfe. Ich bitte sie, von Döbritschen hierher nach Karlsruhe zu kommen, um Tony zu betreuen. Irene ist ein Schatz, was würde ich ohne sie tun? Ich weiß, dass ich mich manchmal zu spät bei ihr melde. Sie würde es lieber schon eher planen, wann sie zu kommen hat. Manchmal kriege ich es einfach nicht in die Reihe. Ich weiß auch, dass ich nicht die beste Organisatorin bin, was mein Büro angeht. Meistens geht es ziemlich chaotisch bei mir zu und trotzdem schaffe ich es immer wieder, alle anstehenden Termine wahrzunehmen. Ich bringe Tony zum Training, und während seines Trainings gehe ich ins Schwimmbad. Prophylaxe. Das Training lief gut, denke ich, im warmen Wasser liegend. Ich bin schon wieder ganz schön schnell. Ich darf nur nicht vergessen, Kerstin anzurufen. Sie hat heute Geburtstag. Den Stapel Autogramm-Post muss ich auch noch erledigen. Heute Abend – unbedingt. Ich hole Tony vom Training ab, und zu Hause hat er endlich Zeit zum Spielen. Ich bereite das Abendessen vor. Wir essen abends immer warm. Während ich in der Küche bin, klingelt es schon wieder. Mein Manager Jörg Neblung ist dran. Er will wissen, was mit den Terminvorschlägen ist. Ich suche meinen Terminkalender. Tony mixt sich unterdessen einen Bananen-Kiwi-Ananas-Drink. Schmeckt hervorragend, genauso gut wie der Kuchen, den er uns gestern gebacken hat. Ohne Rezept, einfach aus dem Gefühl heraus. Ich bitte Tony, die Spülmaschine auszuräumen und das Geschirr weg zu stellen. Außerdem ist er mit Tischdecken dran. Das Essen ist fertig, und Alain kommt auch gerade zur Tür herein. Klappt ja wie verabredet. Beim Essen kehrt wieder Ruhe ein. Danach ist es Zeit für Tony, ins Bad zu gehen. In der Zwischenzeit mache ich die Küche sauber. Das mache ich ganz gern, denn es entspannt. Da höre ich schon Tony. »Ich bin fertig, Mama. Koooooomm!« fleht er mich an. Da liegt er auf dem Bett und lässt sich eine Gute-Nacht-Geschichte erzählen. Er bekommt einen Gute-Nacht-Kuss von Alain und mir und dann schläft er. Ich will gerade mein Bügelzeug aufbauen, da klingelt schon wieder das Telefon. Mutti ist dran. Während ich auf dem Sofa sitze, das Bügelbrett auf niedrig gestellt vor mir habe und bügele, plaudere ich mit Mutti. Alain hat sich mittlerweile zu mir gesetzt und schaut Fernsehen. Der Wäscheberg ist geschafft und liegt gebügelt neben mir. Dort lasse ich ihn bis morgen früh. Aber ich nehme mir die Autogramm-Post vor. Und ich wollte doch noch irgendjemanden anrufen ...?

Wenn ich keine Wettkämpfe habe und zu Hause trainiere, muss ich mir die Woche gut einteilen, um nicht gestresst zu sein. Ich musste lernen abzuwägen, was wichtig ist. Meine Öffentlichkeitsarbeit ist wichtig, Tony natürlich, der Sport und Alain. Mitunter, wenn die Wettkampfsaison anfängt, beschäftige ich mich so sehr mit den bevorstehenden Wettkämpfen, dass Zeit nur für wenig Anderes bleibt. Ich habe dann den Kopf nicht frei für andere Dinge. Da ist es wichtig, Prioritäten zu setzen, aber das Wichtigste ist immer mein Sohn Tony. Ihm gehört meine ganze Aufmerksamkeit, wenn ich Zeit zur Verfügung habe. Dabei bemühe ich mich, sein Leben so abwechslungsreich wie möglich zu gestalten. Vor allem meine Trainingslager plane ich so, dass er in den Schulferien mitkommen kann. Zu Hause kümmere ich mich um die Schulaufgaben, wir lernen gemeinsam, und das macht mir großen Spaß. Schließlich bleibt dadurch auch bei mir noch etwas hängen.

Wenn der Stress zu groß wird – meine Stimme wird dann leicht schrill –, verziehe ich mich auch schon mal um 21 Uhr ins Bett, denn Schlaf ist für mich die beste Erholung.

BEINAHE RESIGNIERT

Im Dezember 1998 zogen Alain, Tony und ich innerhalb von Karlsruhe um. Beim Hausputz, der vor dem Einzug anstand, mutete ich meinem Rücken offensichtlich zu viel zu. Ich bekam einen Hexenschuss und als Zugabe eine Zerrung. Gerade weil ich die vorangegangene Sommersaison so erfolgreich abgeschlossen hatte, war das besonders bitter für mich. Ich vermute, dass es sich noch um Nachwirkungen meiner Operationen handelte. Im Beuger hatte ich ständig Zerrungen. Außerdem war ich immer irgendwie verspannt, und mein Soleus zog sich weiterhin zu. Nach dem Karlsruher Meeting war die Hallensaison für mich schon wieder beendet.

Die Sommersaison im gleichen Jahr begann nicht besser. Ich fand nur schwer meine Form und musste sogar einen Wettkampf abbrechen. Der vermaledeite Beuger machte mir zu schaffen. Trotzdem hatte ich die Norm für Sevilla erreicht, sprang Weiten um 6,90 Meter und fühlte mich entsprechend optimistisch. Ich startete in diesem Sommer erstmals mit neuen Schuhen von Asics, da mein Vertrag mit Puma ausgelaufen war. Also musste ich mich zusätzlich zu den körperlichen Belastungen auf neue Schuhe und Spikes umstellen, womit ich mich anfangs etwas schwer tat. Später orderte ich Maßschuhe, mit denen ich viel besser zurecht kam.

Eine Woche vor Beginn der Weltmeisterschaften nahm ich an einem Höhen-Wettkampf teil. Das Wetter war sehr abweisend und kalt. Die Tatsachen, dass ich mit neuen Spikes sprang und das Wetter so schlecht war, führten zu einer neuen Zerrung, diesmal im Soleus. Und obwohl ich die Weltmeisterschaften eigentlich abschreiben konnte, fuhr ich trotzdem nach Sevilla und wollte es probieren. Doch beim Training dort musste ich mir eingestehen, dass es keinen Sinn machte, an den Start zu gehen, und reiste wieder ab. Alain blieb allein in Sevilla zurück, weil er für Canal plus arbeitete.

Ich war psychisch ziemlich fertig. Zu diesen dämlichen Verletzungen und meiner Enttäuschung über die Abreise kam hinzu, dass ich bei der Organisation der Heimreise von einem DLV-Funktionär äußerst taktlos abgefertigt wurde. Es handelte sich um eine ziemlich belanglose Angelegenheit, die Fahrt zum Flughafen. Die Sportler wurden

vom Flugzeug abgeholt und nach Beendigung der Wettkämpfe auch wieder hingebracht, alles organisiert vom
Verband. Also ging ich davon aus, dass dieser Service auch
für meine verfrühte Heimreise zutreffen würde. Aber auf
Nachfrage wurde ich grob darauf hingewiesen, dass es allein meine Sache sei, wie ich zum Flughafen käme. Später
entschuldigte der Verband sich bei mir, aber in diesem
Moment riss mich diese Konfrontation vollends in die
Tiefe. Es war, als würde man in einer Wunde stochern,
und ich weinte auf dem Weg nach Karlsruhe heftig, fühlte
mich völlig einsam und verlassen. Als mir auf einem
Bahnhof Menschen zuriefen »Der Weg nach Sevilla geht
doch in die andere Richtung!«, machte dies die Situation
nicht besser.

Es war ein bitteres Jahr der Niederlagen. Die Berichterstattung habe ich schon gar nicht mehr verfolgt. Natürlich
wurde mir nach diesen Ereignissen von allen Seiten mein
Alter vorgehalten. Ich war wirklich nahe dran aufzuhören,
aber dann kamen die Olympischen Spiele in Sydney bild-
haft vor meine Augen, und ich schimpfte mich selbst als be-
scheuert, wenn ich mir diese Gelegenheit entgehenlassen
würde. Der Reiz der Olympischen Spiele in Australien war
einfach zu groß.

Als ich einen Termin in Berlin hatte, vereinbarte ich mit
Esther, bei ihr zu übernachten. Sie lebte seit 1995 wieder in
Deutschland, denn als Schauspielerin war ein Start im Ausland sehr schwierig. Dafür nahm sie auch in Kauf, von ihrem Lebensgefährten, der weiterhin in London lebte, getrennt zu sein. Damals kam erstmals die Idee zu diesem
Buch auf. Für mich war Esther stets eine sehr enge Freundin
und eine wirkliche Vertrauensperson. Außerdem kannten
wir uns schon so lange, dass wir viele Dinge gemeinsam erlebt hatten. Ich fühlte mich mit meiner Idee bei ihr gut aufgehoben und hoffte, dass sie sich diese Arbeit, mit mir ge-

meinsam meine Erinnerungen aufzuschreiben, zutraute. Sie zögerte mit ihrer Zustimmung nicht lange, und so begannen wir schnell mit der Planung. Ein gemeinsamer Urlaub mit unseren beiden Söhnen auf Lanzarote half uns bei den Vorbereitungen. Von da an löcherte sie mich ständig und forderte von mir eine Art Disziplin ein, die ich bisher nicht gekannt hatte.

Siebter Teil

MEIN INNERER FRIEDEN

Das Jahr 2000 war einfach zu wichtig für mich, so dass ich in der Vorbereitung nichts falsch machen wollte. Ich habe mich sehr oft in der Physiotherapie aufgehalten. Die Olympischen Spiele lagen sehr spät in der Saison, und so hatte ich eine außergewöhnlich lange Vorbereitungsphase. Die Hallensaison lief zufriedenstellend. Ich wurde mit 6,89 Metern Zweite bei den Europameisterschaften und konnte mich darüber nicht beklagen. Am Wichtigsten war, ohne Probleme trainieren zu können. Nach einer Wadenzerrung im Mai, die mich für fünf Wochen außer Gefecht setzte, konnte ich sofort auf hohem Niveau in die Sommersaison einsteigen.

Es war ein kühler Sommer mit großer Konkurrenz. Der erste Wettkampf der Saison, als solcher immer ein ganz besonderer Reiz, war sehr aufregend. Wie so oft kam meine ganze Familie mit zum Wettkampf: meine Großeltern, meine Mutter mit ihrem Freund Peter, und auch Esther war diesmal dabei. Da er ein sehr gutes Gespür hatte, gab mein Großvater einen Tipp ab. Er sagte eine Weite von 6,80 Metern voraus. Meine Großmutter berührte traditionell meine linke Wade, und es half. Ich sprang tatsächlich 6,80 Meter weit, hatte damit die Norm für Olympia und einen guten Einstieg in die Saison erreicht.

Als meine Familie auch zu den Deutschen Meisterschaften kam, verriet mir meine Großmutter, dass sie mal wieder ein Preisausschreiben ausgefüllt hatte. Der besondere Anreiz war der Hauptgewinn gewesen: eine Reise nach Sydney. Da sie schon oft Glück gehabt hatte, hofften wir sehr, dass es auch diesmal klappen würde. Nach dem Wettkampf, als wir uns alle wiedertrafen, mussten wir uns auf die Suche nach meinem Großvater machen. Es gab eigentlich nur einen Ort, wohin er entschwunden sein konnte. Der 86-Jährige hielt sich mit größter Vorliebe im VIP-Zelt bei dem leckeren Angebot an Speisen und Getränken auf. Hier war er meistens anzutreffen, wenn er sich mal die Beine vertrat.

Bei den ersten größeren Wettkämpfen belegte ich immer den zweiten oder dritten Platz, aber ich gewann nie, obwohl sich meine Weiten stetig verbesserten. Ich wusste aus Erfahrung, wie ich mich mit zunehmender Wettkampfpraxis steigern konnte. Von der Konkurrenz vermutete ich, dass man nicht mehr richtig mit mir rechnete. In Zürich musste ich mich mit 6,91 Metern Marion Jones (6,93 Meter) und Iva Praschewa (6,92 Meter) aus Bulgarien geschlagen geben, jedoch fehlten nur ein beziehungsweise zwei Zentimeter. Die Ersten der Konkurrenz lagen also sehr dicht zusammen, was mich ungemein ermutigte. Allerdings war ich auch bei diesen Wettkämpfen noch immer nicht so souverän wie früher. In Berlin beim ISTAF wurde ich Zweite hinter Tatyana Kotova. Sie war bereits die ganze Saison über die Bessere gewesen, und ich prophezeite ihr eine große Zukunft. Mit ihren Anlagen gehört sie in den nächsten Jahren, wenn alles gut läuft, sicherlich zu den Besten.

Schließlich war es so weit, und das Trainingslager in Australien stand bevor. Esther rief mich vorher an, um mich daran zu erinnern, dass ich in dem Jahr, als sie nach London gezogen war, in Barcelona bei den Olympischen Spielen gewonnen hatte, und sie nun erneut, nach fünf Jahren in Berlin, nach London ziehen werde und wieder Olympische Spiele anstünden. Das sollte ein gutes Omen sein. Meine Großeltern verfolgten mit meiner Mutter und Peter die Geschehnisse im Fernsehen. Die Reise hatte offensichtlich jemand anderes gewonnen. Irene kam nach Karlsruhe, um Tony in der Zeit zu betreuen, und als ich meine Koffer packte, drückte mir Tony sein Kuscheltier-Äffchen in die Hand als Glücksbringer. Die Eröffnungsfeier der Spiele sah ich noch zu Hause im Fernsehen, da ich erst am selben Tag losflog.

Da der Flug nach Australien so lange dauert, wollte ich jedenfalls beim Hinflug bequem sitzen, meine Beine ausstrecken und mich bewegen können, um nicht völlig verrenkt dort anzukommen. Vom Verband waren nur Economy-Tickets für die deutschen Athleten zur Verfügung gestellt worden, und so kaufte ich mir ein eigenes Business-Class-Ticket. Während es sich die Sportfunktionäre in der Business Class bequem machten, sich bewirten ließen und womöglich über zu erwartende Erfolge bei den Spielen sinnierten, saßen Medaillenanwärter wie der Hüne Oliver-Sven Buder gequetscht in der Economy Class.

1992 in Barcelona hatte ein ungeheurer Druck auf mir als Favoritin gelastet. Bei den Spielen 2000 in Sydney empfand ich zum ersten Mal nicht diese Spannung, die ich sonst kannte. Zwar nahm ich mir selbst einen Medaillenplatz vor, aber von außen war das Zutrauen in meine Fähigkeiten mit Sicherheit geringer als vor acht Jahren. Mir hatte die Saison genügend Selbstvertrauen gegeben, und ich wusste, dass ich Einiges von mir erwarten konnte, wenn ich meine Form finden würde. Ich meinte meine ganze Wettkampfroutine zu spüren, denn ich war locker und entspannt. Das Training lief gut, ich war schnell, motiviert und erreichte so das Trainingslager in Brisbane. Auch hier verlief alles nach Wunsch. Ich konnte sehr gute Sprintergebnisse vorweisen

und war gut gelaunt. Allerdings hatte ich mir bei Hürden-
läufen etwas Muskelkater in der Wade geholt, der jedoch
nach einem Besuch beim Teamarzt schnell wieder verflog.
Da ich gar keinen Druck aufkommen ließ, konnte ich gut
schlafen und war, statt nervös zu sein, fröhlich und optimistisch.

Mit dem Umzug ins olympische Dorf nach Sydney bekam ich erstmals etwas von der tollen Stimmung unter den
Sportlern mit. Man kam leicht mit anderen ins Plaudern,
auch wenn man sich noch nicht kannte. Ich setzte mich
einfach dazu, wenn ich Athleten in der deutschen Mannschaftskleidung an einem Tisch sitzen sah. Erstmals lernte
ich Jan Ullrich und Erik Zabel kennen, Sportler, mit denen
ich aufgrund der verschiedenen Sportarten bisher nie zusammengekommen war.

Das Zimmer teilte ich mit Sofia Schulte, die schon sehr
aufgeregt war, da es ihr erster großer Wettkampf war. Zwei
Tage vor der Qualifikation, die für den 27. September angesetzt war, machte ich eine Vorbelastung – Krafttraining und
Anlaufkontrollen –, wie ich das vor jedem Wettkampf tat.
Am Vormittag des 26. September gingen wir schon einmal
ins Stadion, um ein bisschen zuzuschauen. Ich hatte keine
große Lust, vor meinem Wettkampf viel zu unternehmen.
Eher hielt ich mich in meinem Zimmer auf, hörte Musik, las
viel und entspannte mich. Am Abend, ungefähr zur gleichen Zeit, wie unser Wettkampf stattfinden würde, ging ich
mit Sofia ins Trainingsstadion zum Einlaufen. Über die
Qualifikation wollte ich die Spannung für das Finale aufbauen. Der Sprung-Trainer Bernd Knut, der auch der Trainer
von Charles Friedek war, beobachtete mich bei meinem
letzten Training und bestätigte mein Gefühl, dass alles sehr
gut aussah. Ich spürte selbst, dass ich mich gut fühlte, und
das vermittelte mir ein tolles Gefühl, das ich früh am
Abend mit ins Bett nahm.

Am Morgen der Qualifikation war ich immer noch nicht richtig aufgeregt. Ich schlief lange und kam gegen elf Uhr zum Frühstück. Es gab lauter leckere Sachen, aber ich trank erstmal nur einen Kaffee. Zum Mittagessen um vierzehn Uhr brach ich eine Tradition von mir und aß einen Hamburger, der sonst überhaupt nicht auf meinem Speiseplan steht. Sofia schlug das vor, weil die Kohlenhydrate aus einem dicken Hamburger lange anhielten. Ich wollte es für die Qualifikation mal ausprobieren, denn normalerweise esse ich sechs Stunden vor einem Wettkampf nur noch Bananen und Müsliriegel. Man muss aber aufpassen, dass man dann nicht ausgerechnet zum Wettkampfzeitpunkt eine Hungerattacke bekommt.

Mit einem Shuttlebus wurden wir ins Stadion gefahren, das etwa zehn Minuten entfernt lag. Etwas mehr als eine Stunde vor Wettkampfbeginn liefen wir uns ein. Zum ersten Mal musste man nicht bereits anderthalb bis zwei Stunden vor Wettkampfbeginn auf dem Stellplatz sein – weshalb man sich so viel früher erwärmen musste –, sondern konnte später erscheinen.

Eine Stunde vor Wettkampfbeginn war der erste Aufruf. Insgesamt gibt es zwei Aufrufe. Beim ersten wird noch im Aufwärmstadion die Anwesenheit kontrolliert, der zweite erfolgt bereits im Innern des Stadiongebäudes. Dort werden die Taschen gefilzt. Es wird zum Beispiel nachgesehen, ob die Spikesnägel die richtige Länge haben und dass man kein Handy oder Walkman dabei hat, mit dem man Kontakt nach außen aufnehmen könnte. Man soll ganz auf sich gestellt sein. Außerdem wird geprüft, ob sich Werbung auf den Trikots befindet. Sie wird überklebt, denn man soll nur die Mannschaftskleidung tragen. Hier besteht auch zum letzten Mal die Gelegenheit, auf die Toilette zu gehen. Während des Wettkampfes kann man nur in Begleitung eines Kampfrichters eine Toilette aufsuchen.

Beim zweiten Aufruf traf man bereits auf die Konkurrentinnen, und es knisterte schon leicht in der Luft. Die Spannung wuchs, und jede wartete nur darauf, endlich ins Stadion kommen zu können. Wir waren ziemlich viele Qualifikantinnen, so dass wir in zwei Gruppen sprangen. Im Gänsemarsch marschierten wir ins Stadion ein und waren gleich fasziniert von der Atmosphäre und den vielen Zuschauern. Das gab einem das erste Hochgefühl. Vor keinem anderen Wettkampf habe ich mich so gefühlt wie hier. Ich ging so souverän in die Qualifikation, mit einer beinahe überheblichen Einstellung gegenüber meinen Konkurrentinnen. Die Stimmung im Stadion verstärkte meine Selbstsicherheit nur noch.

Der Anlauf wurde ausgemessen und Anlaufproben gemacht. Bereits jetzt war es an der Zeit, sich seinen Platz zu suchen, denn im Grunde stellte man sich an und jeder konnte springen oder anlaufen. Die Neulinge haben es anfangs immer etwas schwerer, denn man muss sich manchmal regelrecht reindrängeln, um zu seinen Vorbereitungen zu kommen.

Meine Anlaufkontrollen liefen sehr gut. Das Wetter spielte mit, denn es regnete nicht, und auch der Wind war nur schwach spürbar. Eigentlich war alles ganz normal, als mein erster Sprung anstand.

In einem so großen Stadion vor ausverkauften Rängen gab es außer der Sprungkonkurrenz auch eine Menge andere »Gegner«: zum Beispiel die Wetterverhältnisse, die Kampfrichter, lärmende Zuschauer, rhythmisches Klatschen, das nicht zum Anlaufrhythmus passte, der Stadionsprecher und all die anderen Schauplätze, die neben dem Weitsprung gleichzeitig existierten. Manchmal kam es vor, dass ausgerechnet zur gleichen Zeit, womöglich in der Konzentrations- oder Anlaufphase, in einer anderen Disziplin eine Bestmarke erreicht oder überschritten wurde. Dann posaunte der Stadionsprecher die Leistung natürlich begeistert heraus. All diese Störfaktoren musste man einkalkulieren und mit ihnen umgehen können. Wer sie als störend empfand, hatte stets mehr Gegner als nur die direkte Konkurrenz.

Ich wollte unbedingt meinen ersten Sprung gut setzen und nicht ungültig springen, denn bei zwanzig Sportlerinnen in einer Gruppe konnte das Warten auf den zweiten Versuch lange dauern. Also lief ich konzentriert an und landete bei 6,80 Metern im Sand. Damit hatte ich die Qualifikation bereits geschafft und konnte meine Sachen wieder zusammenpacken. Ich hörte Zuschauer rufen:»Bravo, die erste Hürde ist geschafft!« Alain, der auf der Tribüne saß, verstand es sehr gut, mir seine Nervosität nicht zu zeigen. Er arbeitete erneut für Canal plus als Kommentator, hatte aber für meine beiden Wettkampftage frei bekommen.

Auf meinem Weg aus dem Stadion hörte ich den Jubel der Zuschauer, als Nils Schumann gerade seinen sensationellen Sieg feierte. Das war ein schöner Moment, und ich freute mich sehr für ihn. Den Journalisten gab ich nur kurze Interviews, denn ich wollte schnell aus dem Stadion kommen und meine Ruhe haben. Im Aufwärmstadion lief ich mich noch etwas aus. Da war es bereits 21 Uhr. Sofia, die ich im olympischen Dorf wiedertraf, war ziemlich unglücklich, denn sie hatte die Qualifikation nicht geschafft. Später erfuhr ich alle Qualifikationsergebnisse. Erstaunlicherweise hatte ich mit meiner Weite die beste Finalposition ersprungen. Die Weite, die ich erreicht hatte, ließ die Konkurrenz aufhorchen.

Am nächsten Tag hatten wir frei, aber ich machte eine Einlaufarbeit und bat Sofia, die sich mittlerweile wieder besser fühlte, mitzumachen. Und obwohl sie in der gleichen Zeit Sydney hätte anschauen können, zog sie erneut ihre Trainingssachen an und machte mit. Das gab mir einen

Stimmungsschub, den ich auch in den Wettkampf einbringen konnte.

Am 29. September, dem Tag der Entscheidung, aß ich wiederum einen Hamburger, hatte er sich doch bei der Qualifikation bereits bewährt. Beim Einlaufen ins Stadion war das Teilnehmerfeld auf zwölf Athletinnen zusammengeschrumpft. Das war sehr aufregend. Susan Tiedtke, die auch im Finale stand, lief mit mir rein, aber ansonsten war ich völlig auf mich konzentriert. Es war lange her, dass ich die beste Finalposition gesprungen war. Manchmal ist das gar nicht so gut, wie es scheint, denn es gibt Springer, die sich mit dieser Position bereits zu sicher sind und dann im Finale die Spannung nicht mehr halten können. Fiona May war zum Beispiel in Sevilla 7,00 Meter in der Qualifikation gesprungen. Damit hätte sie auch gewonnen, aber sie musste sich dann doch mit 6,94 Meter geschlagen geben. Wahrscheinlich hatte sie sich zu sehr auf ihre Qualifikationsergebnisse verlassen. Mitunter war es also besser, nicht als Favoritin in das Finale zu gelangen, denn das war ein ganz neuer Wettkampf, in dem die Kräfte ganz neu gemessen wurden.

Schon beim Einmarsch ins Stadion spürten wir, dass das Wetter immer schlechter wurde. Regenwolken zogen sich zusammen, und es sah nach einem sehr heftigen Gewitter mit viel Wind aus. Ich ärgerte mich ein bisschen, aber letztendlich war der Wind, obwohl er ständig drehte, nicht so stark, weil die Zuschauerränge sehr hoch aufragten und ihn abhielten. Trotzdem, mal Rückenwind und mal Gegenwind zu haben, waren keine besonders guten Bedingungen für uns Weitspringerinnen.

Wenn ein Wettkampfjahr gut verlaufen war und das Training auch, dann hatte ich immer ein erhebendes Gefühl, das mich innerlich unwahrscheinlich stark und groß machte. Ich hatte zwar in diesem Jahr keinen Wettkampf gewonnen, aber ich wusste genauso gut wie Alain, was ich leisten konnte, auf welchem Niveau ich mich befand und dass ich gesund war. Ich feuerte mich selbst an, indem ich mir sagte, dass mir nichts passieren und ich schließlich nur gewinnen konnte. Mit dieser Einstellung, die auch für die anderen spürbar war, ging ich ins Finale.

Ich nahm mir fest vor, die ersten drei Sprünge gut und weit zu springen. Mir war klar, dass die Spannung, je länger der Wettkampf dauerte, nachlassen würde. Deshalb war der Anfang für mich besonders wichtig. Ich wollte die Konkurrenz schockieren. Zuerst maß ich meinen Anlauf ab: 38^1/$_2$ Meter, 17 Schritte. Meine Anlaufkontrollen machte ich mit Rückenwind, was ich als angenehm empfand.

Unter diesen Bedingungen begann ich auch meinen ersten Versuch, allerdings drehte mitten im Anlauf plötzlich der Wind, so dass ich eine Böe direkt von vorn bekam. Da fehlte mir am Ende ein halber Meter, denn die Weite lag bei 6,47 Metern mit einem halben Meter Abstand vom Brett. Ich spürte, dass das ein 6,80-Meter-Sprung hätte werden können, und motivierte mich neu, denn diese geringe Weite, die festgehalten wurde, war nicht gerade dazu angetan, mich zu beruhigen.

Der zweite Versuch. Jetzt herrschte eindeutig Rückenwind, denn ich sah an der Fahne, von woher der Wind kam. Ich ging noch etwas zurück, aber nicht genug, denn ich trat beim Absprung deutlich über. Das ärgerte mich ziemlich. Susan sprang entspannt weiter. So wollte ich den Wettkampf nicht beenden. Ich konzentrierte mich auf meinen letzten Versuch. Wenn der auch scheitern würde, wäre ich aus dem Finale. Erstaunlicherweise verfiel ich überhaupt nicht in Panik, sondern sah die Sache eher mit Humor. Die Situation erinnerte mich stark an diese frühere Qualifikation, bei der ich so überraschend ausgeschieden bin. Aber diesmal war ich mir ganz sicher, dass ich es schaffen würde.

Es gab bei mir keine Zweifel oder eine Kopflosigkeit, die man erwarten könnte. Ganz im Gegenteil war ich völlig gelassen und ruhig und wartete ab, bis die Bedingungen besser wurden. Ich ging im Anlauf wieder etwas zurück und wartete lange.

Vor einem Sprung saugt man sich mit Spannung voll. Allerdings muss man dabei aufpassen, dass genügend Sauerstoff im Hirn bleibt und die Lockerheit nicht verloren geht. Wenn ich manchmal rhythmische Probleme habe, gehe ich den Anlauf nochmal im Kopf durch und konzentriere mich darauf, im letzten Abschnitt die größte Geschwindigkeit zu erreichen. Aber da ich diese Abläufe schon seit zwanzig Jahren praktiziere, gibt es eigentlich nichts zu verbessern.

Ich wartete also so lange es ging, sprang bei besten Windbedingungen und fühlte gleich, dass es ein weiter Sprung gewesen sein musste – zwar nicht perfekt, denn er war nur halb auf dem Brett, aber weit. Weder Fiona May noch Marion Jones oder Tatyana Kotova waren bisher berauschend gesprungen. Aus den Zuschauerrängen war ein Raunen zu hören, und ich war erleichtert zu sehen, dass der Kampfrichter die weiße Fahne hochhielt. Mein Blick wanderte zur Anzeigetafel, wo tatsächlich 6,99 Meter zu lesen waren. Da atmete ich tief durch und wusste, dass ich eine Medaille sicher hatte. Auch Alains Gesichtszüge entspannten sich.

Jetzt konnte ich nur noch hoffen, dass keiner meiner Konkurrentinnen ein weiterer Sprung gelingen würde. Denn ich wusste nicht, ob ich nach hinten raus noch Kraft für eine größere Weite haben würde. Olympische Wettkämpfe waren immer sehr lang. Da ging die Anspannung schon mal über drei bis vier Stunden, aber in diesem Fall war ich relativ entspannt, denn die Bedingungen waren so schlecht, dass mein Sprung enorm gut gewesen war. Das sollte erst einmal eine nachmachen. Während ich die anderen Springerinnen beobachtete, bohrte ich mir unbewusst meine Fingernägel ins Fleisch meiner Handballen. Den Schmerz merkte ich aber erst, als alles vorbei war. In diesem Moment hatte ich meinen Konkurrentinnen nichts Gutes gewünscht.

Nach drei Versuchen waren schon gute Springerinnen raus, zum Beispiel Dawn Burrell und Erika Johansson. Auch Tatyana Kotova hatte Probleme. Ich wusste, dass es immer schwieriger werden würde, weiter zu springen. Im vierten Versuch nahm ich ein hohes Risiko in Kauf und sprang. Ungültig. Aber auch Marion Jones und Fiona May legten ungültige Sprünge hin. Mein fünfter Versuch war sehr schlecht, aber wiederum war die Konkurrenz nicht besser. Und dann kam der letzte Versuch der anderen. Tatyana Kotova sprang nur 6,73 Meter, aber als Marion Jones Anlauf nahm, schaute ich schon gar nicht mehr hin. Ein Raunen ging durch das Publikum: Marion Jones hatte übergetreten. Nun trennte mich nur noch ein Versuch von Fiona May von diesem wahnsinnigen Erfolg. Sie konnte auch in diesem letzten Sprung nicht an meine Weite herankommen. Ich hatte es also geschafft.

Ich konnte es nicht fassen. Susan kam auf mich zu und meinte, ich sei jetzt Olympiasiegerin, aber ich wollte noch meinen letzten Versuch machen. Im Anlauf war ich aber bereits total aufgelöst, lief mit diesem unglaublichen Siegesgefühl an und sprang, in mich hineinlachend, unbeschwert und locker und – ungültig.

Das Glücksgefühl zu beschreiben ist unheimlich schwer. Zuerst hatte ich das Gefühl, mein Kopf sei leer, aber doch nicht ganz leer. Die Spannung wich einer inneren Ruhe, Glück und Gelöstheit gesellten sich dazu. Zuerst wollte ich Alain umarmen, denn er wusste am besten, was dieser Sieg für uns bedeutete. Dann hörte ich diese tolle Musik und konnte gar nicht mehr anders als tanzen und strahlen. Ich war völlig unbeschwert und überglücklich. Beim Stadionrundlauf mit der Fahne in der Hand war ich sehr stolz darauf, wie mir die Zuschauer zujubelten. Es war wie ein großer Rausch. Ich habe es sehr genossen, obwohl ich gleichzeitig auch müde war. Man spürte, dass bei vielen Gratulationen von anderen Sportlern echte Freude dabei war, die von Herzen kam. Bei den Pressevertretern stand Sofia in Tränen aufgelöst über meinen Triumph. Das rührte mich richtig, obwohl mir selbst mehr nach Lachen zumute war. Ich musste viele Interviews geben, was ich in dieser Situation sehr gern tat, und wollte mir für jeden Zeit nehmen und keinen vernachlässigen. Ich weiß nicht, ob man im Leben noch einmal so glücklich sein kann. Ich hatte ein Gefühl der totalen Zufriedenheit erreicht, der Balance, die von einem inneren Frieden geprägt war. Dazu haben natürlich auch die Umstände beigetragen. In solchen Momenten denkt man voller Begeisterung auch an all diejenigen, die mit an diesem Erfolg gearbeitet haben: mein Physiotherapeut Ralf Siegel zum Beispiel, Heinz Birnesser oder Doktor Löhr. Ich bin so stolz und froh, dass wir alle gemeinsam das geschafft haben, wofür wir so hart gearbeitet haben.

Ich verließ erst nach 23 Uhr das Stadion. Zuvor schwebte ich durch die routinemäßige Dopingkontrolle der drei Erstplatzierten. Dort war ich zum ersten Mal mit meinem Erfolg und meinen beiden Hauptkonkurrentinnen Fiona May und Marion Jones allein, was mir diesen Triumph erst so richtig vor Augen führte. Bei der anschließenden Pressekonferenz saßen über dreihundert Journalisten im Raum, und es war sehr anstrengend, alle Fragen zu beantworten, aber auch schön. Ich schwebte ja noch und war so souverän, dass ich sogar dämliche Fragen locker und fließend auf Englisch beantworten konnte.

Ich wäre gern noch einmal völlig allein ins Stadion zurückgekehrt und hätte die Leere und die Ruhe genossen.

1993 hatte ich das gemacht, als ich ganz ähnlich gefeiert wurde. Nachdem alle weg waren, setzte ich mich ins Stadion und blieb mit meinen Gedanken und Gefühlen allein. Wahrscheinlich ist diese Atmosphäre mit der in einem leeren Theater nach einer Vorstellung zu vergleichen. Es hängt noch etwas von dem Stück, das gespielt wurde, in der Luft, und man ist noch ganz erfüllt von den Geschehnissen der letzten Stunden. Und wenn die Lichter ausgehen, meint man, diesen aufregenden Tag geträumt zu haben. Und eigentlich ist der Sieg bereits Geschichte. Dann genießt man den Moment erst richtig, weil er nie wiederkehrt. Eine Entspannung nach einer großen Leistung.

Nach der Pressekonferenz waren Alain und ich auf der MS Deutschland, dem »Traumschiff«, beim ZDF zu einem Empfang und einem Interview mit Johannes B. Kerner eingeladen. Die Gäste und die Zuschauer waren teilweise sehr elegant gekleidet, und ich spazierte in meinem verschwitzten Trainingsanzug mit der Hose voller Sand und meinem Rucksack daher. Die Medaille hing mir seit der Siegerehrung um den Hals, ich wollte sie gar nicht mehr abnehmen. Ich kam also an, einige klatschten, jemand drückte mir ein Sektglas in die Hand, und ich wusste nicht so recht, was hier geschah, und wähnte mich schon wieder in Träumen.

Als wieder viele Gratulanten um mich herumstanden, fiel mir auf, dass es für Alain schwer sein musste, so beinahe unbeachtet daneben zu stehen, schließlich war er als mein Trainer wesentlich mit verantwortlich für diesen Erfolg. Sicher erhielt auch er Glückwünsche, aber ich stand eben eindeutig im Rampenlicht. Nachdem ich wahrscheinlich hundertmal geküsst und gedrückt worden war, wollte ich ganz schlicht etwas essen. Der Hamburger hatte zwar gut gehalten, aber inzwischen waren auch die letzten abgespeicherten Reserven verbraucht.

Mit Alain und zwei Kollegen von Canal plus fanden wir

ein kleines französisches Restaurant. Vorher hatte ich noch kurz geduscht und mir von einer Bekannten von Alain etwas zum Anziehen ausgeliehen. So fühlte ich mich einigermaßen frisch und erlebte eine unglaublich tolle Nacht. Alain und ich übernachteten in seinem Hotel – er wohnte nicht im olympischen Dorf –, und als wir nach dem ganzen Trubel in der Nacht dort ankamen, öffneten wir noch eine Flasche Champagner und genossen es, allein zu sein. Wir redeten nochmal über die vergangenen Ereignisse. Am nächsten Morgen war das Aufwachen besonders schön. Ich sagte mir ständig selbst, dass ich nun Olympiasiegerin sei, wahrscheinlich weil ich es immer noch nicht begriffen hatte. Von der obersten Etage des Hotels blickten wir auf ganz Sydney, und ich fühlte mich unendlich reich: mit Alain, der Goldmedaille und mitten in dieser schönen Stadt.

DER RAUSCH NACH SYDNEY

Am nächsten Abend fand bereits die Abschlussfeier statt, bei der ich unbedingt dabei sein wollte. Vorher saß ich, um bei Alain sein zu können, noch eine Weile bei den Korrespondenten von Canal plus und erfuhr, dass ich bei dem Sender zu einer Art Maskottchen geworden war. Alain hatte jeden Tag kommentiert, und Marion Jones mit ihren lauthals verkündeten Ambitionen, fünf Goldmedaillen zu gewinnen, war ein immer wiederkehrendes Thema. Nachdem sie schon zwei gewonnen hatte, war die Medaille im Weitsprung zu erwarten gewesen. Da beim französischen Sender bekannt war, dass Alain und ich ein Paar sind, wurde der Weitsprung auch für die Franzosen, obwohl keine französische Springerin im Finale war, eine sehr wichtige und aufregende Disziplin. Alain und die anderen Kommentatoren schaukelten den Zweikampf zwischen Marion Jones und mir hoch. Dadurch hatten die Franzosen einen guten Kontakt zur Weitsprungdisziplin. Und als ich gewann und nach meinem Sieg zu Alain rannte, um ihn zu umarmen, da war das auch für die Franzosen wie ein kleiner Sieg.

Die Olympischen Spiele in Sydney waren mit Sicherheit von allen bisherigen Spielen am besten organisiert. Allerdings muss man die Spiele vor dem aufkeimenden Gigantismus bewahren. Schon heute wird gesagt, dass Athen es mit der nächsten Austragung schwer haben wird. Ich bin überzeugt, dass in Athen eine ganz besondere Atmosphäre herrschen wird und die Spiele wunderschön werden. Natürlich wird der Showcharakter immer mehr zunehmen, was nicht nur positiv ist. Ich persönlich bin froh, dass nicht noch mehr so genannte Trendsportarten wie Beachvolleyball als Disziplinen aufgenommen worden sind, denn man sollte darauf achten, dass die Traditionen gewahrt werden und die olympische Idee nicht verwässert wird.

Ich wünschte mir, nie mehr aus Sydney weg zu müssen und diesen Glücksmoment ewig festhalten zu können, aber auf der anderen Seite freute ich mich sehr auf zu Hause, vor allem auf Tony. Ich wusste, dass auch er sich auf mich freute, denn ich hatte ihm ein Kickboard versprochen, sollte ich gewinnen.

Zu Hause ging der ganze Jubel von vorne los. Ich wurde von einer Welle Freude, Jubel und Achtung empfangen. Da wurde mir erst die Tragweite meines Sieges bewusst. Was ich für mich selbst erreicht hatte, wusste ich, aber dass dieser Erfolg auch bei so vielen anderen Menschen etwas bewirkte, versetzte mich in Erstaunen. Beim Empfang auf dem Karlsruher Markt kam ein älterer Herr mit Tränen in den Augen auf mich zu und fragte, ob er meine Medaille mal halten dürfe. Mir wurde ob der bewegenden Situation selbst ganz mulmig, und so ließ ich meinen Emotionen vor all den freudigen Menschen freien Lauf. Es war einfach überwältigend.

Knapp drei Wochen später gewann Catherine Bader-Bille aus Leipzig bei den Paralympics in Sydney die Goldmedaille im Weitsprung, ein unglaublicher Erfolg auch für sie. Nachdem sie bereits als Zehnjährige allen davon gelaufen war und die ersten Plätze in den Sprint- und Sprungdisziplinen belegt hatte, hatte sie mit zwölf Jahren an der Kinder- und Jugendspartakiade teilnehmen dürfen – eigentlich so etwas wie die Eintrittskarte in die Sportschule, auf der ich war. Doch letztendlich war der talentierten Sportlerin die Aufnahme verweigert worden, weil ihr von Geburt an der rechte Unterarm fehlte. Aus Enttäuschung darüber hatte sie sich über Jahre hinweg ganz anderen Dingen zugewendet, aber nach achtzehn Jahren ohne sportliche Ambitionen entschloss sie sich, im Behindertensport doch noch aktiv zu werden.

Wir hatten uns bei einer Sportgala zwei Jahre zuvor im Dezember 1998 kennen gelernt. Sie fragte mich, ob ich sie bei der Vorbereitung auf die Paralympics 2000 mit meinem Wissen unterstützen könnte. Da ich aber aus Zeitgründen die persönliche Betreuung nicht übernehmen konnte, kam es nur zu wenigen gemeinsamen Trainingseinheiten. Dafür stellte ich den Kontakt zu Erich her, der sich gerade vom Deutschen Leichtathletik-Verband in die Rente verabschiedet hatte. Seitdem trainiert er sie mit großem Erfolg.

Zwischen Catherine und mir besteht seither eine Partnerschaft, in der ich sie unterstütze und meinen Namen dafür einsetze, dass der Behindertensport endlich aus seinem stiefmütterlichen Nischendasein herauskommt. Es ist wichtig umzudenken, denn Behinderte haben das gleiche Recht auf fachlich richtige und gute Betreuung. Der sportliche Erfolg und die Leistungen, die bei den letzten Paralympics gezeigt wurden, geben ihnen Recht. Für

Catherine ist wie für mich in Sydney ein Traum in Erfüllung gegangen.

AUF DER SUCHE NACH NACHWUCHS

Ich bin in der DDR groß geworden und möchte diesen Teil von mir nicht verleugnen, denn nach wie vor bin ich stolz, diese sportliche Ausbildung ermöglicht bekommen zu haben. Ganz gewiss wäre ich heute nicht so erfolgreich, wenn man mich damals nicht so umfassend unterstützt hätte. Nach der Wende meinte ich oft, mich doppelt beweisen zu müssen, weil man mich meine DDR-Vergangenheit spüren ließ. Das tat mir weh und saß als Stachel lange in mir, aber mit der Zeit entspannte sich die Lage, und ich entspannte mich gleichermaßen.

Dass wir Sportler einen hohen Stellenwert haben, merke ich an den vielen Briefen, die ich von Kindern erhalte. Sie suchen nach Idolen, denen sie nacheifern können, und Sportler haben eine gute und willensstarke Ausstrahlung. Vielen Jugendlichen erscheint es lohnenswert, erfolgreichen Sportlern nachzueifern, sich an ihnen zu orientieren. Dieses Land braucht erfolgreiche Sportler, am besten natürlich Olympiasieger. Der Haken dabei ist, dass man nicht bereit ist, dafür die nötigen Mittel zu investieren. Die Nachwuchsförderung ist hierzulande erschreckend unterbewertet. Gerade die schlechte Zusammenarbeit zwischen Vereinen und Schulen wäre ein wesentlicher Ansatzpunkt, um aus dieser Lethargie herauszufinden. Heute ist man schon dankbar, wenn ein Verein eine Kindergruppe hat. Damit sind, so sagen die Verantwortlichen, die Kinder von der Straße weg. Aber hier beginnt erst die eigentliche Arbeit, denn die Kinder sollten ständig beobachtet und gefördert, motiviert und begeistert werden. Mag sein, dass man als

Sportler zu DDR-Zeiten äußerst unselbstständig behandelt wurde, trotzdem kann man das Sportsystem nicht grundsätzlich verurteilen. Vielleicht wäre der Mittelweg zwischen der heutigen Lethargie und der früheren übereifrigen Bevormundung – jedenfalls in der DDR – ein sinnvoller Weg. Erich zum Beispiel suchte Talente – wie es heute auch bei der Suche nach Models funktioniert –, indem er bei diversen Großveranstaltungen nicht unbedingt sportlicher Art nach Kindern schaute, die – hinsichtlich des Hochsprungs – besonders hoch gewachsen waren. Er lud sie zu einem Probetraining ein und arbeitete mit seinen Schützlingen immer unter dem Aspekt, dass sie mal sehr erfolgreich sein könnten, wenn sie talentiert waren.

Vorbildwirkung ist wichtig. Manchmal erhalte ich Briefe von Menschen, die Vorbilder in Frage stellen, manchmal klingt sogar durch, dass gerade Sportler aus dem Osten nicht als Vorbilder geeignet sind. Darüber muss ich mich sehr wundern. Offensichtlich gibt es Menschen, die immer noch nicht akzeptieren können, dass dieses Volk zusammengehört und dabei ist zusammenzuwachsen, langsam aber stetig. Und jeder gibt seinen besten Teil dazu.

Ich bin der Meinung, dass der Sport ganz allgemein – nicht nur der Fußball – wieder den Stellenwert bekommen soll, der ihm in unserer Gesellschaft zusteht. Es geht darum, Kinder bereits in der Schule zu fördern, sie zu begeistern, positives Konkurrenzdenken zu entwickeln, denn die körperliche Entwicklung steht mit der geistigen in einem engen Zusammenhang. Das muss endlich erkannt werden. Sport sollte mit Ernsthaftigkeit betrieben werden, mit Disziplin und Leistungsorientierung. Den Spaß verliert man dabei nicht, ganz im Gegenteil gewinnt man noch mehr Spaß hinzu, wenn sich erste Erfolge einstellen. Eine gesunde Disziplin war noch nie schlecht, und im Sport kann man das gut lernen.

In den Medien wurde nach den Olympischen Spielen in Sydney darüber nachgedacht, warum die deutsche Mannschaft diesmal insgesamt so schlecht abgeschnitten hatte. Vielleicht spielt die mangelnde Förderung eine Rolle. Vor allem aber beginnt sie schon sehr früh im Kindesalter, denn ein Meister ist bekanntermaßen noch nicht vom Himmel gefallen. Wenn ein Kind bereits Kampfgeist und Willensstärke entwickelt, kann das nur förderlich sein. Heute werden Kinder wie selbstverständlich von einem Ort zum anderen mit dem Auto gebracht, sie sitzen stundenlang vor dem Computer oder dem Fernseher, anstatt draußen mit dem Fahrrad zu fahren, zu klettern, zu springen und sich auch von Regen nicht abschrecken zu lassen. Nur mit viel Bewegung, die für Kinder enorm wichtig ist, kann sich die Muskulatur in den Extremitäten gut entwickeln. Der gesamte Körper wird kräftiger und widerstandsfähiger. Die Afrikaner sind in den Laufsportarten vor allem deshalb so gut, weil sie mitunter lange Strecken bis zur Schule bewältigen müssen.

Die Trainer müssen sich verantwortlich fühlen für den Erfolg ihrer Schüler. Damit sie motiviert sind, halte ich finanzielle Anreize durchaus für wichtig, denn Trainer werden bei Siegerehrungen und Feiern nur allzu oft vergessen oder geraten in den Hintergrund. Dabei leisten sie erstaunliche Arbeit und sind am Erfolg mindestens so beteiligt wie die Sportler selbst.

ZUKUNFTSPLÄNE

Was mich bisher so fest mit meinem Sport verbunden hat, ist der Spaß, den ich immer hatte. Zu keiner Zeit war irgendein anderer Grund Ursache meines harten Trainings, meines Ehrgeizes, meiner Ausdauer, meiner Kontinuität und meiner Fähigkeit, mich im Training schinden zu können. Denn obwohl es Spaß macht, kommt man häufig an Grenzen und quält sich noch etwas weiter. Meine Schmerzgrenze liegt im Vergleich zu anderen vielleicht etwas höher, aber die Tage, an denen man völlig schmerzfrei trainieren kann, werden ab einem gewissen Alter immer weniger. In erster Linie geht es mir darum zu sehen, wie weit ich gehen kann. Merlene Ottey ist beispielsweise auch mit vierzig Jahren noch sehr schnell.

Fest steht inzwischen, dass Alain und ich unsere berufliche Zusammenarbeit wieder auflösen. Eine gleichzeitige Trainer- und Liebesbeziehung ist zu aufreibend, als dass sie gut ausgehen könnte. Dazu ist mir unsere Liebe viel zu wichtig. Sein Nachfolger als mein Trainer ist Dan Vladescu, ein erfahrener rumänischer Trainer, der als Zwillingsbruder von Ion Tiriac durchgehen könnte. Mit Sicherheit ergibt diese Neuerung auch neue Reizpunkte und Impulse für meine sportliche Laufbahn.

Ich habe mir fest vorgenommen, mich nicht mehr wie früher einfach treiben zu lassen, sondern mein Leben aktiv zu gestalten und mich auf neue Dinge ganz bewusst einzulassen. Wenn man ganz oben steht, birgt das einige Gefahren, denn man gerät leicht in eine illusorische Welt und verliert den Boden unter den Füßen. Ist man gut, wird man euphorisch gefeiert. Aber damit man nicht zu tief fällt, wenn man weniger erfolgreich ist und den Erwartungen nicht standhält, muss man sich eines aufmerksamen Umfeldes sicher sein, das einen auffängt. Es ist gut, Freunde zu haben, die nichts mit Sport zu tun haben, sondern sich mit ganz anderen alltäglichen Dingen plagen. Damit behält man den Draht zur Wirklichkeit.

Mittlerweile denke ich entspannter an meine frühen Jahre zurück. Vieles ist klarer verständlich aus heutiger Sicht. Ich war mir wohl bewusst, privilegierter als meine

Mitmenschen zu sein, und war sehr stolz, mich von den anderen etwas abheben zu können. Als so genannte »Diplomaten im Trainingsanzug« konnten wir vielleicht sogar mehr erreichen als die Politik. Gleichzeitig gestehe ich ein, dass ich mir nie über die wirklichen Probleme in meinem Land Gedanken gemacht habe. Dadurch hatte ich in den letzten Jahren einiges an Geschichte aufzuholen, aber ich bin mutig gewesen und habe mich der Herausforderung gestellt. Ohne Narben konnte es natürlich nicht ablaufen. Sportler wurden schon immer von den herrschenden Systemen benutzt. Mir ist im Lauf der Jahre klar geworden, dass ich mich nicht mehr für politische Ziele ausnutzen lassen will und mich auch nicht mehr in politischer Hinsicht engagieren möchte. Ich möchte etwas aussagen durch meine Leistungen im Sport, der mir immer am wichtigsten war. Es ist ein Beruf aus Leidenschaft und hat als solcher nichts mit Politik zu tun. Die Funktion, in der ich mich sehe, ist die der Pädagogin, in der ich meine Erfahrungen an Jüngere weitergeben kann. Ich will Kindern, denen ich ein sportliches Vorbild bin, etwas mit auf ihren Weg geben von dem, was mir solchen Erfolg eingebracht hat. In diesem Sinne möchte ich mich engagieren.

Erfolg bedeutete früher für mich, einen Wettkampf zu gewinnen. Heute zählt zu diesem Begriff viel mehr, beispielsweise dass ich mit der Presse umgehen kann, dass ich mir Anerkennung verschafft habe und dass mir nicht nur auf dem Sportplatz Gehör geschenkt wird. Ich habe einen Bogen geschlagen, den ich bei mir selbst begann, zwischendurch verlassen habe, um schließlich wieder bei mir anzukommen. Das ist ein wichtiger Erfolg für mich. Ich bestimme mein Leben selbst und führe es nach meinen Grundsätzen. Erfolg bedeutet für mich auch, aus Fehlern zu lernen, mit Tiefschlägen umgehen zu können, neue Ziele zu finden und anzugehen und die Kraft zu finden, immer weiter zu machen. Erfolg ist auch, dass meine Familie gesund ist und zusammenhält.

Um ein erfülltes Sportlerleben wie meines nach der Karriere weiterführen zu können, muss man sich rechtzeitig eine Brücke bauen, um nicht in ein Loch zu fallen. Das ist sehr schwer, denn man muss etwas finden, was einen mit genau so viel Freude, Engagement, Liebe, Spaß und Erfolg ausfüllt. Vor allem freue ich mich auf die Zusammenarbeit mit der Barmer Ersatzkasse, denn ich bin sicher, dass ich hier die nötige Unterstützung erhalten werde, um das »Loch« nach dem Sport zu umgehen. Ich möchte auf keinen Fall eine Position nur aufgrund meines Namens angeboten bekommen, denn ich will Leistungen bringen und überzeugen, nicht nur präsent sein.

Daneben gibt es viele andere Dinge, von denen ich noch träume – ganz banale wie das Abitur machen, studieren, Französisch lernen; etwas aufregendere wie nach Frankreich ziehen – wenn Tony älter ist – und dort leben, eine Weltreise machen, Länder sehen, in denen ich noch nicht war. Auf jeden Fall gehört zu meinen gesteckten Zielen, so gut französisch verstehen zu können, dass ich alle Witze, die Alain mir erzählt, gleich kapiere und sie mir nicht erst erklären lassen muss. Vielleicht muss ich einfach mal eine Auszeit nehmen und nüchtern über mich und meine Zukunft nachdenken, Abstand zum Sport gewinnen, neue Motivationen finden und neue Ziele setzen – für mein zweites Leben.

Anhang

HEIKE DRECHSLERS SPORTLICHE ERFOLGE, REKORDE UND EHRUNGEN

·folge

. 08. 81	DDR-Meisterschaften	Erfurt	Weitsprung	1. Platz	6,91 Meter
). 08. 81	Junioren-Europameisterschaften	Utrecht	Weitsprung	1. Platz	7,02 Meter
. 09. 82	Europameisterschaften	Athen	Weitsprung	4. Platz	6,71 Meter
. 03. 83	Hallen-Europameisterschaften	Budapest	Weitsprung	3. Platz	6,61 Meter
'. 06. 83	DDR-Meisterschaften	Karl-Marx-Stadt	Weitsprung	1. Platz	7,07 Meter
. 08. 83	Weltmeisterschaften	Helsinki	Weitsprung	1. Platz	7,27 Meter
. 08. 83	Europacup	London	Weitsprung	1. Platz	6,99 Meter
. 06. 84	DDR-Meisterschaften	Erfurt	Weitsprung	1. Platz	7,00 Meter
. 03. 85	Hallen-Europameisterschaften	Athen	Weitsprung	3. Platz	6,97 Meter
. 08. 85	DDR-Meisterschaften	Leipzig	Weitsprung	1. Platz	7,15 Meter
. 08. 85	Europacup	Moskau	Weitsprung	2. Platz	7,23 Meter
. 10. 85	Weltcup	Canberra	Weitsprung	1. Platz	7,27 Meter
. 02. 86	Hallen-Europameisterschaften	Madrid	Weitsprung	1. Platz	7,18 Meter
. 06. 86	DDR-Meisterschaften	Jena	Weitsprung	1. Platz	7,35 Meter
). 06. 86	DDR-Meisterschaften	Jena	200 Meter	1. Platz	21,71 Sek.
). 06. 86	DDR-Meisterschaften	Jena	200 Meter	1. Platz	21,71 Sek.
'. 08. 86	Europameisterschaften	Stuttgart	Weitsprung	1. Platz	7,27 Meter
. 08. 86	Europameisterschaften	Stuttgart	200 Meter	1. Platz	21,71 Sek.
. 02. 87	Hallen-Europameisterschaften	Lievin	Weitsprung	1. Platz	7,12 Meter
'. 03. 87	Hallen-Weltmeisterschaften	Indianapolis	Weitsprung	1. Platz	7,10 Meter
'. 03. 87	Hallen-Weltmeisterschaften	Indianapolis	200 Meter	1. Platz	22,27 Sek.
. 06. 87	DDR-Meisterschaften	Potsdam	4x100 Meter	1. Platz	42,66 Sek.
'. 06. 87	Europacup	Prag	Weitsprung	1. Platz	7,26 Meter
'. 06. 87	Europacup	Prag	4X400 Meter	2. Platz	3:20,60 Min.
'. 06. 87	Europacup	Prag	4X100 Meter	1. Platz	41,94 Sek.
. 08. 87	DDR-Meisterschaften	Potsdam	Weitsprung	1. Platz	7,40 Meter
). 08. 87	Weltmeisterschaften	Rom	100 Meter	2. Platz	11,00 Sek.
. 09. 87	Weltmeisterschaften	Rom	Weitsprung	3. Platz	7,13 Meter
. 03. 88	Hallen-Europameisterschaften	Budapest	Weitsprung	1. Platz	7,30 Meter
. 06. 88	DDR-Meisterschaften	Rostock	Weitsprung	1. Platz	7,20 Meter

26. 06. 88	DDR-Meisterschaften	Rostock	200 Meter	1. Platz	21,84 Sek.
26. 06. 88	DDR-Meisterschaften	Rostock	200 Meter	1. Platz	21,84 Sek.
29. 08. 88	Olympische Spiele	Seoul	Weitsprung	Silber	7,22 Meter
25. 09. 88	Olympische Spiele	Seoul	100 Meter	Bronze	10,85 Sek
29. 09. 88	Olympische Spiele	Seoul	200 Meter	Bronze	21,95 Sek.
19. 08. 90	DDR-Meisterschaften	Dresden	Weitsprung	1. Platz	7,12 Meter
28. 08. 90	Europameisterschaften	Split	Weitsprung	1. Platz	7,30 Meter
30. 08. 90	Europameisterschaften	Split	200 Meter	2. Platz	22,19 Sek.
07. 09. 90	Grand Prix	Athen	Weitsprung	1. Platz	6,98 Meter
09. 03. 91	Hallen-Weltmeisterschaften	Sevilla	Weitsprung	2. Platz	6,92 Meter
29. 06. 91	Europacup	Frankfurt	Weitsprung	1. Platz	7,20 Meter
29. 06. 91	Europacup	Frankfurt	4X100 Meter	2. Platz	42,57 Sek.
27. 07. 91	Deutsche Meisterschaften	Hannover	Weitsprung	1. Platz	7,07 Meter
25. 08. 91	Weltmeisterschaften	Tokio	Weitsprung	2. Platz	7,29 Meter
31. 08. 91	Weltmeisterschaften	Tokio	4X100 Meter	3. Platz	42,33 Sek.
20. 06. 92	Deutsche Meisterschaften	München	100 Meter	1. Platz	11,23 Sek.
21. 06. 92	Deutsche Meisterschaften	München	Weitsprung	1. Platz	7,21 Meter
06. 08. 92	Olympische Spiele	Barcelona	Weitsprung	Gold	7,14 Meter
04. 09. 92	Grand Prix	Turin	Weitsprung	1. Platz	7,12 Meter
27. 09. 92	Weltcup	Havanna	Weitsprung	1. Platz	7,16 Meter
27. 06. 93	Europacup	Rom	Weitsprung	1. Platz	7,02 Meter
15. 08. 93	Weltmeisterschaften	Stuttgart	Weitsprung	1. Platz	7,11 Meter
11. 03. 94	Hallen-Europameisterschaften	Paris	Weitsprung	1. Platz	7,06 Meter
26. 06. 94	Europacup	Birmingham	Weitsprung	1. Platz	6,99 Meter
02. 07. 94	Deutsche Meisterschaften	Erfurt	Weitsprung	1. Platz	7,13 Meter
13. 08. 94	Europameisterschaften	Helsinki	Weitsprung	1. Platz	7,14 Meter
03. 09. 94	Grand Prix	Paris	Weitsprung	3. Platz	6,83 Meter
25. 06. 95	Europacup	Lille	Weitsprung	1. Platz	7,04 Meter
30. 06. 95	Deutsche Meisterschaften	Bremen	Weitsprung	1. Platz	6,94 Meter
06. 08. 95	Weltmeisterschaften	Göteborg	Weitsprung	5. Platz	6,64 Meter
07. 09. 96	Grand Prix	Mailand	Weitsprung	2. Platz	6,87 Meter
09. 03. 97	Hallen-Weltmeisterschaften	Paris	Weitsprung	7. Platz	6,63 Meter
09. 08. 97	Weltmeisterschaften	Athen	Weitsprung	4. Platz	6,89 Meter
05. 07. 98	Deutsche Meisterschaften	Berlin	Weitsprung	1. Platz	6,94 Meter
23. 08. 98	Europameisterschaften	Budapest	Weitsprung	1. Platz	7,16 Meter
05. 09. 98	Grand Prix	Moskau	Weitsprung	2. Platz	6,99 Meter
12. 09. 98	Weltcup	Johannesburg	Weitsprung	1. Platz	7,07 Meter
03. 07. 99	Deutsche Meisterschaften	Erfurt	Weitsprung	1. Platz	6,75 Meter
27. 02. 00	Hallen-Europameisterschaften	Gent	Weitsprung	2. Platz	6,86 Meter
29. 07. 00	Deutsche Meisterschaften	Braunschweig	Weitsprung	1. Platz	6,72 Meter
29. 09. 00	Olympische Spiele	Sydney	Weitsprung	Gold	6,99 Meter
05. 10. 00	Grand Prix	Doha/Qatar	Weitsprung	1. Platz	7,07 Meter
10. 03. 01	Hallen-Weltmeisterschaften	Lissabon	Weitsprung	5. Platz	6,75 Meter
24. 06. 01	Europacup	Bremen	Weitsprung	1. Platz	6,79 Meter
01. 07. 01	Deutsche Meisterschaften	Stuttgart	Weitsprung	1. Platz	6,65 Meter

Bestleistungen

Weltrekorde

22. 09. 1985	Berlin	7,44 m
21. 06. 1986	Tallinn	7,45 m
29. 06. 1986	Jena	21,71 s über 200 m (Egalisierung)
03. 07. 1986	Dresden	7,45 m (Egalisierung)
29. 08. 1986	Stuttgart	21,71 s über 200 m (Egalisierung)
21. 07. 1992	Sestrière	7,63 m (bisher größte, allerdings mit 2,1 m/s Rückenwind begünstigte Weite – zulässig sind 2,0 m/s)
11. 09. 1994	Tallance	Platz 1 der Weltjahresbestenliste im Siebenkampf mit 6743 Punkten

Hallen-Weltrekorde

01. 02. 1983	Berlin	6,88 m
21. 02. 1984	Senftenberg	6,99 m
04. 02. 1985	Senftenberg	6,99 m
25. 01. 1986	Berlin	7,29 m
16. 02. 1986	Senftenberg	10,24 s über 100 yard
09. 02. 1987	Senftenberg	10,15 s über 100 yard
27. 02. 1987	New York	7,32 m
07. 03. 1987	Indianapolis	22,27 s über 200 m
13. 02. 1988	Wien	7,37 m

DDR- bzw. Deutsche Rekorde

04. 06. 1983	Bratislava	7,14 m
13. 05. 1984	Jena	7,29 m
19. 05. 1984	Dresden	7,34 m
26. 07. 1984	Dresden	7,40 m
22. 09. 1985	Berlin	7,44 m
21. 06. 1986	Tallinn	7,45 m
29. 06. 1986	Jena	21,71 s über 200 m (Egalisierung)
03. 07. 1986	Dresden	7,45 m (Egalisierung)
29. 08. 1986	Stuttgart	21,71 s über 200m (Egalisierung)
09. 07. 1988	Neubrandenburg	7,48 m
08. 07. 1992	Lausanne	7,48 m (Egalisierung)

Junioren-Rekorde

09. 08. 1981	Jena	6,91 m (Junioren-Europarekord)
18. 08. 1982	Potsdam	6,98 m (Junioren-Weltrekord)
04. 06. 1983	Bratislava	7,14 m (Junioren-Weltrekord)

Ehrungen

1984: Vaterländischer Verdienstorden in Gold der DDR
1986: Weltsportlerin des Jahres
1987: Europäische Sportlerin des Jahres 1986
1993: Rudolf-Harbig-Preis (Deutscher Leichtathletik-Verband)
1994: Leichtathletin des Jahres (Zeitschrift *Der Leichtathlet*)
1995: Deutsche Leichtathletin des Jahres
1998: Sport-Bambi (Burda)
1998: Leichtathletin des Jahres (Zeitschrift *Der Leichtathlet*)
1999: Leichtathletin des Jahrhunderts
       (International Amateur Athletic Federation – I.A.A.F.)
2000: Beste Weitspringerin des 20. Jahrhunderts
       (US-Zeitschrift *Track And Field News*)
2000: Sport-Bambi (Burda)
2000: Sportlerin des Jahres
2001: Beliebteste Athletin des Meetings in Karlsruhe
2001: DAVG-Verdienstmedaille

266

REGISTER

Adam, Perry 58

Allende, Salvador 24

Ashford, Evelyn 88, 132

Auerswald, Ingrid 65

Bader-Bille, Catherine 255

Bauer, Ernst 15, 17ff., 29ff., 60, 240f.

Bauer, Gisela 13, 15ff., 29ff., 42ff., 60, 240f.

Baumann, Dieter 184f.

Beckenbauer, Franz 184

Becker, Boris 132

Behmer, Ulrike 101

Beilschmidt, Rolf 62, 64f., 69, 129, 168, 204

Bereshnaja, Larissa 210

Bergner, Heinz 128ff., 132f., 135f., 149f., 191ff.

Beyer, Udo 91

Biermann, Wolf 221

Bilac, Burut 164f.

Birnesser, Heinz 12, 251

Blondel, Alain 10, 210ff., 216, 219ff., 229ff., 246, 249, 252ff.

Blondel, Clement 213

Böhme, Andrea 43f.

Bubka, Sergej 132

Buder, Oliver-Sven 242

Burrell, Dawn 250

Busch, Sabine 122

Cusmir, Anisoara 101ff., 122, 144

Daute, Constanze 40, 60

Daute, Erika 13ff., 26ff., 60, 105, 114, 140, 158, 171f., 221, 227, 240f.

Daute, Günter 16ff., 28f.

Daute, Kerstin 17, 26ff.

Daute, Uwe 16f., 20, 27

Daute, Yvonne 40, 59

Dombrowski, Lutz 94

Drechsler, Andreas 69, 72f., 110ff., 120f., 128, 133, 135f., 149ff., 154f., 159, 168, 171, 176f., 180, 189ff., 196, 207ff.

Drechsler, Erich 69, 72f., 129, 151, 161, 164ff., 170f., 183, 189f., 205, 208f., 211, 213, 217, 255, 257

Drechsler, Irene 69, 72, 168f., 171, 208f., 234, 242

Drechsler, Tony 149, 154ff., 159, 168, 208f., 213, 216, 233ff., 242, 254

Eckert, Bärbel 65

Everts, Sabine 89

Ewald, Manfred 94, 137, 147

Feldmann, Bernd 166 f.
Felke, Petra 183
Fiedler, Britta 31, 60
Fiedler, Eckart 206
Fiedler, Werner 31
Forcht, Karin 50
Foster, Greg 87
Friedek, Charles 243
Fuchs, Ruth 62, 65, 91, 183

Gagarin, Juri A. 15
Giovanelli, Sandro 87 f.
Gladisch, Silke 65, 138
Glöß, Helmut 46
Göhr, Marlies 62, 65
Gössele, Dr. 11, 218
Griffith-Joyner, Florence 142, 144, 146 f.

Hagen, Eva-Maria 221
Heiland, Renate 33, 40
Hein, Peter 46 f., 50, 54, 58, 63, 75 ff., 85 f., 95 f., 103 f., 113, 116 ff., 124 f., 128 ff., 137 f., 151, 159 ff.
Henkel, Heike 184 f.
Herzog, Herr 35, 40
Heyne, Kurt 108
Hohberger, Oberst 195 f.
Honecker, Erich 122, 135, 147 f., 181

Ilcu 177
Ionescu, Valeria 101

Johansson, Erika 250
Johnson, Ben 146 f.
Jones, Marion 144, 241, 249 ff., 253 f.
Joyner, Jackie 139, 146 f., 177 f.

Kinkel, Klaus 181 f.
Kirst, Jutta 91 f.

Knorrscheidt, Helma 102
Knut, Bernd 243
Koch, Marita 65, 91
Kohl, Helmut 181 f.
Köhler, Herr 123
Kostadinowna, Stefka 132
Kotova, Tatyana 241, 249 f.
Krabka, Jürgen 25
Krabka, Sabine 25
Krabka, Silke 25
Krahner, Silvia 152
Kraus, Ines 213
Krauss, Erich 72
Krenz, Egon 134, 147 f., 151

Leviq, Sebastian 213
Lewis, Carl 101, 178 f.
Lewis, Carol 101
Löhr, Dr. 217, 251

Mandela, Nelson 24
Maradona, Diego 132
May, Fiona 247, 249 ff.
Mertel, Renate 50, 81
Möbius, Sabine 101
Mögenburg, Dietmar 65
Moses, Edwin 87
Mronsk, Michael 189
Müller, Carmen 43 f.
Müller, Martina 50

Neblung, Jörg 235
Neubert, Ramona 101
Nielsen, Renata 213
Nordwig, Wolfgang 183

Ottey, Merlene 259

Paetz, Sabine 101
Papst Johannes Paul II. 140

Pelé 132
Piquet, Nelson 132
Powell, Mike 178f.
Praschewa, Iva 241

Radtke, Helga 101, 122, 180f.
Rosendahl, Heide 126
Röhler, Friedhelm 31, 172
Röhlinger, Dr. Peter 183
Rössner, Lutz 204

Schauerhammer, Dietmar 65
Schima, Christine 101, 110
Schubert, Bernd 205
Schulte, Sofia 243f., 246
Schumacher, Toni 154
Schumann, Nils 246
Seifert, Wilfried 205
Seles, Monica 175
Senna, Ayrton 132
Siegel, Ralf 251
Sigl, Alfred 206
Spix, Inge 170, 208, 228
Spix, Walter 169, 185, 189, 208, 228
Stecher, Renate 62, 65, 183
Stein, Frau von 79
Stolze, Kerstin 66
Stones, Dwight 100
Szumigalla, Kristin 20ff., 32ff., 37, 59, 111, 133

Thiele, Sybille 63
Thränhardt, Carlo 65, 109
Timmermann, Ulf 91, 122
Tschistjakowa, Galina 101, 123

Uhlmann, Karsten 21
Ulbricht, Sigrid 91, 101
Ulbricht, Walter 24
Ullrich, Jan 243
Unterdörfer, Dieter 33

Vöcking, Johannes 206
Vörös, Britta 164f.

Wagner, Robert 167
Wehner, Hilde 108
Wickmann, Susanne 206
Wieczisk, Dr. 148
Wilde, Oscar 79
Wöckel, Bärbel siehe Eckert, Bärbel
Wujak, Brigitte 101

Zabel, Erik 243
Zerwinski, Heinz 90
Zschieschow, Esther 35ff., 39, 41ff., 46, 51ff., 61ff., 66ff., 74, 77ff., 98f., 110ff., 127f., 133ff., 148f., 157f., 190f., 221, 238f., 241
Zschieschow, Felix 133ff., 148, 157f.

»Marianne Buggenhagen ist ein Vorbild für Behinderte und Nichtbehinderte. Sie hat großen Mut bewiesen und hilft anderen, die Unterstützung brauchen. Sie ist wirklich unsere Sportlerin Nummer eins!«

**MANFRED VON RICHTHOFEN
PRÄSIDENT DES DEUTSCHEN SPORTBUNDES**

Marianne Buggenhagen
Ich bin von Kopf bis Fuß auf Leben eingestellt
Autobiographie
Aufgeschrieben von
Klaus Weise
2., aktualisierte und
erweiterte Auflage
176 Seiten, 16 Seiten s/w-Abbildungen
Broschur
ISBN 3-328-00883-7

Sieben Goldmedaillen bei Olympischen Spielen, elf Weltmeistertitel, rund 170 nationale Titel, 1994 Sportlerin des Jahres vor Steffi Graf und Franziska van Almsick – Marianne Buggenhagen ist eine Ausnahme-Sportlerin. Und: Marianne Buggenhagen sitzt seit mehr als 25 Jahren im Rollstuhl. Trotzdem oder gerade deshalb gibt sie so vielen Menschen Kraft, Hoffnung und neue Perspektiven für ein Leben mit dem Handicap. Denn sie weiß, wovon sie spricht: »Als ich ganz unten war, hätte ich nie für möglich gehalten, was die Zukunft noch für mich bereit hält.« Mit dem Rollstuhl begann ihr zweites Leben. Ein bewusstes, ein befreites Leben.

»Das Wort ›aufgeben‹ existiert für Hartwig Gauder nicht. (...) Was er sich vornimmt, zieht er durch – so ist er auch Olympiasieger geworden. Aber die größte Leistung hat er im Kampf mit seinem Herzen vollbracht.«

SIEGFRIED HERRMANN
EHEMALIGER
TRAINER
VON
HARTWIG
GAUDER

Hartwig Gauder ist einer der erfolgreichsten Leichtathleten der Welt. Olympiasieger im 50-km-Gehen, Weltcupsieger, Europa- und Weltmeister. Seit seiner Herztransplantation im Januar 1997 studiert er weiter Architektur, engagiert sich als Beauftragter des Deutschen Leichtathletik-Verbandes für die Walking-Bewegung, für den Rennsteiglauf und den Bau von Vitalitätszentren, die nach seinem Konzept in Thüringen entstehen. »Seine Erzählung ist Motivation ganz eigener Art, (...) ein Ratgeber und Mutmacher für alle, die um ihre Gesundheit kämpfen.« Hans Wilhelm Gäb, Gründer der Initiative »Sportler für Organspende«

Hartwig Gauder
Die zweite Chance
Oder: Mein Leben mit
dem dritten Herzen
Aufgezeichnet von
Angelika Griebner
160 Seiten, 16 Seiten s/w-Abbildungen,
gebunden mit Schutzumschlag
ISBN 3-328-00787-3

Hartwig Gauder

Die zweite Chance

Oder:
Mein
Leben
mit dem
dritten
Herzen

SPORT
VERLAG
BERLIN